Mirka Dickel, Georg Glasze (Hg.)

Vielperspektivität und Teilnehmerzentrierung – Richtungsweiser der Exkursionsdidaktik

Praxis Neue Kulturgeographie

herausgegeben von

Prof. Dr. Tilman Rhode-Jüchtern
(Universität Jena)

und

Prof. Dr. Detlef Kanwischer
(Universität Landau)

Band 6

LIT

Mirka Dickel, Georg Glasze (Hg.)

Vielperspektivität und Teilnehmerzentrierung – Richtungsweiser der Exkursionsdidaktik

LIT

Umschlagphoto: Claudia Zurlo

Wir danken der Forschungsförderung der Universität Mainz
für die Gewährung eines Druckkostenzuschusses.

Satz: Kathrin Samstag

Gedruckt auf alterungsbeständigem Werkdruckpapier entsprechend
ANSI Z3948   DIN ISO 9706

Bibliografische Information der Deutschen Nationalbibliothek
Die Deutsche Nationalbibliothek verzeichnet diese Publikation in der
Deutschen Nationalbibliografie; detaillierte bibliografische Daten sind
im Internet über http://dnb.d-nb.de abrufbar.

ISBN 978-3-03735-888-7 (Schweiz)
ISBN 978-3-8258-1718-3 (Deutschland)

©LIT VERLAG GmbH & Co. KG Wien,
Zweigniederlassung Zürich 2009
Dufourstr. 31
CH-8008 Zürich
Tel. +41 (0) 44-251 75 05
Fax +41 (0) 44-251 75 06
e-Mail: zuerich@lit-verlag.ch
http://www.lit-verlag.ch

LIT VERLAG Dr. W. Hopf
Berlin 2009
Verlagskontakt:
Fresnostr. 2
D-48159 Münster
Tel. +49 (0) 2 51-620 32 22
Fax +49 (0) 2 51-922 60 99
e-Mail: lit@lit-verlag.de
http://www.lit-verlag.de

Auslieferung:
Deutschland: LIT Verlag Fresnostr. 2, D-48159 Münster
Tel. +49 (0) 2 51-620 32 22, Fax +49 (0) 2 51-922 60 99, e-Mail: vertrieb@lit-verlag.de

Österreich: Medienlogistik Pichler-ÖBZ GmbH & Co KG
IZ-NÖ, Süd, Straße 1, Objekt 34, A-2355 Wiener Neudorf
Tel. +43 (0) 22 36-63 53 52 90, Fax +43 (0) 22 36-63 53 52 43, e-Mail: mlo@medien-logistik.at

Schweiz: B + M Buch- und Medienvertriebs AG
Hochstr. 357, CH-8200 Schaffhausen
Tel. +41 (0) 52-643 54 30, Fax +41 (0) 52-643 54 35, e-Mail: order@buch-medien.ch

INHALTSVERZEICHNIS

Rethinking Excursions – Konzepte und Praktiken 3
einer konstruktivistisch orientierten Exkursionsdidaktik
Mirka Dickel, Georg Glasze

Rollenexkursionen als geographische Bühne für 15
mehrperspektivisches Handeln im Raum
Maik Böing, Ursula Sachs

Zwischen passiver Rezeption und aktiver Konstruktion – 39
Varianten der Standortarbeit am Beispiel
der Großwohnsiedlung Berlin-Marzahn
Michael Hemmer, Rainer Uphues

Ansatzpunkte für eine konstruktivistische Exkursionspraxis 51
in Schule und Hochschule
Martin Scharvogel, Andrea Gerhardt

Ein Exkursions-Gruppenpuzzle als geographiedidaktisches 69
Lehr-Lern-Arrangement
Ulrike Ohl, Stefan Padberg

Historisches Lernen vor Ort: 83
Leitende Kategorien und ihre praktische Umsetzung –
Beispiel Kulturtag in Beromünster (Schweiz)
Kurt Messmer

Wissenschaftliche Themenvielfalt und Erfahrungen in der Besucher- 107
orientierten Kommunikation der UNESCO-Grube Messel
Marie-Luise Frey, Bettina Wurche

Raumbilder und Raumkonstruktionen im Townshiptourismus – 123
Studierende erforschen Townshiptourismus in Kapstadt/Südafrika
Manfred Rolfes, Malte Steinbrink

La Gomera unter dem Aspekt von ... 141
Fünf Dimensionen einer konstruktiven Exkursionsdidaktik
Tilman Rhode-Jüchtern, Antje Schneider

Training teilnehmerzentrierter Exkursionskonzepte im Verein 165
„Geographie für Alle" und in der geographischen Hochschullehre
Georg Glasze

Die wilden Schluchten der Mainzer Zitadelle – 181
Eine stadtökologische Erkundung in der Abenddämmerung
Jochen Frey

Verzeichnis der Autorinnen und Autoren 187

RETHINKING EXCURSIONS –
KONZEPTE UND PRAKTIKEN EINER KONSTRUKTIVISTISCH ORIENTIERTEN EXKURSIONSDIDAKTIK

Mirka Dickel, Georg Glasze

> *Die wahre Entdeckungsreise besteht nicht in der Suche nach neuen Landschaften, sondern in einem neuen Blick.*
>
> (Marcel Proust)

Das Lehren und Lernen „draußen vor Ort", die Auseinandersetzung mit „der konkreten Wirklichkeit" ist traditionell ein wichtiges Element der Geographie an Hochschulen und Schulen, des „Kulturprogramms" auf Studienreisen und Stadtrundgängen sowie für zahlreiche weitere Typen von Exkursionen. „Originale Begegnung" und „einfaches Ansehen" galten lange Zeit unhinterfragt als *die* exkursionsdidaktischen Prinzipien. In der traditionellen Geographie sollte die „theoretische Vermittlung" im Seminar- bzw. Klassenraum durch die (vermeintlich) originale, authentische, ganzheitliche und unmittelbare Begegnung mit der „realen Welt", draußen auf Exkursionen, ergänzt und komplementiert werden. Den Kategorien „Originalität", „Unmittelbarkeit", „Authentizität", „Echtheit", „Ganzheitlichkeit" liegt dabei die Annahme zugrunde, dass die Exkursionsteilnehmer[1] einen Zugang zur tatsächlichen Welt finden können. Es wird angenommen, dass im Anblick ein Abbild der einen realen Welt in den Köpfen der Exkursionsteilnehmer entsteht.

Dieser Annahme liegen jedoch unterkomplexe Vorstellungen über den Prozess der Weltaneignung sowie über eine vermeintliche Gegebenheit einer objektiven Wirklichkeit zugrunde. Diese Vorstellungen sind zudem problematisch, weil sie die Vermittlung eines einzigen, des vermeintlich richtigen Weltbildes befördern. Alternative Weltbilder werden damit marginalisiert. Letztlich besteht also die Gefahr, dass monoperspektivische und eindimensionale Weltbilder vermittelt werden. Ein solcher Ansatz läuft

---

[1] Aus Gründen der Lesbarkeit haben wir auf das „Binnen-I" verzichtet – gemeint sind selbstverständlich Teilnehmerinnen und Teilnehmer jeglichen Geschlechts.

den Bildungszielen der Emanzipation und Demokratisierung zuwider. Kategorien wie „Originalität" und „Unmittelbarkeit" müssen daher als Grundlage und Legitimation einer Exkursionsdidaktik zurückgewiesen werden.

Aus der Perspektive der Wahrnehmungsgeographie formulierte Hard schon Anfang der 1970er Jahre, dass der Mensch nicht „auf die Wirklichkeit, wie sie ist [reagieren kann], sondern auf die Wirklichkeit, wie sie ihm zu sein scheint und wie er glaubt, dass sie sei und wie er sie bewertet" (Hard, 1973, S. 202). Auch in der „direkten" Begegnung vor Ort kann der Mensch Wirklichkeit keineswegs objektiv erfassen. „Allein der Vorgang des Sehens und Erkennens ist wahrnehmungsphysiologisch komplizierter, als dies traditionell angenommen wird. So stellt die Aussage ‚Subjekt A erkennt Objekt B' eine Verkürzung dar. Denn ein Objekt kann nicht ‚an sich' oder ‚als solches' erkannt werden. Folglich gilt: ‚A erkennt B als C'" (Hard, 1973, S. 104). Zudem beeinflusst ein Exkursionsleiter durch die Auswahl der Route, der Standorte, der Inhalte und Themen sowie durch sein Vorverständnis die Auseinandersetzung mit den Objekten vor Ort. Das Interaktionsverhältnis ist daher schematisch so zu fassen: „A erkennt B als C freilich durch die Brille von D" (Daum, 1982, S. 72).

Mit dem so genannten *cultural turn* in den Kultur- und Sozialwissenschaften haben in den letzten Jahren große Teilbereiche der Geographie eine „Wende" hin zu konstruktivistischen Ontologien vollzogen (siehe dazu bspw. die Beiträge in Gebhardt, Reuber & Wolkersdorfer, 2003 sowie Bernd & Pütz, 2007; überblicksartig Bachmann-Medick, 2006, S. 284 ff.). Raum und Räumlichkeit werden dabei nicht länger als objektiv gegeben, sondern immer als hergestellt konzeptionalisiert.

In zunehmenden Maße wird die Relevanz solcher konstruktivistischer Konzepte von Räumlichkeit für die Geographiedidaktik diskutiert (u. a. Vielhaber, 1998; Wardenga, 2002; Rhode-Jüchtern, 2004, 2009; Daum, 2006, Dickel, 2006, 2006a). Im Curriculum 2000+ für die weitere Lehrplanarbeit im Fach Geographie (Arbeitsgruppe 2000+ der DGfG, 2002) und in den Bildungsstandards Geographie (DGfG, 2007) werden diese Konzepte als unterrichtsleitende Kategorien herausgestellt. Eine Umstellung didaktischer Konzepte (Rhode-Jüchtern spricht von der Notwendigkeit eines „*didactical turns*") erscheint aus zwei eng mit einander verschränkten Gründen sinnvoll und notwendig. Einmal aus erkenntnistheoretischen Gründen (1) und einmal aus Gründen veränderter, globalisierter Lebensumstände in der Spätmoderne (2).

zu (1): Die neuen Ansätze gehen davon aus, dass Wirklichkeiten immer sozial sind, das heißt immer relativ. Dies bedeutet für die Geographie, dass ganz unterschiedliche Perspektiven wirklich sind, dass Menschen, die sich an einem Ort begegnen, möglicherweise in ganz unterschiedlichen Wirklichkeiten und damit anderen Räumen leben. Vor diesem Hintergrund sind also Ansätze gefragt, die herausarbeiten, wie Bedeutungen und damit Wirklichkeiten hergestellt werden. An die Stelle der Suche nach der einen gegebenen, objektiven Wirklichkeit tritt die Auseinandersetzung mit der Konstitution sozialer Wirklichkeiten. So untersuchen neuere humangeographische Arbeiten beispielsweise, wie in Sprache und anderen Zeichensystemen (wie bspw. Karten, Filmen, Photos, Architekturen) sowie in Praktiken Räume konstituiert werden. Damit verschiebt sich auch der Blick auf materiell-räumliche Strukturen und Prozesse: So wird immer auch danach gefragt, welche soziale Bedeutungen, d. h. welche sozialen Wirklichkeiten mit materiell-räumlichen Strukturen und Prozessen verbunden werden.

zu (2): Der Geograph Benno Werlen differenziert zur Beschreibung der veränderten Lebensumstände zwischen traditionellen, „verankerten" Lebensformen und spätmodernen, „entankerten" Lebensformen (zusammenfassend bspw. 2000, S. 21 ff.). Während sich traditionelle „verankerte" Lebensformen danach durch Traditionen auszeichnen, die eine Verknüpfung von Vergangenheit und Gegenwart garantieren, durch eine Zuteilung sozialer Beziehungen und Positionen nach Alter, Herkunft und Geschlecht, durch eine Anpassung der Wirtschaftsformen an natürliche Bedingungen sowie durch eine Begrenzung auf den lokalen und regionalen Maßstab, gelten für spätmoderne, „entankerte" Lebenskontexte ganz andere Parameter: An die Stelle der Traditionen treten Routinen, die in höherem Maße individuell verändert werden können. Es entstehen größere Entscheidungsspielräume, da Orientierung nicht durch lokale Traditionen gewährleistet wird, sondern durch verschiedene vielfach global verfügbare Lebensmuster. Unter globalisierten Bedingungen ist der Alltag zudem in globale Prozesse eingebettet. Hinsichtlich des gesellschaftlichen Zusammenlebens ändern sich potenzielle und tatsächliche Aktionsreichweiten. Möglichkeiten der Kommunikation und Interaktion mit fernen Partnern werden erweitert. Das Netz der Waren- und Informationsströme und deren Zugänglichkeit wird ausgedehnt. Während in traditionellen Gesellschaften die Bedeutung den Dingen inne zu wohnen schien und die sozial-kulturelle Bedeutungen von Zeitlichem und Räumlichen in hohem Maße fixiert war, sind in spätmodernen, entankerten Gesellschaften die Bedeutungen des Räumlichen vielfältig und komplex und verändern sich in höherem Maße. In einem Geographieunterricht, der unter aktuellen gesellschaftlichen Bedingungen einen Beitrag dazu leisten will, dass sich Schüler zu mündigen und emanzipierten Bürgern entwickeln können, kann Raum daher nicht sinnvoll als gegeben konzeptionalisiert werden, sondern sollte als gesellschaftlich konstruiert betrachtet und untersucht werden.

Welche Konsequenzen hat dies nun für die Didaktik von Exkursionen? Unter den erkenntnistheoretischen Prämissen konstruktivistischer Ansätze verliert die Differenzierung der traditionellen Exkursionsdidaktik zwischen einer „gefilterten", „selektiven Erfahrung" aus „zweiter Hand" über die Medien (u. a. Schulbücher, Filme, Nachrichtensendungen, Zeitungen) einerseits und der unmittelbaren „echten", „authentischen", „direkten" Erfahrung vor Ort andererseits ihre Basis (Scharvogel, 2006, S. 157). Die Bedeutung eines Ortes wird vielmehr sowohl in der Rezeption von Medieninhalten als auch in der individuellen Rezeption „vor Ort" immer wieder neu produziert. Auch in der Beobachtung vor Ort bildet sich nicht eine objektive Wirklichkeit in unseren Köpfen ab. Vielmehr liefern unsere Sinnesorgane spezifische Informationen über die Beschaffenheit der Welt. Hinzu kommt, dass jeder Einzelne diese spezifische Wahrnehmung vor dem Hintergrund seiner Erfahrungen und Vorstellungen bewertet und über diese Interpretation erneute Selektionen vornimmt. So zeigen beispielsweise auch neurobiologische Arbeiten, dass die Welt in unseren Köpfen nicht eine objektive Welt ist, sondern eine doppelt selektierte (Singer, 2002; Roth, 2003). Damit weist die Rezeption vor Ort letztlich keinen qualitativen Unterschied auf zu der Rezeption medial vermittelter Bilder von Welt. In beiden Fällen muss der Beobachter mit einem konstruierten Weltbild umgehen.

Unter konstruktivistischen Prämissen kann also eine vermeintlich „originale und authentische" Erfahrung vor Ort nicht länger als das Korrektiv für den „Wahrheitsgehalt" medialer Darstellung sein. Die Frage nach der Funktion und den Zielen von Exkursionen im Rahmen der geographischen Ausbildung in Schule und Hochschule sowie in zahlreichen anderen Bildungskontexten muss daher neu gestellt werden. Hier setzt diese Publikation an.

Dabei können wir anknüpfen an verschiedene konzeptionelle und praktische Beiträge zu einer konstruktivistisch orientierten Exkursionsdidaktik, die in den letzten Jahren in unterschiedlichen Bereichen erschienen sind (die folgenden Referenzen erheben keinen Anspruch auf Vollständigkeit; falls es mehrere Artikel eines Autors gibt, wird exemplarisch auf einen verwiesen): in der Geographie (z. B. Daum, 1982; Hard, 1995; Isenberg, 1987; Kruckemeyer, 1993; Deninger, 1999; Hemmer, 1996; Uhlenwinkel, 1999; Dickel & Rhode-Jüchtern, 2002; Albrecht & Böing, 2006; Rhode-Jüchtern, 2006; Budke & Kanwischer, 2006; Dickel, 2006; Kanwischer, 2006; Scharvogel, 2006; Böing & Sachs, 2007; Schneider & Vogler,

2008), in der Geschichte (z. B. Glaubitz, 1997; Hartung, 1999), in der Freizeit- und Erlebnis-Pädagogik (z. B. Schmeer-Sturm, 1987; Wegener-Spöhring, 1991; Nahrstedt, 1991; Jacobs, Neifeind & Schröter, 1991); in der Tourismuswissenschaft (z. B. Hennig, 1997).

Wir stimmen mit den zitierten Autoren überein, dass Exkursionen auch unter den oben skizzierten erkenntnistheoretischen und gesellschaftlichen Rahmenbedingungen vielfach ein fruchtbares didaktisches Instrument sein und einen Beitrag dazu leisten können, folgende didaktischen Ziele zu erreichen:

1. Etablierte Weltbilder zu hinterfragen,
2. Pluralität von Weltbildern und sozialer Wirklichkeiten zu erkennen und zu tolerieren und
3. Prozesse der Konstruktion (hegemonialer) sozialer Wirklichkeiten herauszuarbeiten.

Anliegen dieses Sammelbandes ist es, vor dem Hintergrund dieser Zieldefinition aktuelle Diskussionen und neue Impulse rund um die Konzeption und Gestaltung von Exkursionen aus verschiedenen Bereichen zusammenzuführen.[2] Die Beiträge in diesem Sammelband stellen dabei unterschiedliche Projekte aus Hochschule, Schule und außerschulischer Bildungsarbeit vor. Die konkrete Umsetzung orientiert sich in unterschiedlicher Schwerpunktsetzung und unterschiedlicher Gestaltung an den „Richtungsweisern" *Vielperspektivität* und *Teilnehmerzentrierung*.

Im Einzelnen führen diese Richtungsweiser dann zu verschiedenen Wegen der Umsetzung, die jeweils auf eine eigene Tradition zurückblicken können (Dickel, 2006, S.153-188):

– *Perspektivenwechsel*: Dabei werden Gegenstände und Sachverhalt unter verschiedenen Blickwinkeln beleuchtet und die Interessengebundenheit verschiedener Blickwinkel erschlossen.
– *Diskussionskultur*: In der Diskussion wird die Relevanz unterschiedlicher Perspektiven im Hinblick auf ihre diskursive Gültigkeit, hinsichtlich ihrer Umwelt- und Sozialverträglichkeit betrachtet.

---

[2] Der Sammelband dokumentiert die Vorträge einer Tagung, die im Januar 2008 am Geographischen Institut in Mainz stattfand und das Ziel hatte, einige dieser Ansätze miteinander zu vernetzen und Impulse für einen interdisziplinären Austausch zu geben.

– *Spurensuche*: In der Spurensuche werden Spuren und subjektiv relevante Fragestellungen von den Teilnehmern selbst entdeckt und gelesen. Dabei unterscheidet Hard drei Formen des Spurenlesens (Hard, 1993): Das Spurenlesen als Lesen des nicht-intendierten Sinns intendierter Botschaften (Spuren als Sub-Texte), das Spurenlesen als Dekonstruktion und Rekonstruktion offizieller Texte (Spuren als Gegentexte) und das Spurenlesen als Fremdgehen oder Aus-dem-Felde-Gehen (Spuren als Fremdtexte). Eine Spur hat eine Objekt- und eine Subjektseite (Hard, 1995). Ein Beobachter erster Ordnung ist ein Spurenleser auf Objektseite; die Spuren verweisen ihn auf Gegenstände und Geschichten außerhalb seiner selbst. Ein Beobachter zweiter Ordnung ist ein „Spurenleser auf Subjektseite", denn die Spurenwahl an sich und somit derjenige, der die Wahl getroffen hat, wird zum Thema gemacht. Die Beobachtung zweiter Ordnung muss in dem Beobachter erster Ordnung hergestellt werden, d. h. der Beobachter zweiter Ordnung ist der Beobachter seiner selbst und der Vorgang die Beobachtung der Beobachtung.
– *Inszenierung*: Hier werden Fragen nach der Herstellung sozialer Wirklichkeit mittels einer Auseinandersetzung mit „Künstlichkeit" und „Authentizität", mit „Original" und „Kulisse" erfahrbar.
– *Spiel*: In der spielerischen Auseinandersetzung können verschiedene Wirklichkeiten sowie alternative Rollen in Konfrontation mit der Fremde und dem Fremden erfahren werden.
– *Multisensorik*: Die sinnliche Anschauung soll Anlass zu neuem Sehen, Fragen, Nachdenken, Anstoß geben, das auf etwas anderes verweist und in eine kognitive Reflexion des Erfahrenen mündet.
– *Projektorientierung*: Die Übertragung von Verantwortung für kleinere Projekte innerhalb der Exkursion trainiert Kompetenzen aus den Bereichen der Konzeptionalisierung, Präsentation und Organisation.

Die zehn Beiträge des Sammelbandes kombinieren die skizzierten Wege in verschiedenen Schwerpunktsetzungen: Im ersten Beitrag stellen Maik Böing und Ursula Sachs Konzeption und Durchführung einer „Rollenexkursion als geographische Bühne für mehrperspektivisches Handeln im Raum" vor. Sie zeigen am Beispiel einer Rollenexkursion mit einer Schulklasse der Jahrgangsstufe 10 zum Thema „Raumrelevante Prozesse im Umfeld religiöser Großprojekte – das Beispiel der DITIB-Moschee in Köln-Ehrenfeld", dass das Erkunden der Exkursionsstandorte aus einer definierten Rolle heraus, die Schüler sowohl zu einer Auseinandersetzung mit den spezifischen Perspektiven „ihrer Rolle" motiviert als auch zu einer Auseinandersetzung mit den „harten geographischen Fakten".

Michael Hemmer und Rainer Uphues differenzieren im zweiten Beitrag Exkursionskonzepte nach dem Grad der Selbstorganisation des Lernprozesses und stellen eine klassische Überblicksexkursion mit dem Lehrer als Wissensexperten einer Arbeitsexkursion und einer Spurensuche gegenüber. Der Beitrag schließt mit einer Kritik der drei Exkursionskonzepte vor dem Hintergrund eines Sets an didaktischen Leitprinzipien. Auch wenn einige Leitprinzipien am besten über eine hohe Selbststeuerung erreicht werden können (bspw. Förderung von sozialer Kompetenz und Methodenkompetenz), plädieren die Autoren dafür, dass die stärker angeleitete Arbeit vor Ort ihren Platz im exkursionsdidaktischen Methodenkanon behält. Die geographiedidaktische Ausbildung sollte zukünftige Lehrer in die Lage versetzen, je nach didaktischer Zielsetzung und organisatorischen Rahmenbedingungen das geeignete Exkursionskonzept wählen zu können.

Ansatzpunkte für eine konstruktivistische Exkursionspraxis stellen Martin Scharvogel und Andrea Gerhardt vor. Sie gehen im Sinne der Neuen Kulturgeographie davon aus, dass sich an einem Ort verschiedene Räume überlagern und fragen sich, wie man diese Perspektive exkursionsdidaktisch aufschließen kann. Anhand ihrer Beispiele, den kleinen Exkursionen in Kassel, zeigen sie exemplarisch, wie Schüler bspw. in einem Park auf die Suche nach „Natur" und „Kultur" geschickt werden und so lernen, die Natur-Kultur Dichotomie zu hinterfragen. Schüler werden zu „merkwürdigem Landschaftsverhalten" aufgefordert. Auf diese Weise gehen sie auf die Suche nach gesellschaftlichen „Normalitäten". Indem Schüler an einem Ort sowohl Fotos für einen Bildband „Öde Orte" als auch für einen Bildband „Schöne Orte" knipsen, setzen sie sich mit der Medialität unserer Raumerfahrungen auseinander.

Ulrike Ohl und Stefan Padberg stellen das Exkursions-Gruppenpuzzle als geographiedidaktisches Lehr-Lernarrangement vor. Dabei werden Studierende einmal in „Expertengruppen" zusammengefasst, die sich gegenseitig helfen, zu Experten für ein bestimmtes Thema zu werden und die dann Teilnehmern ihrer „Stammgruppe" ihr Thema als Exkursionsleiter vermitteln. Die Studierenden lernen dabei das Lehren durch das Lehren.

Historisches Lernen vor Ort stellt Kurt Messmer am Beispiel der kulturgeschichtlichen Exkursionstage der Pädagogischen Hochschule der Zentralschweiz (Luzern) vor. Er zeigt, wie diese als „Mix aus kompetenter Instruktion und eigener Entdeckungsreise" komponiert werden und plädiert für ein „Abholen", einem Anknüpfen an die Vorstellungen der Teilnehmer, das in einem „Weiterführen" mündet, indem die Schüler mit „wohldosierten Fremdheiten" konfrontiert werden.

Die Organisation zielgruppenspezifischer Exkursionen an einem außerschulischen Lernort stellen Marie-Luise Frey und Bettina Wurche vor. Die Grube Messel in Südhessen ist seit 1995 als UNESCO-Weltnaturerbe anerkannt und Zielpunkt zahlreicher schulischer und außerschulischer Exkursionsgruppen. Der Beitrag zeigt, wie die Welterbe Grube Messel GmbH ein differenziertes Angebot teilnehmerzentrierter Exkursionen aufgebaut hat.

Die Beiträge von Manfred Rolfes und Malte Steinbrück sowie von Tilman Rhode-Jüchtern und Antje Schneider diskutieren am Beispiel studentischer Auslandsexkursionen, wie die Konstruiertheit von Räumen und Vielperspektivität exkursionsdidaktisch bearbeitet werden kann. Manfred Rolfes und Malte Steinbrück stellen ein Studienprojekt in Kapstadt (Südafrika) vor, bei dem sich die Studierenden mit den Raumbildern verschiedener Akteursgruppen im so genannten Townshiptourismus auseinandergesetzt haben. Dabei gelang es, den Studierenden die unterschiedlichen Raumkonstruktionen der beteiligten Akteure vor Augen zu führen. Die Autoren schildern auch die Schwierigkeiten solch eines Konzepts: Die hohe Betroffenheit und die letztlich unzureichende theoretisch-konzeptionelle Vorbereitung einiger Studierender kann zu einer zu geringen Beobachtungsdistanz führen, so dass die Gefahr besteht, in alltagsweltliche Kultur- und Raumkategorien zurückzufallen. Tilman Rhode-Jüchtern und Antje Schneider nehmen die Exkursion als Situation in den Blick, die durch eine doppelte Didaktik gekennzeichnet ist. Erfahrungsräume vor Ort, in denen die Didaktik des exkursionsdidaktischen Denkens mit den Momenten der Fachphilosophie, der Lernarrangements sowie einer reflexiven Lernkultur angehenden Lehrern vermittelt werden kann, sind durch fünf Dimensionen gekennzeichnet: durch Aspekte einer konstruktivistischen Geographie, durch die Erfindung von lohnenden Problemen, durch das handlungszentrierte Paradigma in der Geographie und eine subjekt- und handlungszentrierte Didaktik, durch Aspekte der Leiblichkeit und durch Selbstreflexion. Die Autoren zeigen am Beispiel einer Exkursion mit Lehramtsstudierenden nach La Gomera Wege, wie man die Epistemologie des Beobachtens und Handelns unterwegs aufschließen kann.

Georg Glasze stellt zwei Wege vor, teilnehmerzentrierte Exkursionskonzepte zu vermitteln: zum einen eine dreitägige exkursionsdidaktische Fortbildung des Vereins „Geographie für Alle", bei der insbesondere Fragen als Instrumente der Teilnehmeraktivierung trainiert werden und zum anderen die konsequente Einbeziehung von Studierenden in die inhaltliche, organisatorische und didaktische Vorbereitung und Durchführung von Exkursionen im Rahmen der Hochschullehre.

Der Sammelband schließt – wie die Tagung, auf der die Beiträge im Frühjahr 2008 präsentiert wurden – mit einer stadtökologischen Erkundung in den „wilden Schluchten der Zitadelle". Jochen Frey weist auf Möglichkeiten sinnlich-körperlicher und ästhetischer Erfahrungen und Erlebnisse auf Exkursionen hin, die neben der symbolischen Codierung eine eigene Perspektivität aufweisen und mit kognitiven und diskursiven Momenten der Raumproduktion beständig in Wechselwirkung stehen.

Literatur

Arbeitsgruppe 2000+ der Deutschen Gesellschaft für Geographie (2002): Curriculum 2000+. Grundsätze und Empfehlungen für die Lehrplanarbeit im Schulfach Geographie. In: geographie heute 2002: 4-7.

Albrecht, V. & Böing, M. (2006): Bilinguale Erlebnisfahrten in die Europäische Landwirtschaft: Zwischen Versprachlichung von sinnlichen Erfahrungen und Erfassung von Nachhaltigkeit. In: Hennings, W., Kanwischer, D. & Rhode-Jüchtern, T. (Hrsg.): Exkursionsdidaktik – innovativ!? Erweiterte Dokumentation zum HGD-Symposium 2005 in Bielefeld (= Geographiedidaktische Forschungen, Bd. 40). Weingarten: 93-109.

Budke, A. & Kanwischer D. (2006): „Des Geographen Anfang und Ende ist und bleibt das Gelände" – Virtuelle Exkursionen contra reale Begegnungen. In: Hennings, W., Kanwischer, D. & Rhode-Jüchtern, T. (Hrsg.): Exkursionsdidaktik – innovativ!? Erweiterte Dokumentation zum HGD-Symposium 2005 in Bielefeld (= Geographiedidaktische Forschungen, Bd. 40). Weingarten: 128-143.

Bachmann-Medick, D. (2006): Cultural Turns. Neuorientierungen in den Kulturwissenschaften. Hamburg.

Bernd, C. & Pütz, R. (2007): Kulturelle Geographien nach dem Cultural Turn. In: Dies. (Hrsg.): Kulturelle Geographien. Zur Beschäftigung mit Raum und Ort nach dem Cultural Turn. Bielefeld: 7-27.

Böing, M. & Sachs, U. (2007): Exkursionsdidaktik zwischen Tradition und Innovation – eine Bestandsaufnahme. In: Geographie und Schule 167: 36-44.

Daum, E. (1982): Exkursion. In: Jander, L., Schramke W. & Wenzel, H.J. (Hrsg.): Metzler Handbuch für den Geographieunterricht. Ein Leitfaden für Praxis und Ausbildung. Stuttgart: 71-76.

Daum, E. (2006): Raumaneignung – Grundkonzeption und unterrichtspraktische Relevanz. In: GW-Unterricht 103: 7-16.

Deninger, D. (1999): Spurensuche: Auf der Suche nach neuen Perspektiven in der Geographie- und Wirtschaftskundedidaktik. Teil I: Vorwiegend theoretische Zugänge zur Spurensuche. In: Vielhaber, C. (Hrsg.): Geographiedidaktik kreuz und quer. Vom Vermittlungsinteresse bis zum Methodenstreit – Von der Spurensuche bis zum Raumverzicht. (= Materialien zur Didaktik der Geographie und Wirtschaftskunde, Bd. 15) Wien: 107-148.

DGfG = Deutsche Gesellschaft für Geographie (2007) (Hrsg.): Bildungsstandards im Fach Geographie für den Mittleren Schulabschluss – mit Aufgabenbeispielen. Berlin.

Dickel, M. & Rhode-Jüchtern, T. (2002): Das Ich auf Reisen. Sechs Stufen der „Erdung" des Subjekts. In: Praxis Geographie 4: 21-27.

Dickel, M. (2006): Reisen. Zur Erkenntnistheorie, Praxis und Reflexion für die Geographiedidaktik. Berlin.

Dickel, M. (2006a): Zur Philosophie von Exkursionen. In: Hennings, W., Kanwischer, D. und Rhode-Jüchtern, T. (Hrsg.): Exkursionsdidaktik – innovativ!? Erweiterte Dokumentation zum HGD-Symposium 2005 in Bielefeld (= Geographiedidaktische Forschungen, Bd. 40). Weingarten: 31-50.

Gebhardt, H., Reuber, P. & Wolkersdorfer, G. (2003): Kulturgeographie – Leitlinien und Perspektiven. In: Dies. (Hrsg.): Kulturgeographie. Aktuelle Ansätze und Entwicklungen. Heidelberg, Berlin: 1-30.

Glaubitz, G. (1997): Geschichte, Landschaft, Reisen. Umrisse einer historisch-politischen Didaktik der Bildungsreise. Weinheim.

Hard, G. (1973): Die Geographie. Eine wissenschaftliche Einführung. Berlin, New York.

Hard, G. (1993): Graffiti, Biotope und „Russenbaracken" als Spuren. Spurenlesen als Herstellen von Sub-Texten, Gegen-Texten und Fremd-Texten. In: Hasse, J. & Isenberg, W. (Hrsg.): Vielperspektivischer Geographieunterricht. Erweiterte Dokumentation einer Tagung der Thomas-Morus-Akademie in Bensberg am 12./13. November 1991. Osnabrück.

Hard, G. (1995): Spuren und Spurenleser. Zur Theorie und Ästhetik des Spurenlesens in der Vegetation und anderswo. Osnabrücker Studien zur Geographie, Bd. 16, Osnabrück.

Hartung, O. (1999): Pädagogische Überlegungen zu einer Geschichtsdidaktik des Reisens. Oldenburg.

Hemmer, M. (1996): Reisende und Bereiste. Perspektivenwechsel im Tourismus. In: Praxis Geographie 4: 18-23.

Hennig, C. (1997): Reiselust. Touristen, Tourismus und Urlaubskultur. Frankfurt a.M. /Leipzig.

Isenberg, W. (1987): Geographie ohne Geographen. Laienwissenschaftliche Erkundungen, Interpretationen und Analysen der räumlichen Umwelt in Jugendarbeit, Erwachsenenwelt und Tourismus. Osnabrücker Studien zur Geographie, Bd. 9, Osnabrück.

Jacobs, T., Neifeind, H. & Schröter, E. (1991): Sehnsucht nach Arkadien. Inszenierungen von kognitiven und sinnlichen Erfahrungen auf Studien- und Bildungsreisen (Toscana). In: Isenberg, W. (Hrsg.): Lernen auf Reisen? Reisepädagogik als Aufgabe für Reiseveranstalter, Erziehungswissenschaft und Tourismuspolitik? Bensberger Protokolle 65, Bensberg: 111-144.

Kanwischer, D. (2006): Exkursionen – quo vadis? In: Hennings, W., Kanwischer, D. & Rhode-Jüchtern, T. (Hrsg.): Exkursionsdidaktik – innovativ!? Erweiterte Dokumentation zum HGD-Symposium 2005 in Bielefeld (= Geographiedidaktische Forschungen, Bd. 40). Weingarten: 82-191.

Kruckemeyer, F. (1993): Wechselbilder eines Schulhofes: Gebrauchswerte – Geldwerte – ästhetische Werte. In: Hasse, J. & Isenberg, W. (Hrsg.): Vielperspektivischer Geographieunterricht. Erweiterte Dokumentation einer Tagung in der Thomas-Morus-Akademie in Bensberg am 12./13.November 1991. Osnabrück: 27-39.

Nahrstedt, W. (1991): Tourismus – Von der Erziehungswissenschaft vergessen? Themen und Strukturen der Reisepädagogik heute. In: Isenberg, W. (Hrsg.): Lernen auf Reisen? Reisepädagogik als neue Aufgabe für Reiseveranstalter, Erziehungswissenschaft und Tourismuspolitik. Bensberger Protokolle 65, Bensberg: 27-61.

Rhode-Jüchtern, T. (2004): Derselbe Himmel, verschiedene Horizonte. Zehn Werkstücke zu einer Geographiedidaktik der Unterscheidung. Wien.

Rhode-Jüchtern, T. (2006): Exkursionsdidaktik zwischen Grundsätzen und subjektivem Faktor. In: Hennings, W., Kanwischer, D. & Rhode-Jüchtern, T. (Hrsg.): Exkursionsdidaktik – innovativ!? Erweiterte Dokumentation zum HGD-Symposium 2005 in Bielefeld (= Geographiedidaktische Forschungen, Bd. 40). Weingarten: 8-31.

Rhode-Jüchtern, T. (2009): Eckpunkte einer modernen Geographiedidaktik. Hintergrundbegriffe und Denkfiguren. Stuttgart.

Roth, G. (2003): Aus Sicht des Gehirns. Frankfurt am Main.

Scharvogel, M. (2006): Zur Deutung von Bedeutung. Impulse für eine konstruktivistische Exkursionsdidaktik. In: Hennings, W., Kanwischer,

D. & Rhode-Jüchtern, T. (Hrsg.): Exkursionsdidaktik – innovativ!? Erweiterte Dokumentation zum HGD-Symposium 2005 in Bielefeld (= Geographiedidaktische Forschungen, Bd. 40). Weingarten: 155-168.

Schmeer-Sturm, M.-L. (1987): Hat Reisen Sinn? Gedanken zur Studienreise bei der weniger oft mehr ist. In: Animation 6: 292-293.

Schneider, A. & Vogler, R. (2008): Jena und der Turm. Vielperspektivische Exkursionsdidaktik am Beispiel der Jenaer Innenstadt. In: Praxis Geographie 7-8: 10-15.

Singer, W. (2002): Neurobiologische Anmerkungen zum Konstruktivismus-Diskurs. In: Ders. Der Beobachter im Gehirn. Essays zur Hirnforschung. Frankfurt am Main: 87-111.

Uhlenwinkel, A. (1999): Inszenierungen an außerschulischen Lernorten In: Praxis Geographie 7-8: 30-33.

Vielhaber, C. (1998): Ohne Raum geht's – oder doch nicht? Ein Beitrag zur Raumdiskussion in der Schulgeographie. In: GW-Unterricht 72: 19-27.

Wardenga, U. (2002): Räume der Geographie – zu Raumbegriffen im Geographieunterricht. In: Geographie heute 23: 8-11.

Wegener-Spöhring, G. (1991): Wünsche und Träume auf Reisen. Über die Schwierigkeiten der Erziehungswissenschaft mit dem Tourismus. In: Isenberg, W. (Hrsg.): Lernen auf Reisen? Reisepädagogik als neue Aufgabe für Reiseveranstalter, Erziehungswissenschaft und Tourismuspolitik? Bensberger Protokolle 65, Bensberg: 63-90.

Werlen, B. (2000): Sozialgeographie. Stuttgart.

ROLLENEXKURSIONEN ALS GEOGRAPHISCHE BÜHNE FÜR MEHRPERSPEKTIVISCHES HANDELN IM RAUM

Maik Böing, Ursula Sachs

Im Geographieunterricht gelten Rollenspiele als hochmotivierende Methode, um raumplanerische Prozesse zu simulieren. Auf Exkursionen hingegen sind szenisches Spiel und kreativ-planerisches Gestalten seitens der Schülerinnen und Schüler häufig gar nicht gefragt. Stattdessen steht oftmals ein allwissender Exkursionsleiter und Experte als Hauptakteur im Mittelpunkt des Interesses.

Eine Rollenexkursion, d. h. eine Exkursion, in der die Teilnehmer durchgängig aus einer bestimmten fiktiven Rolle heraus denken und agieren, bietet die Chance, den zu erkundenden Raum als geographische Bühne zu nutzen. Auf diese Weise können sowohl kreativ-gestalterische Elemente des szenischen Spiels als auch analytisch-wissenschaftliche Komponenten klassisch-geographischer Standortarbeit miteinander verknüpft werden. Im Einzelnen erleben und filtern die Schülerinnen und Schüler an den Exkursionsstandorten die dort übersichtsartig gegebenen Informationen aus ihrer jeweiligen Rollenperspektive, sodann entwerfen und diskutieren sie im Dialog mit ihren Klassenkameraden spezifische Handlungsoptionen ihres Rollenakteurs und stellen diese szenisch vor. Dabei stützen sie ihre Aussagen und Planungen auf die Ergebnisse fachrelevanter Arbeitsweisen, die sie selbsttätig und selbstständig vornehmen (s. Abb. 1).

Im Rahmen des vorliegenden Beitrags soll dieses neuartige Format „Rollenexkursion" im Hinblick auf eine Konzeptionalisierung durchleuchtet werden. Zu diesem Zweck werden Prinzipien, Leitbilder, thematischer Schwerpunkt, Ablauf, Inhalte und Ergebnisse einer im November 2007 mit einer Kölner Schulklasse durchgeführten Pilot-Rollenexkursion theoriegeleitet vorgestellt, methodisch-didaktische Hinweise auf abstrahierender Ebene formuliert sowie Chancen und Grenzen der Methode vor dem Hintergrund der vorliegenden Ergebnisse und Evaluationen diskutiert.

Die exemplarische thematische Darstellung erfolgt an einem Unterrichtsprojekt mit einer 10. Klasse und dem didaktischen Zugriff „Wenn Religion eine Bleibe sucht... Raumrelevante Prozesse im Umfeld religiöser Großbauprojekte – das Beispiel der DITIB-Moschee in Köln-Ehrenfeld".

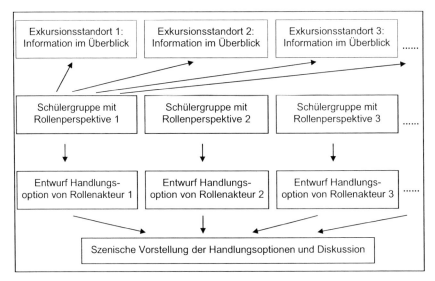

Abbildung 1: Das Format „Rollenexkursion"

Theoretische Grundlagen und Grundannahmen: Von der Schülerexkursion zur Rollenexkursion

Das neue Format der Rollenexkursion ermöglicht eine konsequente Berücksichtigung des aktuellen Standes der Exkursionsdidaktik (Böing & Sachs, 2007). Einerseits können in Rollenexkursionen wichtige klassisch-geographische Prinzipien und Herangehensweisen berücksichtigt werden. Als Stichworte seien hier genannt: Merkmale, wie eine thematische Schwerpunktsetzung der Exkursion, die Grundstruktur „Vorbereitung – Durchführung – Nachbereitung", die Wichtigkeit des ersten und letzten Standorts (Noll, 1981; Beyer & Hemmer, 2004), die Integration fachspezifischer Arbeitsweisen (Stroppe, 1980; Rinschede, 2003) sowie die Aspekte Selbsttätigkeit, Lernen mit allen Sinnen, Teilnehmerorientierung sowie kooperative Lernformen als didaktische Leitprinzipien einer Schülerexkursion (Hemmer, 1996). Andererseits bietet gerade eine Rollenexkursion die Chance einer sinnstiftenden didaktischen Umsetzung der neueren Tendenzen der konstruktiven Exkursionsdidaktik (Dickel, 2006a). Dies betrifft die dort zugrundegelegten Grundprinzipien Subjektorientierung und Offenheit des Lernprozesses ebenso wie die Sensibilisierung für unterschiedliche Raumkonzepte.

Rollenexkursionen intendieren einen konstruktivistischen Lernprozess mit der Abfolge „Konstruktion – Dekonstruktion – Rekonstruktion" (Tulodziecki, Herzig & Blömeke, 2004) in besonderem Maße: Raumrelevante Informationen, Bilder und Konstruktionen aus Diskursen und von Individuen werden von den Schülerinnen und Schülern hinterfragt, dekonstruiert und nach neuen, individuell bedeutsamen Gesichtspunkten rekonstruiert.

Schließlich lassen auch die Ergebnisse der Hirnforschung die angenommenen Vorteile einer Rollenexkursion im Vergleich zu einer arbeitsteilig durchgeführten „herkömmlichen" Schülerexkursion noch offensichtlicher erscheinen. Zum einen werden beide Gehirnhälften durch eine aufgabenbezogene, handlungs- und kommunikationsorientierte Verzahnung von Analyse und Kreativität aktiviert (Heitkämper, 1995). Zum anderen wird durch den Rollencharakter der Exkursion der sogenannte Gedächtnisfilter aktiviert. Dieser funktioniert laut der schwedischen Neurologen Mc Nab & Klingberg wie folgt: Im Gehirn existiert ein Filtersystem, welches eingehende Informationen auf dem Arbeitsspeicher des Kurzzeitgedächtnisses memorisiert. Weiß man nun vor Beginn des Informationsflusses, welche Informationen Relevanz besitzen und welche nicht, ist dies von großem Vorteil. Denn je effizienter diese Vorauswahl funktioniert, desto besser ist die Leistungsfähigkeit des Arbeitsspeichers (Mc Nab & Klingberg, 2007). Übertragen auf das Format Rollenexkursion bedeutet dies: Die Fixierung auf eine bestimmte Rolle im Vorhinein ermöglicht den Schülerinnen und Schülern, aus der Vielzahl der aufgenommenen Informationen die für ihren Akteur relevanten Informationen herauszufiltern und nur diese auf ihrem neuronalen Arbeitsspeicher zu hinterlegen.

Prinzipien und Leitbilder einer Rollenexkursion

Rollenexkursionen legen den Fokus auf den Menschen als Akteur im Raum (Böing, 2007). Indem die Schülerinnen und Schüler Handlungsoptionen antizipieren und entwerfen und deren raumstrukturelle Auswirkungen reflektieren, folgt die didaktische Anlage der Rollenexkursion dem Gedankengang des „Geographie machens" (Werlen, 2004). Die Schülerinnen und Schüler erfahren unmittelbar, dass Räume nicht per se determiniert sind, sondern durch menschliches Handeln einem ständigen Veränderungsprozess unterliegen und insofern „gemacht" werden. Diese Einsicht erfolgt durch eine Innensicht, die dadurch generiert wird, dass sich die Schülerinnen und Schüler im Sinne des „Planen und Entscheiden"-Verfahrens (Leat, 1998; Nichols & Kinninment, 2001; Vankan, Rohwer & Schuler, 2007) gedanklich aktiv mit der Raumgestaltung auseinandersetzen. Die Tatsache, dass die planerische Raumgestaltung mit einer originalen Begegnung und exkursionellen Begehung vernetzt ist, stützt diesen Verständnisprozess. Die Schülerinnen und Schüler werden sich der unterschiedlichen Wirksamkeit des raumrelevanten Handelns bestimmter Akteure bewusst, also gerade jenes Moments, welches die französische Geographie mit den Bezeichnungen *agent, actant, acteur* zu differenzieren versucht (Di Méo, 2006). Die genannten Begriffe heben in der angegebenen Reihenfolge den Anstieg des Grads der Wirksamkeit hervor.

Die didaktische Grundkonzeption der Rollenexkursion intendiert eine konsequente Berücksichtigung der von Dickel (2006a) herausgestellten exkursionsdidaktischen Leitbilder. Innerhalb der Methode kommt dem Leitbild „Mehrperspektivität und Mehrdimensionalität" eine besondere Bedeutung zu. Beide Aspekte sind notwendig, um Konstruktionen und Perzeptionen von Räumen zu verstehen:

a) Begegnungen mit unterschiedlichen Repräsentanten realer Akteure ermöglichen eine mehrperspektivische Betrachtung geographischer Objekte, Prozesse und Orte.
b) Der gedankliche Planungsprozess der Projekte der fiktiven Rollenakteure durch die Schülerinnen und Schüler lässt Reflexion und Abstandnahme notwendig werden und fördert somit die Bewusstmachung von Mehrdimensionalität.

Mit Bernard von Mutius gesprochen entspricht dies einer Abwendung vom „alten Denken" der Eindimensionalität und einer Zuwendung zu neuen Denkansätzen der Mehrdimensionalität (von Mutius, 2004).

Das Leitbild „Spiel im Sinne der imaginativen Geographie" nimmt durch die szenischen Interpretationen des Ortes eine unmittelbare und konkrete Form an. Die Schülerinnen und Schüler „verknüpfen Fantasie und tatsächliche Handlungen miteinander. Vorstellungen werden im Raum lokalisiert und reale Orte treiben die Imagination ihrerseits an" (Dickel, 2006b, S. 45). Das Format Rollenexkursion ermöglicht somit in besonderem Maße, „dass die Reise als (Zusammen-)Spiel von imaginativer und „wirklicher" Welt sichtbar und reflektiert wird (Böing & Sachs, 2007, S. 37)".

Rollenexkursionen stellen zudem eine Möglichkeit dar, die sprachliche Dimension in der Schulgeographie bewusster herauszustellen. Die Neue Kulturgeographie nach dem *linguistic turn* akzentuiert die Interdependenzen zwischen kultureller Identität, Sprache und Raum (Gebhardt, Reuber & Wolkersdorfer, 2003). Auch Rollenexkursionen sind in hohem Maße sprachorientiert: Sowohl bei der Informationsaufnahme als auch bei der

Informationsverarbeitung und Ergebnispräsentation der Projekte der fiktiven Akteure kristallisiert sich ein Fokus auf bestimmte sprachliche Segmente heraus. In diesem Sinne können die sprachlich-geographischen Produktionen der Schülerinnen und Schüler als ihre Interpretation und ihre Lesart des Raums aufgefasst werden (Rhode-Jüchtern, 1996).

Schließlich können Rollenexkursionen auch verschiedene Maßstabsebenen und ihre Verzahnung spürbar zum Ausdruck bringen. Je nach Ausrichtung des fiktiven Akteurs können von der lokalen bis zur globalen Maßstabsebene alle Dimensionen gezielt integriert werden.

Einblicke in die Praxis

Thematischer Schwerpunkt

Mit der thematischen Ausrichtung der Rollenexkursion auf den Bau einer Großmoschee (s. Abb. 2) und auf die damit verbundenen raumstrukturellen Auswirkungen wird bewusst ein Thema gewählt, welches bisher von der deutschen Schulgeographie noch nicht explizit aufgegriffen worden ist. Gleichwohl besitzt das Thema eine herausgehobene Aktualität, die sich in Form einer immer stärker werdenden Beschäftigung der deutschen Massenmedien mit Moscheebauten äußert. Die äußerst kontrovers und emotional geführte Diskussion um den Moscheebau des türkischen Verbandes DITIB (Diyanet Isleri'NIN Türk-Islam Birgligi/Türkisch-Islamische Union der Anstalt für Religion e.V.) im Kölner Stadtteil Ehrenfeld ab dem Som-

Abbildung 2: Die geplante Moschee in Köln-Ehrenfeld (Ansicht Venloer Straße)
(Quelle: http://www.boehmarchitektur.de/deutsch/hochbau/hochbau_zentralmoschee.html)

mer 2007 bildete den Startpunkt einer bundesweiten Berichterstattung zu dieser Thematik. Das große öffentliche Interesse ist nicht zuletzt darin begründet, dass bundesweit gegenwärtig über 184 Moscheebauten geplant bzw. in Bau befindlich sind (Zentralinstitut Islam-Archiv Deutschland, zit. nach Solms-Laubach, 2007). Insofern ist das Thema auch unter dem Gesichtspunkt Exemplarität von großer Bedeutung.

Die Diskussion in den Medien ist insgesamt zugespitzt auf die Dichotomie „pro oder contra Moschee in dieser Größe in Köln-Ehrenfeld", welche sich an der Frage der Minaretthöhe festmacht. Dabei geht es in vielen Beiträgen gar nicht primär um den Moscheebau *per se*, sondern um Fragen der Integration, um befürchtete Machtansprüche, um eine Auseinandersetzung mit dem Islam oder um eine allgemeine Angst vor Veränderung. Im öffentlichen Meinungsbild herrscht keine Einigkeit darüber, ob die Moschee eine „Provokation" oder doch eher ein „Geschenk" für die Stadt Köln ist (eigene Auswertung lokaler und überregionaler Printmedien im Zeitraum Mai bis Dezember 2007).

Im Rahmen des Projektes „Rollenexkursion" interessiert vor allem die Moschee in ihrer Bedeutung als Standortfaktor und als Auslöser raumstruktureller Prozesse. Zwar existiert an der Stelle bereits seit Jahrzehnten ein als Moschee genutztes Gebäude eines alten Industriebetriebs, der geplante Moscheekomplex ist hinsichtlich seiner Dimensionen und Funktionen jedoch deutlich vergrößert. Die Moschee soll Platz für 2000 Menschen bieten. Zudem gehören zum Moscheekomplex weiterhin ein Veranstaltungsraum für 1500 Personen, Gastronomie, Einzelhandel und Dienstleistungen, ein Jugend- und Frauenzentrum, Sporteinrichtungen, Verwaltung und Dienstwohnungen. Die Multifunktionalität unterstreicht, dass es sich eher um ein islamisches Zentrum denn eine Moschee handelt. Diese Tatsache spiegelt sich auch darin wider, dass die eigentliche Nutzung als Gebetsraum nur auf ca. 1/10 der bebauten Flächen erfolgt, 9/10 entfallen auf wirtschaftliche bzw. kulturelle Funktionen (DITIB, 2007).

Diese Dimensionen verdeutlichen, dass durch den Bau und den Betrieb der Moschee das Gefüge der Akteure im Umfeld der Moschee durchaus verändert wird. Alte Akteure werden beeinflusst, müssen sich unter Umständen verändern oder werden verdrängt. Neue Akteure treten auf den Plan und beeinflussen ihrerseits wieder das Zusammenspiel der Akteure im Raum und damit letztendlich auch das raumstrukturelle Gefüge als solches (s. Abb. 3).

Dieses Gedanken-Spiel im Sinne der imaginativen Geographie (Werlen, 2004) ist Ausgangspunkt der vorgestellten Rollenexkursion. Die Schülerinnen und Schüler versetzen sich in die Rolle von verschiedenen Akteuren

*Abbildung 3: Das Gefüge der Akteure im Umfeld der Moschee verändert sich
(Foto: Böing & Sachs)*

im Umfeld der Moschee und erleben die gesamte Rollenexkursion jeweils aus der Perspektive eines bestimmten Akteurs. Im Sinne der Methode „Planen und Entscheiden" gilt es nun, Handlungsoptionen für diesen Akteur zu entwerfen und in einer szenischen Darstellung zu präsentieren. Durch den explizit akteursbezogenen Charakter überwindet diese Rollenexkursion somit bewusst die medial inszenierte thematische Dichotomie „pro und contra Moscheebau".

Ablauf und Inhalte der Rollenexkursion

Vorbereitung (4 Zeitstunden)

Wie bei jeder geographischen Exkursion ist auch bei einer Rollenexkursion der Erfolg sicherlich maßgeblich durch eine angemessene Vorbereitung und Hinführung bestimmt. Vorbereitung und Hinführung sind bei einer Rollenexkursion jedoch zweigleisig zu denken: einerseits thematisch bezogen auf die gewählte allgemeingeographische Ausrichtung der Exkursion sowie den exemplarisch gewählten Exkursionsort, andererseits methodenbezogen in Bezug auf die Rolleneinnahme.

Die Vorbereitungsphase umfasste eine vorbereitende Hausaufgabe sowie vier Schulstunden und lief wie folgt ab:
1. Sachliche Grundlagenbildung I (individuell) als vorbereitende Hausaufgabe: fragengeleitete Analyse des Artikels „Scheingefechte in der Moscheedebatte – Zwielichtige Verbände schaden den Otto Normalmuslimen" (Gastbeitrag L. Akgün im Kölner Stadtanzeiger vom 09.10.2007)
2. Organisatorische Einführung: Übersicht über Ziele, Inhalte, Verlauf der Rollenexkursion

3. Sachliche Grundlagenbildung II: Einführung durch die Exkursionsleitung (Architektur, DITIB, Stadtplanung, öffentlicher Diskurs...); Vortrag und Diskussion
4. Einführung in die Rollen der fiktiven Akteure und Zuteilung der Rollenbeschreibungen jeweils in Dreiergruppen; Austeilen der Arbeitsaufträge zur Rollenkarte sowie der Vorgaben zur Präsentation der Projektergebnisse; Hinweis auf das notwendige Filtern der Informationen anhand eines Arbeitsblatts (s. Abb. 4)
5. Treffen mit der Autorin des Artikels, Frau Dr. Lale Akgün, MdB; fragengeleiteter Austausch: Islam, Verbände, Moschee-Debatte

Exkursionsorte und -inhalte		Notizen für die Projektidee
Standort	Inhalte	Ort des Projekts
Intervenierende Experten	*Wichtige gefilterte Schlüsselzitate („...")*	*Geplante Handlungen / Aktionen*

Abbildung 4: Arbeitsblatt zur Unterstützung des Filterns der Informationen

Durchführung der Exkursion (6 Zeitstunden)

1. Sensibilisierung für den Raum als *pre-discovering activity* im Tandem:
   – Äußern der ersten Eindrücke im Innenhof des derzeitigen Moscheegeländes
2. Informationsaufnahme und -aneignung (kognitiv, methodisch, affektiv)
   – Erkundung des jetzigen Geländes der DITIB-Moschee: Zusammentreffen mit Vertretern des Bauherrn und Moscheebetreibers DITIB sowie Führung über das Gelände
   – Erkundungs- und Kartierungsgang im unmittelbaren Umfeld des DITIB-Geländes, Venloer Straße
   – Treffen mit dem Vorsitzenden der Bürgervereinigung Köln-Ehrenfeld e.V. und ehemaligem Schulleiter der kath. Grundschule Lindenbornstraße, Ehrenfeld
   – Treffen mit der Leiterin des Stadtplanungsamtes der Stadt Köln
3. Materialgestützte Erarbeitung und Fertigstellung der Projekte der Rollenakteure durch die Schülerinnen und Schüler: Input filtern, Ideen sammeln und zusammenfügen, Diskussion im Tandem, Ausarbeitung der

Projektskizze mit den Teammitgliedern, kurzes Stegreif-Einüben der szenischen Präsentation des fiktiven Akteurs
4. Projektpräsentation in einer Plenumsrunde im Rollencharakter: Rolle, Intention und Projektidee des fiktiven Akteurs kurz vorstellen (Was hat man vor warum wo zu „machen"?)
5. Kriteriengeleitete Reflexion:
   - sachlich-geographisch: Gehalt der vorgestellten Projektideen, mögliche Interessenskonflikte der Akteure, Abstraktion: Auswirkungen des Moscheebaus auf unterschiedlichen Maßstabsebenen
   - sprachlich: Qualität der Darbietung
   - methodisch: Szenisches Spiel, Rollen, Experten, Standorte, Interaktion

Nachbereitung (2 Zeitstunden)

Die Nachbereitung umfasste im Sinne der von Dickel (2006a) formulierten Hinweise zur Post-Phase von Exkursionen sowohl die Sachebene als auch Selbst- und Fremdreflexionen in Bezug auf die subjektive Erkenntnisgewinnung.
1. Hausaufgabe: Verschriftlichung der Projektideen der jeweiligen fiktiven Akteure
2. Rekapitulation des Werdegangs der Projektidee: Welche Schlüsseläußerungen welcher Experten haben (letztendlich) zu eurer Projektidee geführt? Welche Fragen habt ihr den Experten gestellt, um eure Projektidee zu schärfen?
3. Chancen und Grenzen der Methode „Rollenexkursion" (didaktische Perspektive)
4. Kombination von kompetenzorientiert-standardisiertem Evaluationsbogen sowie freier Rückmeldung

Die Rollenprofile

Im vorliegenden Projekt sind elf Rollenprofile zum Einsatz gelangt (s. Abb. 5). Die gewählten fiktiven Akteure stammen aus den Bereichen Wirtschaft, Kultur, Umwelt, Soziales, Verkehr und Tourismus, um ein möglichst großes Spektrum an Funktionen und Berufen abzudecken sowie die Implikationen im raumstrukturellen Gefüge und im Maßstabsgefüge zu verdeutlichen.

Thomas ist Café-Besitzer in unmittelbarer Umgebung der Moschee. In sein Café kommt bislang vorwiegend eine Viertels-Klientel. Wird es ihm gelingen, diese Kundschaft zu halten? Kann er vielleicht neue Kundschaft gewinnen?

Ahmed ist ein junger Einzelhandelskaufmann mit abgeschlossener Berufsausbildung. In den Planungsgesprächen hat er gehört, dass der neue Moscheebau auch dem Stadtteil Ehrenfeld wirtschaftlich neuen Aufschwung geben soll. Er möchte gerne eine Gewerbefläche innerhalb des Moscheegeländes anmieten und seine erste eigene Unternehmensgründung wagen. Auf welchen Bereich/ welches Angebot sollte er sich spezialisieren?

Azur und Nilgün sind junge türkischstämmige Anwältinnen, die nach sehr erfolgreichem Abschluss ihres Jura-Studiums in Deutschland nun den Traum einer eigenen gemeinsamen Kanzlei verwirklichen möchten. Bietet das Umfeld der neuen Moschee hierzu einen guten Standort und eine gute Ausgangslage? Oder sollten sie lieber einen zentralen innerstädtischen Ort für ihre Kanzlei wählen?

Der Tankstellenbesitzer auf der Venloer Straße ist der unmittelbare Nachbar des DITIB-Geländes. Er wird nicht nur während der Bauphase sondern auch nach der Eröffnung sehr viel von dem Moscheebetrieb „mitbekommen". Als Geschäftsmann liegt ihm natürlich an einer Steigerung des Umsatzes. Welche Strategien könnte er entwickeln, um neue Kundschaft zu gewinnen - eventuell auch außerhalb seines bisher bestehenden Kernangebotes ? Schließlich sind Tankstellen heutzutage längst nicht mehr nur Orte, an die man ausschließlich zum Tanken kommt.

Sylvia ist Umweltbeauftragte der Stadt Köln. Ihr liegt natürlich eine Berücksichtigung ökologischer Aspekte beim Bau und beim Betrieb jeglicher Großprojekte besonders am Herzen. Als Diplom-Ingenieurin mit einer Spezialisierung im Bereich „nachhaltiges Bauen" berät sie öffentliche und private Bauherren in kleinen und großen Entscheidungsfragen z. B. bezüglich Energiesparen, ressourcenschonendem Umgang mit Wasser etc.

Antje und Klaas sind Geschäftsführer eines erfolgreiches holländischen Immobilienmaklerunternehmens. Sie haben schon seit langem den „richtigen Riecher" für lohnende Bau- und Investitionsprojekte. Als international diskutiertes Großprojekt hat sie sogleich auch der Moscheebau zu Köln auf den Plan gerufen. Zudem beobachten sie den Kölner Immobilienmarkt schon seit langem und wissen, dass Ehrenfeld ein In-Viertel im Umstrukturierungsprozess ist. Lohnt es sich, vielleicht gerade zum jetzigen Zeitpunkt zu investieren? Wenn ja, in welchen Bereichen?

Samir ist ein Hotelmagnat aus Dubai, der sich spezialisiert hat auf den wachsenden Markt der Touristen islamischer Herkunft. Weltweit prüft er gegenwärtig mehrere Standorte im Hinblick auf ihr Potenzial. Im europäischen Raum ist sein Interesse sogleich durch den geplanten Bau der Großmoschee auf Köln gefallen. Er stellt sich die Frage, ob aus (tourismus-)geographischer und wirtschaftlicher Sicht die Stadt Köln und vielleicht sogar die unmittelbare Nachbarschaft der neuen Moschee der richtige Standort für seine erste Hotelanlage auf dem europäischen Kontinent darstellt. Sein Traum sind langfristig auf transkulturellen Dialog angelegte Multifunktions-Hotelanlagen.

Sandra ist Verkehrsplanerin der Stadt Köln. Eine ihrer zentralen Aufgaben ist die verkehrstechnische Planung und Beratung sowie der Entwurf von Entwicklungsszenarien im Bereich der Verkehrsbelastung. Insbesondere bei Großprojekten – und die neue Großmoschee zählt sicherlich dazu – ist besonders sensibel auf Verkehrsführungen und -belastungen zu achten. Ihre Gedanken bewegen sich vor allem um die folgenden Fragen: Wie soll die Verkehrsorganisation zu Spitzen-Besuchszeiten der Moschee erfolgen? Welche Orientierungshilfen und Infrastrukturen sind notwendig, um auch nicht Ortskundige zügig und einfach zum Moscheegelände zu transportieren?
Iris ist stellvertretende KölnTourismus-Geschäftsführerin und Diplom-Geographin. Ihre zentrale Aufgabe ist es, für auswärtige Touristen aber auch für Einheimische touristisch interessante Orte Kölns in Wert zu setzen und zu vermarkten. Könnte die neue Moschee ein neues touristisches Highlight für Köln werden? Welche (Werbe-) Maßnahmen und Strategien könnten entwickelt werden?
Ufuk und Jan haben sich während des Studiums „Interkulturelle Kommunikation" kennen gelernt und befinden sich nun in der Bewerbungsphase. Gerne würden sie in interkulturellen Vorzeigeprojekten – wozu sie die neue Moschee auf jeden Fall zählen - als interkulturelles „Tandem" arbeiten. Bei der DITIB möchten sie sich mit ihren Projektideen als Team bewerben. Sie können sich gut vorstellen, im Bildungs- und Informationszentrum Programmteile zu entwickeln, die Besuchern umfassende Einblicke in den Betrieb der Moschee vermitteln – räumlich wie inhaltlich. An welche Standorte können und sollten Besucher zu welchen Zeiten geführt werden? Welche Personen könnten eingebunden werden? Welche inhaltlichen Ausgestaltungsmöglichkeiten gibt es? Welche organisatorischen Rahmenbedingungen sind zu bedenken?
Eray und Hassan sind Verantwortliche des zukünftigen Jugendzentrums auf dem Gelände der Moschee. Ihr Interesse ist die Zusammenstellung eines interessanten und breitgefächerten Angebotes für Jugendliche unterschiedlichen Alters. Innerhalb der Planungsgespräche interessieren sie besonders die Fragen nach diesbezüglich möglichen Flächennutzungen und inhaltlichen Ausgestaltungsmöglichkeiten sowie ihren Grenzen.

Abbildung 5: Rollenprofile

Die Rollenkarten sind von der Struktur her gleich gestaltet:
- Über die Angabe eines Vornamens wird ein zügiges Hineinversetzen in den fiktiven Rollencharakter ermöglicht.
- Die Implikation des fiktiven Rollencharakters in den Moscheebau wird knapp präzisiert.
- Einige wenige Fragen sollen erste Anregungen und Impulse für eine inhaltliche Ausgestaltung geben.

Somit folgt die Anlage der Rollenkarten in gemäßigter Form dem Desiderat „La créativité est stimulée par les contraintes" (Kreativität wird durch

Einschränkungen stimuliert), welches Debyser (1986, S. 9) für das Format „Globalsimulationen" im Bereich der Fremdsprachen artikuliert hat.

Als didaktische Flankierung dienen hereingereichte begleitende Arbeitsaufträge sowie Vorgaben für die Präsentation (s. Abb. 6). Hier wurden Hinweise, die Scheller in seinem Werk „Szenisches Spiel – Handbuch für die pädagogische Praxis" (1998) formuliert hat, integriert. Obwohl der Leitfaden eigentlich für den Deutsch- bzw. Literaturunterricht bestimmt ist, können zahlreiche Ratschläge auch für das Fach Geographie herangezogen werden, um qualitätsvolle gestaltende Textproduktionen zu erzielen. Da diese Hinweise durchaus Relevanz für die Konzeption von Rollenprofilen und die begleitenden Arbeitsaufträgen besitzen, sollen an dieser Stelle einige maßgebliche Impulse aufgeführt werden:

– „Verfassen von Rollenstatements in der Ich-Form: Die Ich-Form fördert die Identifikation, hilft eigene Erlebnisse, Phantasien, Empfindungen, Denk- und Schreibmuster zu aktivieren und mit zu verarbeiten" (S. 49).
– „Das Schreiben in ganzen Sätzen verhindert die Distanzierung, bringt das biographische Schreiben in Gang und erzwingt eine persönliche Perspektive" (S. 49).
– „Szenisches Erkunden: Szenische Erkundungen können helfen, die vielfältigen sinnlichen und emotionalen Zugänge und Beziehungen, die wir zu uns und unserer sozialen Umwelt haben und herstellen, wieder zu entdecken, zu erproben, in ihren sozialen Voraussetzungen und Wirkungen zu untersuchen und in das eigene Selbstbild zu integrieren. Die Erkundungen können die Spieler auf sich selbst, aber auch auf die Rollen, die sie übernommen haben, beziehen" (S. 74).
– „Räume erkunden: Wir leben und handeln in Räumen (...) Wir bevorzugen bestimmte Orte oder Perspektiven. Wie wir einen Raum wahrnehmen, gestalten und uns in ihm bewegen, wird uns häufig erst bei Störungen bewusst. Räume und die Art, wie wir mit ihnen umgehen, beeinflussen auch unser Selbstbild. Unsere Aneignung von Räumen ist mit biographischen Erfahrungen verknüpft. Insofern verfügen wir nicht nur über Räume, sondern diese auch über uns" (S. 74).
– „Sprechhaltungen von Personen entwickeln: Sucht nach einer sprachlichen Äußerung, die für eure Person charakteristisch ist. Diese Äußerung könnt ihr selbst erfinden (oder dem Text entnehmen). Geht in der entwickelten Körperhaltung durch den Raum, experimentiert mit unterschiedlichen Sprechhaltungen (laut-leise, hart-melodisch, wütend, liebevoll, aggressiv usw.) und entscheidet euch dann für die, die nach eurer Vorstellung am besten zu eurer Rolle passt" (S. 119).

Schließlich bietet es sich bei aller zugelassenen Offenheit der Ergebnisse durchaus an, mögliche Impulse oder Nachfragen seitens der Schülerinnen und Schüler zu antizipieren, falls die Gruppenarbeit ins Stocken gerät.

Arbeitsaufträge zur Rollenkarte:

1. Nach der Lektüre eures Rollenprofils diskutiert mit euren Gruppenmitgliedern, welche mögliche(n) Zielsetzung(en) euer fiktiver Akteur haben könnte.
2. Welche Fragen ergeben sich für euch, welche Punkte müssten im Gespräch mit den einzelnen Experten geklärt werden?

Vorgaben für die Präsentation:

Stellt im Rollencharakter
1. euren fiktiven Akteur
2. eure Intention
3. eure Projektidee – wenn möglich materialgestützt – kurz vor.
Was habt ihr vor, warum wo zu „machen"?

Berücksichtigt bei der Präsentation folgende Aspekte:
- Die Rollenstatements sollten in der Ich-Form verfasst sein.
- Formuliert in ganzen Sätzen.
- Tragt eure Projektidee in einer Sprechhaltung vor, die eurer Meinung nach zu eurem Akteur passt.

Abbildung 6: Arbeitsaufträge und Vorgaben zur Präsentation

Ergebnisse

Die szenischen Präsentationen der Projekte wurden per Diktiergerät aufgezeichnet, digitalisiert und transkribiert (Eine Schülerpräsentation soll an dieser Stelle als Integralfassung im Originalton wiedergegeben werden, s. Abb. 7). Beigefügt sind auch die in der nachbereitenden Hausaufgabe eingeforderten Begründungen, die Einblicke in Genese und Werdegang der Idee liefern.

„Ich bin Iris, stellvertretende Geschäftsführerin von KölnTourismus und Diplom-Geographin. Ich persönlich bin natürlich völlig begeistert von der Idee; eine Großmoschee in Köln-Ehrenfeld zu bauen. Meine Intention ist, die Moschee zu einem neuen Touristenzentrum zu machen – mit dem hervorragenden Slogan: „DOM und MOSCHEE – ein unschlagbares Duo." In erster Linie möchte KölnTourismus dabei ein Reisepaket Köln entwickeln mit dem Titel „ Architektur in Köln – Von Romanik über Gotik bis zur Moschee", um außenstehenden Interessierten an Architektur sowie weiteren Touristen auch einmal eine andere Seite von Köln zu zeigen. Desweiteren wurde uns von der DITIB versichert, dass professionelle Teams Führungen durch die Moschee übernehmen, um den Besuchern den Islam, die Traditionen und eben

auch die Kultur näherzubringen. Dies ist ein weiterer wichtiger Anziehungspunkt für Touristen. Um auch Gläubige näher an Köln zu bringen, werden wir Forumsdiskussionen organisieren mit dem Thema „ Christentum meets Islam", um anzuregen sich mit den anderen Religionen auseinanderzusetzen. Köln wird viele Bereicherungen im Bereich Tourismus durch den Moscheebau erhalten. Seit einiger Zeit gibt es Hop-on – Hop-off Busse in Köln, deren weiterer Haltestellenpunkt auch der Platz vor der Moschee sein wird. So haben die Besucher nicht nur die Möglichkeit die Moschee zu besichtigen, sondern auch das reichhaltige Angebot der Venloer Straße zu nutzen. Auch ein Integrieren der Moschee in den Ehrenfelder Geschichtspfad ist ein weiterer wichtiger Punkt, um die Moschee für Einheimische in Wert zu setzen. Ganz besonders wichtig ist uns hierbei natürlich auch, dass die Architekten Paul und Prof. Gottfried Böhm berühmte Kirchenbaumeister sind und so viele Interessierte anziehen werden.
Zum Schluss werden wir natürlich viele Souvenirs wie Kugelschreiber mit der Moschee bedruckt oder statt ausschließlich Kölsch-Gläser auch Teegläser in den Shops des KölnTourismus integrieren. So bin ich der festen Überzeugung dass die Moschee eine unglaubliche Bereicherung für die Stadt Köln und ein starker Touristenmagnet wird."

Reflexion im Nachgang:
Schlüsseläußerungen, die zur Ausgestaltung der Projektidee geführt haben:
– „Es handelt sich hierbei um einen berühmten Kirchenbaumeister"(L. Akgün)
– „Eine schöne, repräsentative Moschee, die äußerlich beeindruckend ist" (L. Akgün)
– „Dies wird eine Touristenattraktion, nein sogar eine Sensation für Touristen"(L. Akgün)
– „Wir werden professionelle Führungen mit Theologen machen" (DITIB-Vertreter)
– „Die Moschee kann man toll in den Ehrenfelder Geschichtspfad integrieren" (Vorsitzender Bürgervereinigung Köln-Ehrenfeld e.V.)
– „Die Moschee wird viele Architektur-Interessierte anziehen" (Leiterin Stadtplanungsamt)

Fragen an die Experten (die meisten Fragen unsererseits wurden schon vorher angesprochen):
– An den DITIB-Vertreter: Wird es Führungen geben, die für Touristen ein lukratives Angebot enthalten könnten?
– An die Leiterin des Stadtplanungsamtes: Wird die Moschee mit dem Dom konkurrieren können? Glauben Sie persönlich, dass die Moschee für Touristen interessant werden könnte?
– An den Vorsitzenden der Bürgervereinigung Köln-Ehrenfeld e.V.: Gibt es schon Projekte, die die Moschee als potentiellen Touristenmagnet nutzen, wie zum Beispiel den Geschichtspfad?

Abbildung 7: Die fiktive Projektidee der „stellvertretenden Geschäftsführerin von KölnTourismus" und die Rekapitulation des Werdegangs

Evaluation der Rollenexkursion

Grundlage der Evaluation: Kompetenzorientierung

Grundsätzlich sollen im Rahmen der Rollenexkursion alle in den Bildungsstandards ausgewiesenen Kompetenzbereiche des Faches Geographie (DGfG, 2007) angesprochen werden. Der besondere Schwerpunkt liegt auf dem Kompetenzbereich Kommunikation (vgl. Abb. 8). Dieser Kompetenzbereich wird mit all seinen Teilkompetenzen und Standards ins Blickfeld genommen. Dies ist darauf zurückzuführen, dass es sich bei dem Format „Rollenexkursion" um eine sehr sprachorientierte Methode handelt: Geographische Sachverhalte werden in weiten Teilen sprachlich durch die Experten dialogisch vermittelt, in den Kleingruppen erfolgt ein intensiver Austausch und eine intensive Reflexion über die zu erstellende mündlich vorgetragene szenische Sprachproduktion. Diese wiederum wird eingeübt und im Zusammenhang präsentiert sowie im Anschluss reflektiert.

Im Vergleich zu herkömmlichen geographischen Exkursionen, wo etliche fachspezifische Arbeitsweisen auch durchaus mit wenig(er) mündlicher Kommunikation auskommen und Schülerinnen und Schüler zu guten Ergebnissen in der Präsentation gelangen, sind Sprache und Kommunikation in der Rollenexkursion unabdingbar, da mittels Sprach- und Wortspielen, Stilmitteln und rhetorischen Fähigkeiten, wie sie sonst häufig nur im Sprachunterricht verlangt werden, geographische Inhalte intensiv sprachlich reflektiert werden.

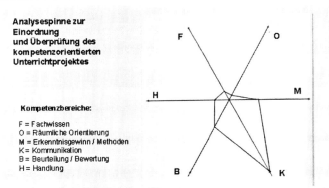

Abbildung 8: Visualisierung der intendierten Kompetenzförderung des Unterrichtsprojekts: Die Gesamtheit der Standards innerhalb eines jeden Kompetenzbereichs ist gleich 100%. Die Visualisierung als „Spinnennetz" (DGfG 2007, verändert) zeigt durch die Zacken an, wie viel Prozent von der Gesamtmenge der Standards bezogen auf den jeweiligen Kompetenzbereich im Projekt gefördert werden sollen.

Ergebnisse der Evaluation: "Gefühlte" Kompetenzerweiterung

Um möglichst aussagekräftige und umfassende Evaluationsergebnisse zu erzielen, wurden sowohl ein standardisierter Evaluationsbogen an die Schülerinnen und Schüler verteilt als auch freie Äußerungen abgefragt.

Die „Messung" der Kompetenzerweiterung mittels des Evaluationsbogens ist nach folgendem Verfahren durchgeführt worden: Für die Schülerinnen und Schüler galt es, die „gefühlte" Kompetenzerweiterung in vier Abstufungen anzukreuzen: stark, spürbar, wenig, gar nicht. Ausdrücklich darauf hingewiesen worden sind die Schülerinnen und Schüler vor dem Ausfüllen des Bogens auf folgende Neuheiten, die ihnen aus bisherigen Evaluationen von Unterrichtsprojekten nicht bekannt waren: Beim Kompetenzerwerb handelt es sich zumeist um einen langfristig angelegten Progressionsprozess mit einer längerfristigen Zeitspanne. Demgegenüber stehen die Beschränkung des Projektes auf insgesamt drei Unterrichtstage sowie eine relative Bandbreite der ins Auge genommenen Kompetenzen. Innerhalb dieses Rahmens gilt es, die für sich selbst diagnostizierte Kompetenzerweiterung zu artikulieren. Der Startpunkt vor dem Projekt ist bezogen auf die genannten Teilkompetenzen nicht gleich Null. Demzufolge sind Teilkompetenzen, die bereits ausgeprägt vorhanden sind, auch deutlich schwieriger zu vertiefen als solche, die wenig ausgeprägt sind.

Insgesamt bewerten die Schülerinnen und Schüler in der Mehrzahl bei den meisten Kompetenzen die „gefühlte" Kompetenzerweiterung mit „spürbar" (s. Abb. 9). Auffällig ist der höchste Durchschnittswert für den Kompetenzbereich Fachwissen. Dies ist sicherlich darauf zurückzuführen, dass Kompetenzzuwächse im Bereich Fachwissen für Schülerinnen und Schüler besonders deutlich fassbar sind und als spürbare Zuwächse erkannt werden. Der Kompetenzbereich Räumliche Orientierung, der nur mit einem Item vertreten war, fällt deutlich ab. Dies liegt zum einen sicherlich daran, dass es sich um ein für die Schülerinnen und Schüler vertrautes Gebiet im unmittelbaren Umfeld der Schule handelt, in dem eine Orientierung ohne Hilfsmittel einfach ist. Zum anderen weist damit der Standard den niedrigsten Wert auf, bei dem eine Einbindung durchaus möglich gewesen wäre, der aber nicht explizit über Arbeitsaufträge eingefordert wurde. Im konkreten Fall haben nur ganz wenige Schülerinnen und Schüler eine topographische Übersichtsskizze zur Illustrierung ihres Projekts angefertigt.

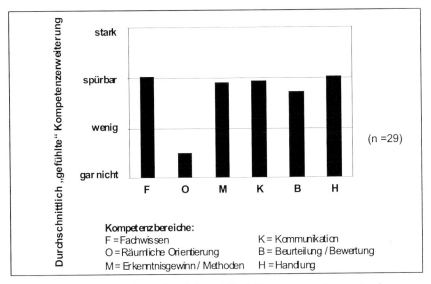

Abbildung 9: Die durchschnittlich „gefühlte" Kompetenzerweiterung durch die Rollenexkursion „Moscheebau"

Die von den Schülerinnen und Schülern geäußerte spürbare Kompetenzerweiterung im Bereich Kommunikation ist besonders erfreulich, da sich der Durchschnittswert auf 100% der im Bereich Kommunikation ausgewiesenen Standards bezieht.

Grundsätzlich kristallisieren sich bei der Auswertung der Evaluationsbögen folgende Aussagen heraus:
- Die in den Bildungsstandards formulierten Teilkompetenzen und Standards eignen sich in vielen Fällen unmittelbar, in vielen weiteren Fällen mit nur leichten Änderungen zur kompetenzorientierten Evaluation auch von kürzeren Unterrichtsprojekten.
- Innerhalb des Formats Rollenexkursion können alle in den Bildungsstandards formulierten Kompetenzbereiche je nach Schwerpunktsetzung in den Blick genommen werden.
- Im Kompetenzbereich Kommunikation kann durch die hohe sprachliche Aktivierung eine Vielzahl von Schülerinnen und Schülern in der gesamten Bandbreite der Teilkompetenzen direkt gefördert werden.
- Auch und gerade der auf den ersten Blick nur indirekt im Zielfokus stehende Kompetenzbereich Fachwissen kann innerhalb einer Rollenexkursion spürbar erweitert werden.

Chancen und Grenzen der Methode „Rollenexkursion" – didaktisch reflektiert durch die Schülerinnen und Schüler

Aufgrund der Neuartigkeit des Formats Rollenexkursion sind die Schülerinnen und Schüler an der didaktischen Reflexion der Methode hinsichtlich ihrer Chancen und Grenzen intensiv beteiligt worden. Aus den hierzu jeweils frei formulierten Schüleräußerungen werden in Auswahl einige vorgestellt.

Die bezogen auf die **Chancen** vorgenommene Zuordnung orientiert sich an den eingangs dargelegten Prinzipien und Leitbildern einer Rollenexkursion:

Mehrperspektivität / Mehrdimensionalität / Perspektivenwechsel
– „Man denkt über einen längeren Zeitraum aus verschiedenen Blickwinkeln, an die man sonst nicht gedacht hätte."
– „Aus den Augen eines Akteurs war es einfacher, mit persönlicher Distanz an die Sache heranzugehen."

Spiel im Sinne der imaginativen Geographie / im Sinne des szenischen Spiels
– „Die sehr gute schauspielerische Interpretation hielt ich für eine gute Möglichkeit, Thema und Konzept zu verstehen sowie mich mit einem Akteur zu identifizieren."

Konstruktionen im Dialog / im Diskurs / durch Sprache
– „Konfliktpunkte und -potential wurden gefunden, widerlegt oder bestätigt, Anwohnerprobleme oder Politikermeinungen ebenso."
– „Die Unterhaltungen und Diskussionen mit den Experten haben mir die Tragweite des Themas verdeutlicht."

Inszenierungen und Konstruktionen von Räumen: Menschen als Akteure
– „Uns ist aufgefallen, dass die Akteure im Raum große Auswirkungen auf die Ausgestaltung des Raums haben können."

Offenheit des Lernprozesses
– „Eine kreative Aufgabe, die dazu anregt, mit viel Motivation und sachlichem Freiraum zu arbeiten.
– „Sich mit dem Projekt vielseitig und selbstständig auseinandersetzen."

Aktivierung des Gedächtnisfilters
– „Immer wieder habe ich versucht, möglichst viel aus den Informationen für meine Rolle zu ziehen und so konnte ich gut zuhören."

- „Man fühlte sich immer auf eine bestimmte Weise „betroffen" und musste so lernen, die für einen selbst bzw. seine Gruppe wichtigen Informationen zu filtern."
- „Man hat eine größere Motivation die Informationen zu speichern als bei einem „normalen" Vortrag, wo man die Informationen am Ende meistens nicht weiterverarbeitet."
- „Man vergisst die verschiedenen Punkte nicht so schnell."

Über diese den Leitbildern zugeordneten Bemerkungen hinaus kristallisieren sich folgende weitere Bereiche von Mehrfachnennungen heraus: eine solide Grundlage zur Meinungsbildung, das Wecken des Interesses durch persönliche Erfahrungen, der Wille zum politischen Engagement.

Die Äußerungen der Schülerinnen und Schüler bezüglich der herausgespürten **Grenzen** der Methode lassen sich im Wesentlichen um vier Punkte gruppieren: **organisatorische Aspekte** („Es kann vorkommen, dass die Experten nicht die Infos liefern, für die sie eigentlich zuständig sind."); **Einschränkung durch die Perspektive** („Man ist stark auf eine Position festgelegt.", „Man hat keinen totalen Blick auf die Veränderungen, sondern sieht nur aus dem Blickwinkel des eigenen Akteurs."); **Realitätsprüfung** („Fehlende Sicherheit, dass das Ergebnis mit der Realität übereinstimmt.", „Die Ideen bleiben theoretisch."); **Unterschiede hinsichtlich der Wirksamkeit der Rollenakteure** („Grenzen sehe ich in mangelnden Möglichkeiten der Akteure. Nicht jeder Akteur hat so viele Entfaltungsmöglichkeiten oder kann in diesem Gebiet so viel erreichen. Als Beispiel nehme ich den Restaurantbesitzer. Die Rolle wurde gut gespielt, aber eine Vielfältigkeit an Optionen war nicht gegeben.").

Dieser von den Schülerinnen und Schülern als Nachteil herausgespürte Punkt bietet auf der anderen Seite die Chance, die **unterschiedliche** Wirksamkeit der verschiedenen Akteure zu reflektieren.

Methodisch-didaktische Hinweise im Hinblick
auf eine Konzeptionalisierung der Methode Rollenexkursion

Im Folgenden sollen aufbauend auf den Erfahrungen der Rollenexkursion zum Thema „Moscheebau und raumstrukturelle Auswirkungen" auf abstrahierender Ebene methodisch-didaktische Hinweise für die Konzeption und Durchführung von Rollenexkursionen allgemein vorgebracht werden.

Bei der **Wahl des Themas der Rollenexkursion** sollten folgende Kriterien berücksichtigt werden:
- Es sollte Gegenstand einer Kontroverse sein,
- im konkreten Planungs- bzw. im Bauzustand, aber noch nicht abgeschlossen sein,
- ein Potenzial als „Auslöser" von raumstrukturellen Prozessen bzw. als Entwicklungspol besitzen, um den herum sich unterschiedliche Akteure ansiedeln könnten,
- exemplarisch zur Verdeutlichung nomothetischer Phänomene / Prozesse geeignet sein,
- ein Abdecken unterschiedlicher Maßstabsebenen berücksichtigen.

Die **Ausgestaltung der Rollenprofile** sollte dahingehend erfolgen, dass
- unterschiedliche Dimensionen und Sachbereiche vertreten sind (Wirtschaft, Kultur, Umwelt, Soziales, Verkehr, Tourismus...),
- hinsichtlich Geschlecht, Alter, Nationalität etc. unterschiedliche Typen abgedeckt sind,
- die Rollen allesamt eine bestimmte Affinität zum „Projektauslöser" besitzen (räumlich, beruflich, affektiv, politisch...),
- die Rollen nicht identisch mit den Experten sein dürfen.

Eine Mischung von Privatpersonen und Vertretern von Organisationen kann durchaus sinnvoll sein.

Bei der **Auswahl der Experten**, die an den einzelnen Standorten intervenieren, bietet es sich an, auf folgende Kriterien zu achten:
- Die Experten sollten nicht primär als Privatpersonen, sondern als Repräsentanten eines Akteurs auftreten (Stadt, Institution, Verband etc.).
- Sie sollten ebenfalls verschiedene Dimensionen und Sachbereiche vertreten.
- Sie sollten zusammen das Spektrum der Einstellungen zum Auslöser des Projektes widerspiegeln (befürwortend, neutral, ablehnend, unentschieden).

Die **Auswahl der Standorte der Exkursion** sollte
- den Exkursionsteilnehmern die Tragweite, das Ausmaß und die Bandbreite der möglichen induzierten Effekte des Projektes verdeutlichen,
- Orte umfassen, die den Teilnehmern ein affektives Andocken an den Exkursionsgegenstand ermöglichen und die ideengebend für die Verortung und Ausgestaltung des fiktiven Projekts des Rollenakteurs sind,
- Zugänge mit unterschiedlichen Sinnen erlauben.

Hinsichtlich der **didaktischen Begleitung der Rollenexkursion** ist in zwei Richtungen zu denken: Einerseits in der Dimension des Sachgegenstands, andererseits in der Dimension der szenischen Umsetzung. Falls die personalen Gegebenheiten es zulassen, ist es durchaus sinnvoll, diese Funktionen durch zwei Personen zu besetzen:
- einen (eventuell externen) geographischen Experten, der die thematische Einführung realisiert, die Gruppe zu den verschiedenen Standorten führt, dort die verschiedenen intervenierenden Experten einbindet und in eher neutraler Weise versucht, einen thematischen roten Faden zu gewährleisten sowie
- eine didaktische Projektleitung (in der Regel der Lehrer), die sich auf die Hinführung zu den Rollenprofilen und die Rahmung während der Präsentationsphase konzentriert, sich aber während der sachlichen Inputphasen eher zurückhält.

Fazit

Innerhalb des vorliegenden Projektes haben sich zahlreiche – bereits in der Planung antizipierte – Vorzüge der Methode Rollenexkursion herauskristallisiert: Schülerinnen und Schülern wird ein intensives Eindenken in handlungsleitende Kriterien für Akteure und in die maßgeblichen Standortfaktoren ihrer Projekte ermöglicht. Raumstrukturelle Veränderungen, die durch einen „Auslöser" – hier den Bau einer Moschee mit islamischem Zentrum – initiiert werden, können von den Exkursionsteilnehmern aus einer Innensicht heraus antizipiert und in Form einer Simulation erlebt werden. Die hierfür notwendige Informationsaufnahme und -verarbeitung erfolgt nach dem konstruktivistischen Lernprinzip „Konstruktion – Dekonstruktion – Rekonstruktion" und favorisiert trotz der Konzentration auf einen Akteur einen hohen Zuwachs gerade auch an geographischem Fachwissen. Neben den Aspekten „Motivation", „Förderung durch analytisch-kreative Forderung", „Unterstützung der Denkfertigkeiten" ist ein weiterer Grund hierfür in der vorherigen Aktivierung des Gedächtnisfilters – hier die Perspektiveinnahme eines bestimmten Akteurs – zu sehen. Die Auswertung belegt deutlich, dass die Methode Rollenexkursion keineswegs Kreativität und szenisches Spiel zu Lasten von hartem geographischem Fachwissen favorisiert und letzteres nur Beiwerk ist. Im Gegenteil: Gerade im Sinne der Neuen Kulturgeographie können Raumkonstruktionen und

Raumkonzepte (vgl. Wardenga, 2002) im Spannungsfeld von Sprache, Kultur und Raum hinterfragt werden.

Der entscheidende Unterschied zum herkömmlichen Rollenspiel liegt im intensiven Erleben der Exkursionsstandorte aus der Rolle heraus. Der Grad der rollenbezogenen Implikation ist hier durch die Langzeitperspektivübernahme und durch das subjektive Vor-Ort-Erleben des Handlungsraumes deutlich höher als bei einem rein materialgestützten *Indoor*-Rollenspiel im Klassenraum. Schließlich kann innerhalb des Formats Rollenexkursion auch die in Rollenspielen häufig noch bestehende Dichotomie „Pro und contra eines Projekts" überwunden werden und eine Bewusstmachung für die Komplexität humangeographischer Prozesse erfolgen, konkret z. B. hinsichtlich der unterschiedlichen Wirksamkeit verschiedener Akteure.

Wohlgemerkt, die getätigten Einschätzungen der Veränderungen sind natürlich nur Vermutungen, ein Feedback im Sinne von richtig oder falsch ist nicht möglich und auch nicht erwünscht. Allerdings birgt gerade die zu diesem Zeitpunkt nicht vorhandene Verifizierbarkeit der Projektideen die Chance, dass die Schülerinnen und Schüler mit Interesse und Neugierde weiter „in der Sache" am Ball bleiben und die weitere Berichterstattung aufmerksam verfolgen.

In methodischer Hinsicht muss in der Präsentationsphase darauf geachtet werden, dass die szenischen Darstellungen zwar rollenkonform vorgetragen werden und eine gewisse kreative Freiheit zulassen, diese allerdings nicht klamaukhaft dargeboten werden. Schließlich ist der organisatorische Aufwand bedingt durch den hohen Koordinationsaufwand der unterschiedlichen intervenierenden Experten sehr hoch und kann im Schulalltag nur an wenigen Stellen geleistet werden.

Ist das Team der Experten für die Rollenexkursion jedoch erst einmal gefunden, werden Organisator und Exkursionsteilnehmer sicherlich mit einem ganz besonderen geographisch-narrativen Lernabenteuer belohnt, welches bleibende Erinnerungen hinterlässt, die den Teilnehmern im Nachgang auch als schriftliche, akustische oder bildliche Spuren zur Verfügung gestellt werden sollten.

LITERATUR

Akgün, L. (2007): „Scheingefechte in der Moscheedebatte – Zwielichtige Verbände schaden den Otto Normalmuslimen". In: Kölner Stadtanzeiger, 09.10.2007.

Beyer, L. & Hemmer, M. (2004): Mit Schülerinnen und Schülern „vor Ort" – Grundlagen der Standortarbeit, aufgezeigt am Beispiel des Potsdamer Platzes in Berlin. In: RAAbits Geographie September 2004.

Böing, M. (2007): « L'excursion-jeu de rôle » – une nouvelle activité de sensibilisation à la gestion territoriale. In: Partoune, C. (Hrsg.) : Actes des Deuxièmes Rencontres en Didactique de la Géographie – Territoire et gouvernance 30 et 31 mars 2007 (Dokumentation des Kongresses).

Böing, M. & Sachs, U. (2007): Exkursionsdidaktik zwischen Tradition und Innovation – eine Bestandsaufnahme. Geographie und Schule. Heft 167. S. 36-44.

Debyser, F. (1986): Créer, animer, raconter : l'immeuble. Paris.

Deutsche Gesellschaft für Geographie (DGfG)(Hrsg.)(2007): Bildungsstandards im Fach Geographie für den Mittleren Schulabschluss – mit Aufgabenbeispielen. 3. ergänzte Auflage. Berlin.

Dickel, M. (2006a): Reisen. Zur Erkenntnistheorie, Praxis und Reflexion für die Geographiedidaktik. Berlin/ Münster.

Dickel, M. (2006b): Reisen beginnt im Kopf – Bericht über die theoretische Grundlegung einer subjektzentrierten Reisedidaktik. In: Geographie heute 239. S. 44-46.

Di Méo, G. (2006): Les territoires de l'action. In : Bulletin de la Société géographique de Liège, 48. S. 7-17.

Diyanet Isleri'NIN Türk-Islam Birgligi (DITIB)(Türkisch-Islamische Union der Anstalt für Religion e.V.)(Hrsg.)(2007): Neubau eines Gemeindezentrums in Köln-Ehrenfeld. Köln.

Gebhardt, H., Reuber, P. & Wolkersdorfer, G. (Hrsg.)(2003): Kulturgeographie. Aktuelle Ansätze und Entwicklungen. Heidelberg, Berlin.

Heitkämper, P. (1995): Mehr Lust auf Schule – Ein Handbuch für innovativen und gehirngerechten Unterricht. Paderborn.

Hemmer, M. (1996): Grundzüge der Exkursionsdidaktik und -methodik. In: Bauch, J. u. a. (Hrsg.): Exkursionen im Naturpark Altmühltal. Eichstätt.

Leat, D. (1998): Thinking through geography. Cambridge.

Mc Nab, F. & Klingberg, T. (2007): Prefrontal cortex and basal ganglia control access to working memory. In: Nature Neuroscience 11, S. 103-107. Published online: 09.12.2007/doi:10.1038/nn2024.

Nichols, A. & Kinninment, D. (2001): More thinking through geography, Cambridge.

Noll, E. (1981): Exkursionen – mehr als nur Abwechslung im Schulalltag. In: Geographie heute, Heft 3, S. 2-10.

Rhode-Jüchtern, T. (1996): Den Raum lesen lernen. Perspektivenwechsel als geographisches Konzept. München.

Rinschede, G. (2003): Geographiedidaktik. Paderborn.

Scheller, I. (1998): Szenisches Spiel – Handbuch für die pädagogische Praxis. Berlin.

Solms-Laubach, F. (2007). Moscheen in Deutschland. In: Die Welt. 31.05.2007, S. 3.

Stroppe, W. (1980): Fachspezifische und fachrelevante Arbeitstechniken. In: Kreuzer, G. (Hrsg.): Didaktik der Geographie. Hannover. S. 277-293.

Tulodziecki, G., Herzig, B. & Blömeke, S. (2004): Gestaltung von Unterricht. Eine Einführung in die Didaktik. Bad Heilbrunn.

Vankan, L., Rohwer, G. & Schuler, S. (2007): Pedro Morales auf dem Weg in die USA. Die Lernmethode „Planen und Entscheiden" am Beispiel der Migration aus Mexiko in die USA. In: Praxis Geographie, Heft. 5. S. 22-27.

Von Mutius, B. (2004): Die andere Intelligenz. Wie wir morgen denken werden. Ein Almanach neuer Denkansätze aus Wissenschaft, Gesellschaft und Kultur. Stuttgart.

Wardenga, U. (2002): Alte und neue Raumkonzepte für den Geographieunterricht. In: Geographie heute. Heft 200. S. 8-11.

Werlen, B. (2004): Sozialgeographie. Eine Einführung. Bern.

ZWISCHEN PASSIVER REZEPTION UND AKTIVER KONSTRUKTION

VARIANTEN DER STANDORTARBEIT AUFGEZEIGT AM BEISPIEL DER GROSSWOHNSIEDLUNG BERLIN-MARZAHN

Michael Hemmer, Rainer Uphues

*Abbildung 1: Blick auf den Helene-Weigel-Platz in Berlin-Marzahn
(Photo: Michael Hemmer)*

In der Exkursionsdidaktik gibt es neben einem breiten Spektrum potentieller Themen und außerschulischer Lernorte im Geographieunterricht ein gleichermaßen weites Repertoire an methodischen Zugriffen. Dieses reicht von der klassischen Überblicksexkursion bis hin zum Konzept der Spurensuche. Fußend auf einem Modell zur Klassifikation geographisch ausgerichteter Schülerexkursionen nach dem Grad der Selbstorganisation des Lernprozesses werden am Beispiel der Großwohnsiedlung Berlin-Marzahn drei Exkursionen skizziert, die sich im Ausmaß der Selbst- und Fremdbestimmung des Schülers signifikant voneinander unterscheiden. Diese werden kontrastierend gegenüber gestellt und kriteriengestützt im Hinblick auf ihre jeweiligen Stärken und Defizite analysiert.

Klassifikation von Schülerexkursionen

In den traditionellen Lehrbüchern der Geographiedidaktik werden Schülerexkursionen u. a. nach ihrer Zielsetzung, der räumlich-zeitlichen Dimension, dem didaktischen Ort, der Lehrer-Schüler-Aktivität und der Methodik klassifiziert (Rinschede, 2007, S. 250 f.; Haubrich, 2006, S. 132-134; Kestler, 2002, S. 179 f.; Schneider & Schönbach, 1999, S. 39 f.). Berücksichtigt man die Ansätze der konstruktiven Exkursionsdidaktik (Dickel, 2006; Rhode-Jüchtern, 2006; Böing & Sachs, 2007) muss die bisherige, auf Überblicks- und schülerorientierte Arbeitsexkursion beschränkte Klassifikation von Exkursionen nach dem Grad der Lehrer-Schüler-Aktivität um eine weitere Facette ergänzt werden. Nach dem Grad der Selbst- und Fremdbestimmung des Schülers respektive seiner Verortung zwischen passiver Rezeption und aktiver Konstruktion lassen sich hierbei drei Exkursionskonzepte – die Überblicks- und Arbeitsexkursion sowie die Spurensuche als Repräsentant einer konstruktiven Exkursionsdidaktik – unterscheiden (s. Abb. 2). Die einzelnen Exkursionskonzepte können ihrerseits nach dem Grad der Selbstorganisation des Lernprozesses Modifikationen aufweisen (s. die Varianten A und B in Abbildung 2).

Überblicksexkursion „Rundgang Marzahn"

Die Lerngruppe steht am Murtzaner Ring und schaut hinauf auf das noch unrenovierte Hochhaus. Der Lehrer doziert über die aktuellen baulichen Veränderungen in der Großwohnsiedlung Berlin-Marzahn und dessen Gründe. 32 Schüler hören zu und protokollieren ...

Die eineinhalbstündige Überblicksexkursion „Rundgang Marzahn" stammt aus dem Exkursionsführer *Berlin Stadtexkursionen* der Reihe *Spuren suchen – Landschaften entdecken* (Haß, 2001, S. 202-210; s. Tab. 1). Die Zielsetzung wird dort wie folgt formuliert: „Beim Rundgang durch diesen sozial angeschlagenen Stadtteil sollte der Besucher sein Augenmerk ... vor allem auf die Versuche richten, die vom Bezirk und den neuen privaten Eigentümern der Wohnanlagen unternommen werden, diesen Prozessen (der sozialen Segregation, *Anm. d. Verf.*) entgegenzuwirken" (ebd., S. 205).

Im Rahmen der Überblicksexkursion wird nach einer Verortung des Exkursionsgebiets direkt am S-Bahnhof als zweiter Standort das Zentrum Marzahns aufgesucht, in dem Versorgungs- und Dienstleistungseinrichtungen präsentiert werden. Die sich anschließenden Standorte drei bis fünf

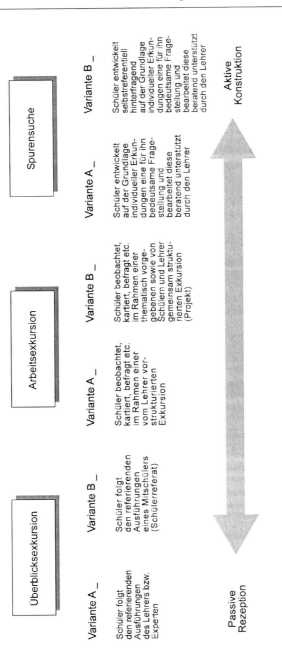

Abbildung 2: Klassifikation von Schülerexkursionen nach dem Grad der Selbstorganisation des Lernprozesses
(Entwurf: Hemmer & Uphues)

Standort	Inhaltlich-methodischer Schwerpunkt	Medien
Standort 1 S-Bahnhof Springpfuhl	**Einführung – Überblick** Einführung in den Exkursionsraum – Die Großwohnsiedlung Berlin-Marzahn im Überblick	Routenkarte
Standort 2 Helene-Weigel-Platz	**Versorgungs- und Dienstleistungszentrum** Rathaus, Größte Solaranlage Europas (EXPO 2000), Springpfuhl-Passage, Gesundheitshaus	
Standort 3 Murtzaner Ring	**Wohnblöcke** Vergleich der renovierten und nicht renovierten Gebäude Beispiele für eine „Wohn- und Schlafstadt"	
Standort 4 Amanlisweg	**Einzelhausbebauung** Einzelhäuser in Marzahn Merkmale typischer DDR-Architektur (Bsp. Sporthalle)	
Standort 5 Kienbergstraße	**Wohnumfeldverbesserung** Präsentation angekündigter Baumaßnahmen im Rahmen der Aktion „Marzahn wird schöner"	
Standort 6 Am Anger	**Wohngebietszentrums** Wandel der Subzentren nach der Wende	
Standort 7 Alt-Marzahn	**Angerdorf als Siedlungsursprung** Geschichte des Dorfes Altmarzahn, Restaurierungsmaßnahmen, Bockwindmühle *fakultativ*: Besichtigung des Heimat- oder des Frisör- und Handwerksmuseums	
Standort 8 Promenade	**Zukunftsprojekt Hauptzentrum** Informationen über Bauvorhaben und aktuellen Stand	

Tabelle 1: Überblicksexkursion „Rundgang Marzahn"
(aus: Haß, 2001, S. 202-210)

illustrieren verschiedene Wohnbereiche mit teilweise originaler teilweise renovierter Bausubstanz. Der Standort sechs zeigt exemplarisch den Wandel der Subzentren nach der Wende, während am Standort sieben das Angerdorf als historischer Siedlungskern thematisiert wird. Die Exkursion endet an der Marzahner Promenade mit einem Einblick in das zum Zeitpunkt der Exkursionsveröffentlichung noch geplante und mittlerweile eröffnete Einkaufszentrum.

Die vorgestellte Überblicksexkursion ist didaktisch-methodisch ein typischer Stadtteilrundgang, wie er von professionellen Reiseagenturen häufig angeboten wird. An die Stelle eines sachlogisch gegliederten Aufbaus verbunden mit thematischer Stringenz tritt als Strukturierungskriterium die Minimierung der Wegstrecke, indem eine möglichst lineare Anordnung der

Standorte gewählt wird. Die implizite Kommunikationsstruktur im Rahmen der Erkenntnisvermittlung ist in einem solchen Arrangement in der Regel einseitig. Ein Experte (wahlweise ein Fremdenführer, Lehrer oder aber auch ein Schüler mit zuvor ausgearbeitetem Referat) erläutert monologisierend einen Sachverhalt im Gelände und verweist dabei per Handzeichen auf entsprechende Spuren. Die Teilnehmer werden in die passiv-rezeptive Rolle des Zuhörers gedrängt, der sie nur partiell durch Nachfragen entrinnen.

Arbeitsexkursion „Marzahn aus unterschiedlichen Perspektiven"

Die Lerngruppe steht auf dem Hochhausdach am Helene-Weigel-Platz mit Blick auf die Großwohnsiedlung. Der Lehrer bittet sie, ihre eigenen Raumeindrücke mit der Darstellung in einem Prospekt der Wohnungsbaugesellschaft Marzahn zu vergleichen. Die Schüler diskutieren angeregt in Kleingruppen und überlegen, welche weiteren Wahrnehmungsperspektiven es geben könnte ...

Im Mittelpunkt dieser Arbeitsexkursion (s. Tab. 2, ausführlich in: Hemmer & Uphues, 2008) steht die Erarbeitung und das Hinterfragen von vier unterschiedlichen Perspektiven der Raumwahrnehmung bezüglich der Lebens- und Wohnqualität in Marzahn.

Zunächst beschreiben die Schüler ihre mittels eines Werbeprospekts der Wohnungsbaugesellschaft Marzahn (WGM) geschürte Erwartungshaltung im Hinblick auf die Lebensqualität der ihnen noch weitestgehend unbekannten Siedlung. Erst im Anschluss daran erfolgt die originale Begegnung, bei der die Schüler auf einem Hochhausdach mit Blick auf die Großwohnsiedlung ihre individuellen ersten Eindrücke verbalisieren und mit Bezugnahme auf das Werbeprospekt der WGM in Kleingruppen über die unterschiedlichen Raumperspektiven diskutieren. Danach erfolgt eine Annäherung an die Sichtweise der *Abwanderer*, deren Wahrnehmung mittels einer vielschichtigen Materialcollage mit unterschiedlichen Medien (z. B. Zitate, Zeitungsartikel, Zahlen) indirekt rekonstruiert wird. Die vierte Perspektive repräsentiert die Gruppe der langjährigen Bewohner Marzahns. Mit ihnen führen die Schüler nach einer vorherigen Erarbeitung eines Interviewleitfadens in Kleingruppen Gespräche. Die zentralen Erkenntnisse der vier Perspektiven werden sukzessive auf verschiedenen Plakaten festgehalten, abschließend kontrastierend nebeneinander gestellt und im Hinblick auf die Sichtweisen unterschiedlicher Akteure auf den gleichen Raum und den ihnen zugrunde liegenden Erklärungsansätzen interpretiert.

Standort	Inhaltlich-methodischer Schwerpunkt	Medien
Standort 1 Hotel	**Perspektive A – Wohnungsbaugesellschaft WGM** Beschreibung der anhand eines WGM-Prospekts gewonnen Eindrücke bzgl. der noch unbekannten Wohnsiedlung Verschriftlichung der Raumwahrnehmung	Prospekt Plakat A
Standort 2 Hochhausdach am Helene-Weigel-Platz	**Perspektive B – Individuell** Orientierung und Beobachtung Diskussion der ersten individuellen Eindrücke beim Blick vom Hochhausdach auf die Großwohnsiedlung Verschriftlichung der Raumwahrnehmung	Karte Plakat B
Standort 3 Helene-Weigel-Platz	**Problemorientierte Fragestellung** *Wie und warum wird die Großwohnsiedlung Marzahn unterschiedlich wahrgenommen?* Vermutungen über Sichtweisen anderer Akteure	Plakate A-B
Standort 4 Straßenbahn	**Orientierungsfahrt durch Marzahn** *Schülerreferat* Informationen zur Großwohnsiedlung Marzahn (Bevölkerungsstruktur, Wanderungssaldo,…)	Karte Handout
Standort 5 Promenade (Leerstände)	**Perspektive C – Abwanderer** Analyse des unmittelbaren Umfeldes sowie ausgewählter Materialien zu Abwanderungsgründen und deren Auswirkungen Verschriftlichung der Raumwahrnehmung	Karte Materialcollage Plakat C
Standort 6 Stadtteilcafé	**Perspektive D – Bewohner Marzahns** Entwicklung eines Interviewleitfadens Gespräch mit Bewohnern der Großwohnsiedlung in Kleingruppen Verschriftlichung der Raumwahrnehmung	Flipchart Karte Interviewleitfaden Plakat D
Standort 7 Arnsberger Terrassen	**Perspektiven A bis D im Vergleich** Vergleich der einzelnen Perspektiven subjektiver Raumwahrnehmungen und Diskussion möglicher Gründe Diskussion der Konsequenzen unterschiedlicher Raumwahrnehmung für städtische Teilräume und Planungs-Prozesse	Plakat A-D

Tabelle 2: Arbeitsexkursion „Marzahn aus unterschiedlichen Perspektiven"
(aus: Hemmer & Uphues, 2008)

Als didaktisch-methodischer Zugriff wird bei diesem Beispiel die Arbeitsexkursion gewählt. Nach Brameier (1985, S. 10) kann sie als eine zeitlich begrenzte Organisationsform des Unterrichts definiert werden, bei der nach intensiver Vorbereitung der Lerngegenstand durch die Schüler zielgerichtet, selbsttätig und weitgehend selbständig, zumeist in Kleingruppen mit Hilfe wissenschaftlicher Methoden und unter Einbezug ergänzender Medien original im Gelände untersucht wird. Die Standortarbeit beginnt in der Regel mit der räumlichen Verortung und einer Beobachtungsphase für den eigenständigen Erkenntnisgewinn der Schüler (Knirsch, 1979, S. 17). Aus lernpsychologischer Perspektive ist zudem grundlegend, dass pro Standort lediglich ein Thema bearbeitet wird, um inhaltliche Aspekte mit dem Raumeindruck zu verknüpfen und somit den Behaltenseffekt zu steigern. Im Rahmen einer zielgerichteten Arbeitsexkursion finden – angefangen von der Formulierung konkreter Lernziele bis hin zur Sicherung der im Gelände gewonnenen Erkenntnisse mittels eines Handlungsprodukts – ähnliche Entscheidungs- und Handlungsfelder Berücksichtigung wie im herkömmlichen Unterricht (Beyer & Hemmer, 2004, S. 5).

Je nach Zielsetzung der Exkursion kann – bei Favorisierung eines stärker projektorientierten Arbeitens, analog zu dem in Großbritannien verbreiteten *fieldwork* (Daum, 1977, S. 64-68) – die Gruppe der Schüler nach vorangehender Sensibilisierung für eine konkrete Problemstellung (z.B. die hohe Abwanderung seit 1989) noch intensiver in den Planungsprozess und die Strukturierung der Problemlösungsphase eingebunden werden als dies im vorangestellten Exkursionsmodul der Fall ist. Mögliche Projekte wären beispielsweise eine differenzierte, arbeitsteilige Analyse der vielschichtigen Gründe für das negative Wanderungssaldo sowie die Diskussion und Bewertung verschiedener Maßnahmen zur Wohnumfeldverbesserung und Imageaufwertung im Rahmen einer Zukunftswerkstatt.

Spurensuche „Großwohnsiedlung Marzahn"

Die Schüler streifen selbständig in Kleingruppen durch Marzahn. Sie sind auf der Suche nach Hinweisen, die sie zur Beantwortung ihrer vorab selbst gewählten Fragestellung nutzen können. Ihre Mitschüler und Lehrer haben ihnen bei der Zwischenpräsentation einige Ratschläge gegeben ...

Die Intention des wahrnehmungsgeographischen Ansatzes der Spurensuche (s. Tab. 3) zielt auf die Befähigung des Schülers, Alltagswelten eigenständig und differenziert zu erfassen und sie auf eine theoretische, reflektierte Perspektive hin zu öffnen (Isenberg, 1987, S. 217).

Die Schüler begeben sich zunächst in Kleingruppen auf eine individuelle Spurensuche. Sie fotografieren, zeichnen, sammeln etc. alles, was ihnen subjektiv als interessant und erwähnenswert erscheint. Die anschließende erste Auswertung zielt zum einen auf die Identifikation spannender Fragestellungen, zum anderen auf eine Beobachtung zweiter Ordnung, indem reflektiert wird, was die Spur im Sinne der Bedeutungszuweisung zur Spur für den Entdecker hat werden lassen (Hard, 1993, S. 72). Diesem ersten Zugriff folgt eine zweite systematischere und reflektiertere Spurensuche, in deren Auswertungsphase sich Gruppen mit spezifischen Fragestellungen bilden. Diese werden im Rahmen von begrenzten Untersuchungsprojekten durch die Schüler federführend bearbeitet. Um den Arbeitsprozess hinsichtlich der individuell angestrebten Ziele positiv zu gestalten, wird dieser sowohl inhaltlich (z.B. durch die Bereitstellung einer umfangreichen Materialsammlungen) als auch methodisch beratend begleitet.

Bei der Spurensuche werden auf inhaltliche Vorgaben und auf die Festlegung von Problemschwerpunkten seitens der Lehrkraft verzichtet. Der Gegenstand einer Spurensuche orientiert (und auch relativiert) sich an dem Interessenprofil und dem Wahrnehmungsvermögen der Spurensucher. Spuren werden als eine spannende Ausgangslage bzw. motivierende Anknüpfungspunkte für Projekte aufgefasst. Angestrebt wird die Umsetzung eines eigenständigen und selbstbestimmten, forschenden Lernens (beobachten, Fragen stellen, Vermutungen äußern, Arbeitsverfahren problembezogen anwenden usw.) (Isenberg, 1987, S. 220 ff.). Dabei steht neben der inhaltlichen Komponente ebenso die Reflexion der individuellen Zugänge, Lesarten und Wirklichkeitserzeugungen von Spuren im Fokus der Betrachtung (Hard, 1993, S. 71).

Standort	Inhaltlich-methodischer Schwerpunkt	Medien
Standort 1 Marzahn	Spurensuche 1 – „Der naive Blick" *Spurensuche* Individuelle Spurensuche in Kleingruppen	Kamera Karte
Standort 2 Arbeitsraum	*Präsentation und inhaltliche Auswertung* Präsentation inklusive Kommentierung und Verortung Diskussion der Ergebnisse im Hinblick auf implizite Fragestellungen und mögliche Projektskizzen	Laptop Beamer Karte
	Selbstreferenzielle Auswertung Diskussion der Ergebnisse im Hinblick auf den eigenen Wahrnehmungshorizont und die Bedeutungszuweisung	Flipchart

	Zusammenführung Sammlung potentieller Untersuchungsfragen Planung einer systematischeren und reflektierteren zweiten Spurensuche	Flipchart
Standort 3 Marzahn	**Spurensuche 2 – „Der kritische Blick"** *Spurensuche* Systematischere Spurensuche	Kamera Karte
Standort 4 Arbeitsraum	*Präsentation und Auswertung* Präsentation inkl. Kommentierung und Verortung Analyse potentieller Probleme, Themen, Widersprüche etc.	Gesammelte Materialien
	Zusammenführung Festlegung von Arbeitsschwerpunkten und Einteilung von Arbeitsgruppen im Bezug auf individuelle Interessen	Flipchart
	Formulierung der Zielsetzung und Planung der Handlungsstrategie innerhalb jeder Gruppe	Projekttagebuch
Standort 5 Marzahn / Arbeitsraum	**Untersuchungsabschnitt 1** Individuelle Bearbeitung der Fragestellung in den Gruppen Bereitstellung von Interviewpartnern (WGM, Mieter, Abwanderer, Händler,…) und Materialpool / Internet	Projekttagebuch Experten Materialkiste Internet
Standort 6 Arbeitsraum	**Zwischenbericht** Präsentation und Diskussion der Zwischenergebnisse im Hinblick auf inhaltlich-methodische Umsetzung Beratung über die weitere Vorgehensweise	Flipchart Projekttagebuch
Standort 7 Marzahn / Arbeitsraum	**Untersuchungsabschnitt 2** Individuelle Weiterbearbeitung der Fragestellung in den Gruppen auf Grundlage des Zwischenberichts	Experten Materialkiste Internet
Standort 8 Marzahn	**Ergebnispräsentation** Ergebnispräsentation im Rahmen einer Exkursion	Exkursionsmaterial
Standort 9 Arbeitsraum	**Reflexion** *inhaltlich* Arbeitsergebnisse / mögliche vertiefende Fragenstellungen	Mitschrift
	methodisch-selbstreferenziell Methode „Spurensuche" / individuelles Hinterfragen	Projekttagebuch
Standort 10 Klassenraum	**Nachbereitung** Mediale Aufbereitung des Erkenntnisgewinns Inhaltliche Vertiefung durch Weiterarbeit (*fakultativ*)	Computer, Projekttagebuch

Tabelle 3: Spurensuche „Marzahn – einem Stadtteil auf der Spur"
(Entwurf: Hemmer & Uphues)

Diskussion

Betrachtet man die drei Schülerexkursionen in einem synoptischen Vergleich, sind beispielsweise in der stärker darbietend, inhaltsorientierten respektive ergebnisoffenen, prozessorientierten Ausrichtung der einzelnen Module deutliche Unterschiede zu konstatieren. Wenngleich die sechs in Abbildung 2 angeführten Exkursionskonzepte und Varianten von der Überblicksexkursion über die Arbeitsexkursion hin zur Spurensuche eine Progression im Grad der Selbstorganisation des Lernprozesses darstellen, sollte auf eine vorschnelle Verurteilung der einen bzw. Glorifizierung der anderen Seite verzichtet werden. Ebenso wie im Unterrichtsalltag der Frontalunterricht eine Berechtigung hat, kann auch im Rahmen von Exkursionen ein sachkundiger und begeisterter Lehrer/Experte bei Beachtung grundlegender Gütekriterien (z. B. Berücksichtigung der Lernervoraussetzungen wie Schülerinteressen und Schülervorstellungen, Gewährung individueller Beobachtungs- und Orientierungsphasen, sachlogische Strukturierung, adressatengemäße Erläuterung der geographischen Phänomene mit steter Bezugnahme auf die Physiognomie des zu beobachtenden Standortgegenstands) die Exkursionsteilnehmer für geographische Inhalte und Themen begeistern.

Abbildung 3 liefert potentielle Kriterien zur Beurteilung der verschiedenen Exkursionskonzepte. Als Prüfinstrumente werden – von innen nach außen gelesen – die Zielsetzung geographisch ausgerichteter Schülerexkursionen, die zu vermittelnden Kompetenzen sowie acht zentrale, weitestgehend konsensfähige exkursionsdidaktische Leitprinzipien (Hemmer & Uphues, 2006, S. 72; Dickel, 2006; Böing & Sachs, 2007) angeführt. Während die fünf genannten Ziele – mit Ausnahme der methodischen Fähigkeiten – in sämtlichen Exkursionskonzepten angestrebt werden können, ist die Förderung von Methoden- sowie personaler und sozialer Kompetenz im Rahmen einer Überblicksexkursion nur bedingt möglich. Im Kontext der didaktischen Leitprinzipien gilt gleiches für die Bereiche Teilnehmerzentrierung, Selbsttätigkeit, kooperative Lernformen und Reflexivität, die allesamt mit zunehmender Favorisierung einer konstruktiven Exkursionsdidaktik an Bedeutung zunehmen. Zu beachten ist jedoch auch, dass eine Spurensuche nur dann gelingen kann, wenn die Schüler grundlegende (fachspezifische) Arbeitstechniken beherrschen.

Fazit: Die Wahl des methodischen Zugriffs (inklusive sämtlicher Mischformen) ist letztlich von der Zielsetzung einer Exkursion und der organisatorischen Rahmenbedingungen abhängig. Die Kenntnis des Spektrums potentieller methodischer Zugriffe, die Fähigkeit, diese praktisch umzusetzen und die jeweiligen Stärken und Schwächen beurteilen zu können, sollten fester Bestandteil geographiedidaktischer Ausbildung und Kompetenzvermittlung sein.

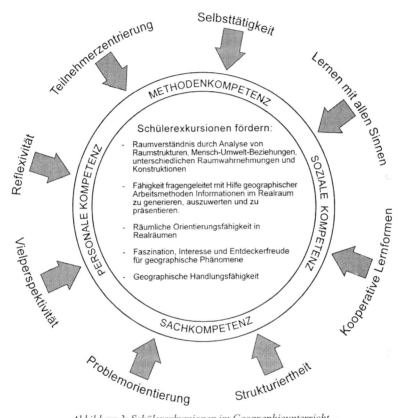

*Abbildung 3: Schülerexkursionen im Geographieunterricht –
Kompetenzen und didaktische Leitprinzipien
(Entwurf: Hemmer/Uphues)*

Literatur

Beyer, L. & Hemmer, M. (2004): Mit Schülerinnen und Schülern *vor Ort*. Grundlagen der Standortarbeit, aufgezeigt am Beispiel des Potsdamer Platzes in Berlin. In: RAAbits 43, 2004, Beitrag 6, S. 1-17.

Böing, M. & Sachs, U. (2007): Exkursionsdidaktik zwischen Tradition und Innovation. In: Geographie und Schule, H. 167, 2007, S. 36-44.

Brameier, U. (1985): Die Schülerexkursion im Rahmen des Erdkundeunterrichts. In: Fraedrich, W. (Hrsg.): Exkursionsführer Geographie. Köln.

Daum, E. (1977): Geographische Exkursionen sind ein Problem. In: Geographie und ihre Didaktik, H. 3, 1977, S. 58-72.

Dickel, M. (2006): Zur Philosophie von Exkursionen. In: Hennings, W., Kanwischer, D. & T. Rhode-Jüchtern (Hrsg.): Exkursionsdidaktik – innovativ!? Weingarten, S. 31-49.

Hard, G. (1993): Graffiti, Biotope und „Russenbaracken" als Spuren. Spurenlesen als Herstellen von Sub-Texten, Gegen-Texten und Fremd-Texten. In: Hasse, J. & Isenberg, W. (Hrsg.): Vielperspektivischer Geographieunterricht. Osnabrücker Studien zur Geographie. Band. 14. Osnabrück, S. 71-107.

Haß, G. (2001): Großwohnsiedlungen im Norden und Osten. In: Falk, G. & D. Lehmann (Hrsg.): Berlin. Stadtexkursionen. Spuren suchen – Landschaften entdecken. Gotha, S. 194-210.

Haubrich, H. (2006): Geographie unterrichten lernen. Die neue Didaktik der Geographie konkret. München, Düsseldorf, Stuttgart.

Hemmer, M. & Uphues, R. (2006): Schülerexkursionen in Berlin. Theoretische Grundlagen, Skizzierung und Ergebnisse eines Studienprojekts. In: Hennings, W., Kanwischer, D. & T. Rhode-Jüchtern (Hrsg.): Exkursionsdidaktik – innovativ!? Weingarten, S. 71-81.

Hemmer, M. & Uphues, R. (2008): Zwischen Kiez und Metropole. Geographische Schülerexkursionen in und um Berlin. Münster.

Isenberg, W. (1987): Geographie ohne Geographen. Laienwissenschaftliche Erkundungen, Interpretationen und Analysen der räumlichen Umwelt in Jugendarbeit, Erwachsenenwelt und Tourismus. Osnabrück.

Kestler, F. (2002): Einführung in die Didaktik des Geographieunterrichts. Bad Heilbrunn.

Knirsch, R. (1979): Die Erkundungswanderung. Paderborn.

Rhode-Jüchtern, T. (2006): Exkursionsdidaktik zwischen Grundsätzen und subjektivem Faktor. In: Hennings, W., Kanwischer, D. & T. Rhode-Jüchtern (Hrsg.): Exkursionsdidaktik – innovativ!? Weingarten, S. 8-30.

Rinschede, G. (2007): Geographiedidaktik. 3. erweiterte Auflage. Paderborn, München, Wien, Zürich.

Schneider, T. & Schönbach, R. (1999): Exkursion. In: Böhn, D. (Hrsg.): Didaktik der Geographie – Begriffe. München, S. 39-41.

ANSATZPUNKTE FÜR EINE KONSTRUKTIVISTISCHE EXKURSIONSPRAXIS IN SCHULE UND HOCHSCHULE

Martin Scharvogel, Andrea Gerhardt

Stellen konstruktivistisch orientierte Exkursionen eine Gefährdung für Leib und Leben der Schülerinnen und Schüler dar?

Abbildung 1: Schülerinnen und Schüler einer achten Klasse auf Exkursion (Quelle: Schülerfotografie, 2007)

Auch wenn dieses Foto (s. Abb. 1), aufgenommen von Schülerinnen und Schülern einer achten Klasse[1] auf einer Exkursion, diesen Verdacht nahe

---

[1] Herzlich gedankt sei an dieser Stelle den Schülerinnen und Schüler der Klasse 8b der Heinrich-Schütz-Schule in Kassel, die an diesem Projekt elanvoll mitgearbeitet und bereitwillig ihre erarbeiteten Materialien zur Verfügung gestellt haben. Des Weiteren ist Martin Gertenbach, Fachlehrer für Erdkunde an der Heinrich-Schütz-Schule, hervorzuheben, in dessen Kooperation die gesamte Unterrichtseinheit mit

legen mag – die Antwort ist: Nein. Die Szene ist weit weniger brisant als möglicherweise vermutet. Sie zeigt ein inszeniertes Bild und stellt einen durchaus nicht abwegigen Lösungsversuch für einen Arbeitsauftrag dar – doch dazu weiter unten mehr.

Was kann uns dieses Foto über konstruktivistisch orientierte Exkursionen im Allgemeinen erzählen? Vielleicht: Wenn Schülerinnen und Schüler selbst „konstruieren" und ihre eigenen Vorstellungen und Interpretationsweisen der Welt einsetzen und umsetzen, dann sind die Ergebnisse bisweilen auf erfrischende Art und Weise für den Lehrer oder die Lehrerin kaum vorhersehbar und können so Anreiz bieten für einen lebendigen und am Leben (der Schülerinnen und Schüler) orientierten Unterricht.

Wie können wir uns als Schul- und Hochschuldidaktiker einem Ort im Rahmen von Exkursionen konstruktivistisch annähern? Natürlich haben wir in der Geographie verschiedene Formen, uns einen Ort zu erschließen: Wissensorientiert, handlungsorientiert, erfahrungsorientiert – mittels Bewegung, Assoziation, spielerischen oder künstlerischen Formen u. a. m. Welche Begegnungen mit Orten sind für die Erdkunde wichtige, erfahrungsreiche, ergiebige? Welches sind Exkursionen, auf denen Schülerinnen und Schüler, Studentinnen und Studenten vielfältige Erfahrungen ermöglicht und Auseinandersetzungen und Diskussionsanlässe hervorgebracht werden?

Solche Fragen müssen sowohl thematisch-inhaltlich, wie methodisch beantwortet werden. Dabei geht es weniger darum, welche Orte lohnende Exkursionsziele sind. Die These dieses Aufsatzes ist, dass nicht der Ort entscheidend ist, als vielmehr der „Raum", den wir aufsuchen. Diese These bedarf einer genaueren Ausführung: Aus dem Verhältnis von Ort und Raum sollen im Folgenden einige Vorschläge für eine konstruktivistische Exkursionspraxis vorgestellt werden.

---

den Exkursionen durchgeführt wurde ebenso wie Kathrin Rost, die wertvolle Ideen für die Planung und Durchführung der Exkursionen beigesteuert hat.
Ebenso wollen wir uns bei den Studentinnen und Studenten der Universität bedanken, die durch ihre Mitwirkung bei den Projekten der „Gruppe experiment exkursion Kassel" die Ergebnisse erst möglich machen.

Über exkursionistische Orte und Räume oder: Welche Räume suchen wir als Geographiedidaktiker auf, wenn wir einen Ort erkunden?

Bezeichnen wir einen Ort als eine territoriale Einheit, als das, „was man im Raum als ganzheitliche Struktur von Objekten konstruiert […] und was man alltagsweltlich belebt" (Dröge & Müller, 1998, S. 82), den Raum in Anlehnung an Lefebvre (1991) hingegen als mentale Kategorie, die sich aus Wahrnehmung, Vorstellung, Leben und Erleben von Räumlichkeit ergibt, so muss Raum „als eine Kategorie des Orientierens und Ordnens verstanden werden" (Scharvogel, 2007, S. 15). Oder anders ausgedrückt: Derselbe Ort kann mit unterschiedlichsten Räumen überzogen sein.

Gerade Ute Wardenga kommt der Verdienst zu, den geographischen Gegenstand – die Räume der Schulerkunde – genauer analysiert zu haben (Wardenga, 2002). Ihr Anliegen ist es, die im Curriculum 2000+ „enthaltenen Raumbegriffe zu erläutern und danach zu fragen, welche Formen von Geographieunterricht daraus resultieren können" (Wardenga, 2002, S. 1). Diese Überlegungen sollen in diesem Aufsatz aufgegriffen werden. Im Zentrum steht die Frage, wie sich unter dem Vorzeichen einer konstruktivistischen Perspektive gewinnbringende Exkursionsformen gestalten lassen. Dabei geht es uns in erster Linie um Kleinformen der Exkursion, die im Alltagsbetrieb der Schule durchführbar sind.

Wardenga arbeitet vier verschiedene Raumbegriffe heraus, die nach ihrer Analyse für die Schulerkunde konstitutiv sind. Je nach Raumvorstellung werden wir, wenn wir eine Exkursion konzipieren, unterschiedliche Inhalte, Fragen und Methoden wählen. Nehmen wir ein Beispiel:

Abbildung 2: Eine „Landschaft!" in Kassel (Quelle: Schülerfotografien, 2007)

Auf einer Exkursion, die mit einer achten Gymnasialklasse durchgeführt wurde, haben wir unter anderem diesen Ort aufgesucht (s. Abb. 2): Eine parkähnliche Anlage mit einem Bachlauf am Stadtrand von Kassel. Wie kann man sich diesem Ort nähern? Eine Möglichkeit ist die Bestandsaufnahme, die Kartierung der materiellen Dinge (Bäume, Bänke, Brücken, Wege etc.), die z. B. Fragen der Nutzungsqualität oder Aneignungsqualität eines Ortes thematisierbar werden lässt oder die Kartierung der Funktionen vor dem Hintergrund der Planung, der den Kontext stadtplanerischer Gestaltung von Orten eröffnet. Eine solche Exkursionskonzeption wäre an der Vorstellung des Containerraumes orientiert, den ersten Raum in Wardengas Ausführungen. Wardenga fasst die Vorstellung des Containerraumes folgendermaßen zusammen: Räume „werden als Wirkungsgefüge natürlicher und anthropogener Faktoren verstanden, als Ergebnis von Prozessen interpretiert, die die Landschaft gestaltet haben oder als Prozessfeld menschlicher Tätigkeiten gesehen" (Wardenga, 2002, S. 2). Bei dieser Raumperspektive ist eine Differenzierung zwischen Raum und Ort nicht möglich, da der zu erkundende Raumausschnitt als ein einheitliches, mit Dingen angefülltes Umfassendes aufgefasst wird.

Auch der zweite Raum – Räume werden hier als „Systeme von Lagebeziehungen materieller Objekte" (Wardenga, 2002, S. 2) betrachtet mit dem Schwerpunkt auf Verteilungen, Distanzen und Lagerelationen verschiedener Standorte – wird auf Exkursionen häufig erschlossen: Beispielsweise die Verteilung und Lage verschiedener Funktionsflächen in einem Quartier, das räumliche Verhalten verschiedener Nutzergruppen im Park oder die Entfernungen, die verschiedene Nutzer, zu dem Park zurücklegen – dies sind mögliche Ansatzpunkte für exkursionistische Erkundungen im Raum der Lagebeziehungen.

Das Verstehen eines Ortes erschöpft sich nicht im funktionsanalytischen Blick, in der Kartierung, Sammlung und Auswertung der materiellen Objektalitäten. Die Erdkundler haben auf diese Erweiterung ihres Blickes mit dem Wahrnehmungsraum reagiert. Es wird danach gefragt, „wie scheinbar real vorhandene ‚Räume' von Individuen, Gruppen und Institutionen gesehen und bewertet werden" (Wardenga, 2002, S. 2) und wie diese ihre Wahrnehmungen „in räumliche Begriffe einordnen und so Welt [...] differenzieren" (Wardenga, 2002, S. 2). Ein spezifischer Ort erscheint in dieser subjektivistischen Perspektive mit verschiedenen Räumen überzogen, in denen derselbe Ort für unterschiedliche Menschen oder Gruppen unterschiedliche Bedeutung erhält. Derselbe Park kann für verschiedene Nutzer einmal als langweilig oder spannend, als Erholungsraum oder Angstraum wahrgenommen, mit Erinnerungen und Emotionen besetzt sein oder als ein flüchtiger Durchgangsraum eingeschätzt werden. Diese subjektivistische Perspektive, in der die Frage der Bedeutungen eines Ortes für Menschen in Relation zu materiellen und funktionalen Erscheinungen beleuchtet wird, erschließen wir als Erdkundler beispielsweise durch Mental Maps oder Interviews und Befragungen. Die weitreichendste konzeptionelle Annäherung an den Raum der Wahrnehmung und der Bedeutung ist wohl das Spurenleseparadigma, welches seit den 1980er Jahren vor allem von Gerhard Hard und Frauke Kruckemeyer entwickelt und von Doris Deninger pointiert zusammengefasst wurde (Deninger, 1999).

Die konstruktivistische Perspektive knüpft an diese subjektivistischen Räume an, verlagert allerdings den Schwerpunkt weg vom subjektiven Erleben. In dieser Blickrichtung wird davon ausgegangen, dass „‚Räume' gemacht werden und damit Artefakte von gesellschaftlichen Konstruktionsprozessen sind" (Wardenga, 2002, S. 2). Damit gelten Räume nie als gegeben. Der Blick richtet sich auf die Art und Weise, wie Räume in gesellschaftlichen Prozessen konstruiert werden. Dieser Prozess ist ein synthetischer, in denen gerade durch Kommunikation, den Begrifflichkeiten, mit denen wir die Welt einteilen, differenzieren und ordnen und den Raumbildern, die aus dem Zusammenwirken von Wahrnehmung, Denken und Erleben entstehen, Räume erst hervorgebracht werden – ein Prozess, den Martin Scharvogel als „Erzählte Räume" kennzeichnet:

„Die ‚Erzählten Räume' sind nicht auf einer Karte fixierbar, sie besitzen keine Ausdehnung, Verbreitung oder Lokalität. Die Räume der Erinnerung, der Identität oder kulturellen Differenz etc. können nicht auf Erdraumausschnitte bezogen werden. Es sind Beziehungsmuster, Deutungsmuster räumlicher Erfahrung, die nicht einen konkreten Ort beschreiben, sondern die die räumliche Erfahrung des Menschen konstituieren. Und diese Muster entfalten ihre Wirkmächtigkeit an spezifischen Orten" (Scharvogel, 2007, S. 189). Räume sind in dieser Perspektive kulturelle Erscheinungen und nie unabhängig vom Betrachter und vom gesellschaftlichen Kontext zu denken.

Unterwegs in „konstruktivistischen Räumen" – Theoriegeleitete Exkursionspraxis in der Schule

Konstruktivistische Raumauffassungen sind seit einigen Jahren, nicht zuletzt unter dem Vorzeichen der sogenannten Neuen Kulturgeographien, zu einem festen Bestandteil geographischer Arbeiten geworden. Die Vielfalt der damit verbundenen Ansätze steht in Verbindung mit der Vielfalt konstruktivistischer Ansätze: Mindestens drei Bezugstheorien gibt es, die untereinander nur bedingt kompatibel sind. Der radikale Konstruktivismus geht davon aus, dass jedes Subjekt für sich im Rahmen seiner Vorerfahrungen, seiner (sozialisierten) Wahrnehmungsmuster und seines Wissens ein Bild der Welt konstruiert, ein einmaliges Bild, welches nie vollständig deckungsgleich ist mit dem eines anderen. Der soziale Konstruktivismus legt hingegen den Schwerpunkt auf die gesellschaftliche Konstruiertheit unserer Weltvorstellung, vermittelt durch Sprache, Handlungsroutinen und gesellschaftliche Denkmuster. Der diskursanalytische Blick mit Referenz auf Michel Foucault betont, dass unsere Weltvorstellungen im Rahmen diskursiver Netze des jeweils gesellschaftlich Gültigen entstehen und so die Ordnungen der Gesellschaft entworfen werden (hierzu Miggelbrink, 2002, S. 337 ff.).

Innerhalb dieser Vielschichtigkeit entzieht sich konstruktivistisches Denken einer normativen Definition. Die im Folgenden skizzenhaft umrissenen Beispiele sollen Möglichkeiten zur Diskussion stellen, spezifische Elemente konstruktivistischen Denkens für eine schulische und universitäre Exkursionspraxis aufzuschließen.

Alle drei Beispiele wurden in einer achten Gymnasialklasse an der Heinrich-Schütz-Schule in Kassel durchgeführt und waren Teil einer Unterrichtseinheit, die sich mit dem Schwerpunkt „Landschaft" und „Landschaftszonen" beschäftigte.

Natur oder Kultur? – Auf den Spuren von Kategorien, mit denen wir unsere Umwelt differenzieren und ordnen

Jede Begegnung mit einem Ort ist mit ordnendem Denken verbunden. Durch die Sprache stehen uns begriffliche Unterscheidungen zur Verfügung, mit denen wir die Dinge einordnen. In diesem Exkursionsbeispiel geht es nicht um eine „richtige" Zuordnung von Begrifflichkeiten zu Gegenständen, sondern vielmehr soll die Chance eröffnet werden, Differenzierungen herauszuarbeiten und Ordnungskategorien zu hinterfragen.

Der Exkursionsort ist die bereits weiter oben beschriebene parkähnliche Landschaft. Eine Gruppe von Schülerinnen erhielt einen Arbeitsauftrag für die Exkursion: Unter der Fragestellung nach Natur und Kultur als basale Kategorien der Unterscheidung sollte die Gruppe sich am Ort überlegen, welche Elemente des Ortes sie unter dem Begriff der „Natur", welche sie unter dem Begriff der „Kultur" ordnen würde. Von ihren Beispielen sollten die Schülerinnen Fotografien machen und auf der Grundlage ihrer Aufzeichnungen und Fotografien eine kurze Präsentation entwickeln.

Der Arbeitsauftrag schien den Schülerinnen der Gruppe zuerst nicht besonders schwierig. Vor Ort fotografierten sie fleißig und schnell. Zu Irritationen kam es in der Gruppe bei der Sortierung ihrer Fotografien am Computer (s. Abb. 3).

*Abbildung 3: Schülerpräsentation zum Thema Natur – Kultur
(Quelle: Schülerarbeit, 2007)*

Ist ein begradigter Bachlauf Natur oder Kultur? Oder genauer, was an diesem Bachlauf ist Natur und was Kultur? Fragen, die sich nunmehr bei verschiedensten Elementen auftraten. Was ist mit einer Wiese? Was mit einem Baum in der parkartigen Landschaft, der ohne menschliche Eingriffe dort keine Existenzchance hätte?

Natur und Kultur, zwei Kategorien, mit denen wir Welt ordnen, werden durch diese Arbeit auf die Probe gestellt und differenziert. Sichtbar wird die Hybridität, die hinter der terminologischen Ordnung auftaucht. Die Begegnung mit der Umwelt vor Ort wird in Relation gestellt zu den Kategorien, mit denen wir unsere Umwelt begegnen. Im Sinne des sozialen Konstruktivismus:

„Ich erfahre die Wirklichkeit der Alltagswelt als eine Wirklichkeitsordnung. Ihre Phänomene sind vorarrangiert nach Mustern. [...] Die Wirklichkeit der Alltagswelt erscheint bereits objektiviert, das heißt konstituiert durch eine Anordnung der Objekte, die schon zu Objekten deklariert worden waren, längst bevor ich auf der Bühne erschien" (Berger & Luckmann, 2000, S. 24).

Eine solche Arbeit steht im Kontext des Aufbaus eines differenzierten Weltbildes und in diesem speziellen Fall der Umwelterziehung: Die Diskussion um den Schutz von Natur wie auch das komplexe Verhältnis von Mensch-Natur, wie es beispielsweise in humanökologischen Arbeiten aufgeworfen wird, können durch solche Exkursionspraktiken erschlossen werden.

„Merkwürdiges Landschaftsverhalten" – Auf den Spuren unserer Normalitäten

Die Begegnung mit einem Ort auf Exkursionen ist – soweit wir virtuelle „Exkursionen" ausklammern – immer an ein körperliches Vor-Ort-Sein gebunden. Jeder Ort besitzt für uns einen Verhaltenscode, den wir mehr oder weniger genau kennen und dem wir meist unbewusst folgen, manchmal vielleicht auch bewusst übertreten. Diese Verhaltenscodes sind nicht an begriffliche Kategorien gebunden, vielmehr sind es erlernte Interpretationsweisen, semiotische Deutungen unserer Umwelt. In diesem Exkursionsbeispiel wird das bewusste Übertreten von Verhaltenscodes zum Ausgangspunkt für das Erkenntnisinteresse.

Das Phänomen abweichenden Verhaltens ist leicht einsichtig. Eine Gruppe beim Picknick im Park wäre für uns sicherlich keine Irritation, normales Verhalten an diesem Ort. Eine Gruppe mit Liegedecke und Picknickutensilien mitten in der Fußgängerzone dagegen sicherlich unnormal, provozierend – eben abweichendes Verhalten.

Eine Schülergruppe erhielt folgenden Arbeitsauftrag: „Eure Gruppe für merkwürdiges Landschaftsverhalten soll sich Situationen in der Landschaft überlegen, in der sich eure Gruppenmitglieder merkwürdig verhalten – eben so, wie man es in dieser Landschaft normalerweise nicht tun würde. Stellt euer ‚merkwürdiges Verhalten' in einem Standbild dar und macht davon Fotos."

Die Jungs der Gruppe machten sich mit großem Elan an die Arbeit – das mag nicht überraschen: Grenzüberschreitung als Arbeitsauftrag steht bekanntlich eher im Gegensatz zu den tagtäglichen Erfahrungen der Schüler im Schulbetrieb. Hier ein Beispiel aus den Ergebnissen der Schüler (s. Abb. 4):

ÖFFENTLICHE STUHLGÄNGE

Auf diesem Foto sehen Sie, wie zwei Unbekannte eine kaputte Bank zweckentfremden.

FEAR AND LOATHING IN KASSEL

Obdachlosigkeit ist auch in Kassel ein weit verbreitetes Problem. Sie fängt schon im jungen Alter an.

Abbildung 4: Schülerpräsentation zum Thema „Merkwürdiges Landschaftsverhalten" (Zusammenfassung verschiedener Folien) (Quelle: Schülerarbeit, 2007)

Mag sein, dass der „öffentliche Stuhlgang" eine fast zwangsläufige Idee im Kontext dieser Fragestellung ist. Die Verlagerung von Elementen der Privatsphäre in den öffentlichen Raum drängt sich möglicherweise auf. Wesentlich brisanter und kontroverser bei der Besprechung in der Klasse war das Phänomen der Obdachlosigkeit. Ist der Obdachlose, der sich auf der Bank zum schlafen niederlässt, im Kontext von merkwürdigem Verhalten zu beschreiben? Unnormal oder vielleicht eher unerwünscht? Wo ist der „normale" Ort für einen Obdachlosen? Oder ist gar ein Obdachloser selbst schon dem Bereich gesellschaftlicher Unnormalität zuzuordnen? Die Möglichkeiten gesellschaftspolitisch brisanter Themen für die Unterrichtspraxis scheinen sich durch solche Fragestellungen fast automatisch zu entwickeln.

Bei dieser Aufgabe ging es nicht darum, möglichst kuriose Verhaltensweisen auszuprobieren: Merkwürdiges oder abweichendes Verhalten ist letztendlich nur möglich, wenn wir unsere Vorstellungen von normalem Verhalten mitdenken. Erst in dieser Spannung bekommt abweichendes Verhalten einen Sinn. Die Exkursionsaufgabe zielt darauf ab, ein Bewusstsein für die Verhaltenscodes unserer Umwelten zu schaffen und diese zu reflektieren und zuallererst unseren Vorstellungen und Konstituenten von Normalität auf die Spur zu gehen.

Raum und Medialität – Zur Inszenierung von Orten

In diesem dritten Beispiel geht es um die das Verhältnis von Raum, Medialität und Sprache. Es gab zwei Gruppen. Eine Gruppe hatte die Aufgabe, die Landschaft als schön und erhaben darzustellen. Sie sollten für eine fingiertes Buch „Schöne Orte in Kassel" gezielt ein positives Bild des Ortes mittels Fotografien und kurzen Texten entwerfen (s. Abb. 5).

Am Bach

Ein kleiner rauschender Bach schlängelt sich durch die Landschaft. Frech ragen die Steinspitzen aus dem Wasser. Das Plätschern wirkt sehr beruhigend.

Abbildung 5: Schülerpräsentation zum Thema „Schöne Orte in Kassel"
(Quelle: Schülerarbeit, 2007)

Neben der fotografisch-medialen Inszenierung durch die Auswahl von geeigneten Bildern von „Schönheit" sind die beschreibenden Texte der Gruppe von großer Bedeutung. Die Schülerinnen verwenden typische Klischees der Naturbeschreibung: der „rauschende Bach", das „Plätschern" und verbinden diese mit Wirkungsästhetik.

Interessant ist der Vergleich zur Gruppe „Öde Orte in Kassel", die denselben Park negativ kennzeichnen sollten. Natürlich wählte die Gruppe überwiegend typische gesellschaftlich eher als problematisch eingeschätzte Elemente aus: Eine kaputte Bank wurde als Verwahrlosung interpretiert, ebenso Abfälle um die Bänke und auf der Wiese. Wir möchten jedoch das Augenmerk auf ein anderes Foto lenken, das die Gruppe in ihre Präsentation eingebaut hat (s. Abb. 6).

*Abbildung 6: Schülerarbeit zum Thema „Öde Orte in Kassel"
(Quelle: Schülerarbeit, 2007)*

Das Foto selbst hätte auch von der Gruppe „Schöne Orte in Kassel" verwendet werden können. Es ließe sich problemlos im Kontext von Ruhe, Beschaulichkeit und Ordnung interpretieren. Die Schülerinnen wendeten die Szene allerdings ins Negative: Verlassenheit, gepflegt, aber unbelebt – eben ein öder Ort.

Diese Exkursion diente als Anlass, bewusst sich mit medialen Inszenierungen auseinanderzusetzen und dies auf selbsttätige Art und Weise. Die Vielfalt möglicher Interpretationsweisen wird dabei ebenso deutlich wie die Kontextbezogenheit unserer Interpretationen von Umwelten. Gerade durch die Gegenüberstellung der Ergebnisse der Arbeitsaufträge wird dieses Spannungsfeld aufgeworfen.

Die Hochschule und die Praxis der Erkundung – Die „GRUPPE experiment exkursion KASSEL"

Natürlich bedarf es einer gewissen Vorsicht und Behutsamkeit mit solcherart konstruktivistisch orientierter Exkursionspraxis in der Schule. Die Schule ist nicht der Ort, an dem allzu freigeistig Experimente durchgeführt werden können. Zumindest muss die Arbeit in der Schule für Lehrerkräfte und Schülerinnen und Schüler in ihrer inhaltlichen und methodischen Ausformung überschaubar sein.

Die „GRUPPE experiment exkursion KASSEL", die im Herbst 2004 an der Universität Kassel gegründet wurde, widmet sich dem Feld der experimentellen Erprobung von Exkursionen. Sie besteht aus Studierenden der Fachgruppe Geographie und hat einen offenen organisatorischen Charakter: Die Exkursionsexperimente werden teils gemeinsam oder von einzelnen vorbereitet und durchgeführt. Jeder Teilnehmer ist aufgerufen, selbst Exkursionsvorschläge zu entwickeln und auszuprobieren. Dabei liegt der Schwerpunkt auf dem Experimentellen. Nicht die abgezirkelte Exkursion, deren Ergebnisse bereits weitgehend kalkulierbar sind, steht im Vordergrund. Die Gruppe versucht verschiedene Wege auszuloten, unseren Umwelten entgegenzutreten: Dinge wahrnehmen, die außerhalb des gewohnten Blickfeldes liegen, Selbst-Erfahrungen machen, eigene Weltsichten reflektieren. Viele Fragen, die gerade konstruktivistische Ansätze in der Geographie aufgeworfen haben, begleiten die Gruppe bei ihren Experimenten: Was heißt „authentische Erfahrung" wenn wir draußen sind vor Ort? Was bedeutet Selektivität der Wahrnehmung für Exkursionsdurchführung? In welchem Wechselverhältnis stehen Wahrnehmung, Wissen und ästhetisches Erleben? u. a. m. Auch das Misslingen gehört zum Programm der Gruppe und wird als Chance gesehen, weiterzudenken, umzudenken, noch einmal anders an die Sache heranzugehen.

Ein erstes dokumentiertes Ergebnis der Gruppe ist das Buch „,Sie können die Schuhe ruhig anlassen!' Auf Exkursion in Kassel und Umgebung" (Gerhardt & Kirsch, 2007). Hierin sind das Anliegen der Gruppe und eine Reihe verschiedener Exkursionsexperimente dokumentiert. Im Folgenden soll ein Exkursionsexperiment genauer dargestellt werden. Es führte die Gruppe auf den Kasseler Hauptfriedhof (Gerhardt, 2007).

Bedeutungsüberlagerungen und deren Brüche –
Der Kasseler Hauptfriedhof als Exkursionsort

Bei meiner Beschäftigung mit öffentlichen Friedhöfen fiel mir auf, dass die Friedhofsflächen im Stadtgebiet diskursiv mit einer Doppel- oder Zusatzfunktion aufgeladen werden, die nichts mit der Beisetzung von Toten zu tun zu haben. Es ist in diesem Zusammenhang beispielsweise die Rede vom Friedhof als „Nordstadtpark" (Kassel) oder als „grüne Insel" im dicht bebauten Stadtraum. Bei der Durchsicht von Hochglanzbroschüren und Internetseiten wird deutlich, dass derzeit in einer ganz bestimmten Weise von Friedhöfen gesprochen wird und dass dabei ihre eigentliche Funktion als Bestattungsfläche offenbar in den Hintergrund getreten ist. Friedhöfe scheinen – gerade in Großstädten – mit öffentlichen Grünanlagen und

Parks zu konkurrieren. Sie werden als „Ausgleichsflächen" und „Naherholungsgebiete" beworben. Den Ursprung dieser Redeweisen kann man mit einer sich verändernden Bestattungspraxis und einer veränderten gesellschaftlichen Einstellung zum Tod erklären und damit, dass diese Veränderungen den Friedhof als Ort in seinem Weiterbestehen gewissermaßen bedrohen. Auf diese „Bedrohung" reagieren dann diejenigen Interessengruppen, die von der Friedhofsgestaltung in ihrer derzeitigen Form profitieren (zum Beispiel Friedhofsgärtner und Steinmetze) mit Werbeaktionen und Broschüren, in denen von „ökologischer Vielfalt" und der Wahrung eines „kulturellen Erbes" die Rede ist. Anhand von Beispielen lässt sich zeigen, in welcher Weise der Friedhof nicht nur umgedeutet, sondern letztendlich auch umgestaltet wird und wie dieser Ort auf gesellschaftliche Veränderungen „reagiert".

Umdeutungen und Umgestaltungen von Friedhöfen können mit und auf einer Exkursion sichtbar gemacht werden. Wie aber kann auf einer Exkursion thematisiert werden, dass diese Umdeutungen und Umgestaltungen nicht unbedingt „bruchlos" vonstatten gehen, dass sie unter Umständen tiefe Verunsicherungen zur Folge haben und scheinbar irrationale Diskussionen auslösen können? Wie kann man sich mit einer Exkursion der gesellschaftlichen Konstruiertheit des Ortes Friedhof nähern und wie lassen sich dabei Friktionen innerhalb sich überlagernder Konstrukte sichtbar machen?

Zu dem von mir mit 14 Studierenden der Universität Kassel durchgeführten Exkursionsexperiment habe ich mich mit den Teilnehmer/-innen der Exkursion vor dem Haupteingang des Kasseler Hauptfriedhofs verabredet. Ich habe einen kurzen Text vorgelesen, in dem es um den Erholungswert von öffentlichen, städtischen Grünanlagen ging und die Teilnehmenden mit einem Übersichtsplan des Friedhofs ausgestattet. Außerdem hatte ich einen Experten eingeladen (einen Baumpfleger der Friedhofsgärtnerei) und Pflanzenbestimmungsbücher dabei. Ich lenkte den Blick der Teilnehmenden explizit auf die Vielfalt der Bepflanzung, die (stadt-)ökologische Bedeutung einer großen zusammenhängenden Grünfläche und achtete darauf, das Wort „Friedhof" während meiner Einführung überhaupt nicht zu erwähnen. Die Exkursionisten wurden in Kleingruppen von drei oder vier Personen eingeteilt und erhielten den Arbeitsauftrag, innerhalb der nächsten Stunde konkrete Vorschläge zu erarbeiten, wie sich der Erholungswert der Grünanlage aus ihrer Sicht steigern ließe.

Mit meiner Einführung habe ich ganz bewusst lediglich einen einzigen Aspekt aus dem „Diskursfeld" um öffentliche Friedhöfe hervorgehoben. Damit vermied ich gezielt die Diskussion um den gesellschaftlichen Umgang mit dem Tod und den Toten. Pflanzenbestimmungsbücher und der eingeladene Experte sollten den (stadt-)ökologischen Schwerpunkt der Exkursion unterstreichen. Ich war sehr gespannt, wie die Studierenden mit dem Spannungsfeld aus Erholung, Ökologie und Todesthematik umgehen würden. Aus dem schriftlichen Bericht eines Teilnehmers:

> „Als ich nun den Friedhof unter diesem Blickwinkel betrat, kamen mir sofort einige Ideen. Die Wiesen am Haupteingang wären als Grill- oder Fußballplätze nutzbar, zusätzliche Parkbänke in schattigen und sonnigen Lagen ein Muss. Alle die, die Erholung suchen, könnten diese dann finden. Auf den vorhandenen Parkbänken machte ich einige Sitzproben, um mich einfühlen zu können. Obwohl das Wetter schlecht war, fiel es mir leicht, an einen schönen Tag zu denken. Bei blauem Himmel und Sonnenschein könnte ich genau an dieser Stelle ein Buch lesen."

Der Treffpunkt im Anschluss an die Erarbeitungsphase war mitten auf dem Friedhofsgelände gewählt und zur vereinbarten Zeit trafen die Kleingruppen meist ruhig und nachdenklich aus verschiedenen Richtungen ein. Ich fragte, welche Gruppe uns nun ihre Verbesserungsvorschläge vorstellen wolle, doch niemand der vierzehn Exkursionisten wollte sich so recht äußern. Nach einer Weile meinte einer der Studenten schließlich: „Vielleicht sollten wir noch einmal darüber reden, was mit ‚Erholung' eigentlich gemeint sein soll?!"

Nach und nach formulierten einige Studierende, dass sie sich sehr unwohl auf dem Friedhofsgelände gefühlt hätten; vor allem, weil sie in einer Kleingruppe mit Übersichtsplan und Pflanzenbestimmungsbuch unterwegs waren. Dieses Verhalten erschien den meisten als „unpassend". In der Diskussion wurde deutlich, dass sich nicht alle Exkursionisten wirklich vorstellen konnten, auf dem Friedhof mit einem Buch auf einer Bank in der Sonne zu sitzen, einen freien Nachmittag zu genießen und dabei eventuell einen Trauerzug an sich vorbeiziehen zu sehen (ein Student: „Da passt doch was nicht ganz zusammen!").

Mit der Exkursion wurde für alle Beteiligten klar, dass auch der Inhalt von „Erholung" offenbar auf einer gesellschaftlich definierten Vereinbarung beruht, die auf einem Friedhofsgelände nur bedingt eingelöst werden kann.

Ich bin mir sicher, dass das Thema „Friedhof als Naherholungsgrün im dicht besiedelten Stadtgebiet" im Seminarraum ganz anders diskutiert worden wäre. Im pädagogisch-wissenschaftlich abgeschotteten Milieu der Universität hätten sich innerhalb einer halben Stunde zahlreiche „Verbesserungsvorschläge" für diese „Grünanlage" ergeben. Es wäre den Studierenden sicher nicht sehr schwer gefallen, sich der Sprache und Denkweise der Planer anzuschließen. Ganz anders vor Ort: Die Teilnehmer/-innen standen quasi auf den Gräbern und die Anwesenheit der Toten ließ sich nicht ausblenden. Für eine Diskussion um die Gestaltungs- und Redeweisen rund um den Friedhof, reicht es nicht zu wissen, dass auf dem Friedhof tote Menschen bestattet werden. Zusammen mit der körperlichen Erfahrung, sich tatsächlich auf einem Friedhof zu „be-finden", werden halbbewusste Erfahrungen, Erinnerungen und Selbstverständlichkeiten „heraufgespült" und brechen sich an dem „unpassenden" Arbeitsauftrag.

An zwei sehr wichtigen Punkten konnten wir im Anschluss an die Exkursion arbeiten. Zum einen daran, dass mit „Erholung" etwas bezeichnet wird, das auf einer Vereinbarung ruht – es handelt sich nicht um eine Selbstverständlichkeit, die für jeden den gleichen Inhalt hat. Zum anderen wurde deutlich, dass Umdeutungen und Umgestaltungen von konkreten Orten auf einer rein rationalen Ebene durchaus gut verstanden werden können. Es ist jedoch ein Unterschied, ob man diese Umdeutungen tatsächlich am eigenen Leib spürt. Das als „unpassend" empfundene Verhalten vor Ort konnte thematisiert und präzise formuliert werden. Ein weiteres Fragment aus einem schriftlichen Bericht:

„Wir sollten uns überlegen, wie der Naherholungswert auf dem Hauptfriedhof zu steigern ist. Ich wusste, dass Friedhöfe gerade in städtischen Lagen auch in dieser Form genutzt werden können. Doch intensiv hatte ich mich zuvor noch nie mit dieser Thematik auseinander gesetzt. (...) Friedhof und Naherholung passt für mich nur schwer zusammen. Soll ich wirklich an einem schönen Tag auf einer Parkbank das Leben genießen, während vor meinen Augen ein Trauerzug vorbeigeht? Kinder spielen, ein Stück weiter betreiben Angehörige Grabpflege? So einfach ist es für mich dann doch nicht."

Vielleicht ist eine tiefere Einsicht in die Komplexität der Zusammenhänge genau der „Mehrwert", den Exkursionen gegenüber den Reduktionen und Vereinfachungen im Klassen- und Seminarraum bieten können. Es müssen allerdings Mittel und Wege gefunden werden, diese Erfahrungen zu nutzen und sich nicht von den vielfältigen (sinnlichen) Eindrücken auf einer Exkursion überwältigen zu lassen. Der inhaltlichen Vorbereitung, auch einer sehr kleinen Exkursion muss daher eine hohe Aufmerksamkeit zuteil werden, will man gerade den Konstruktionsbedingungen unserer räumlichen Zusammenstellungen nachspüren. Darüber hinaus sollte der Reflexionsphase viel Zeit und Muße eingeräumt werden. Gemeinsam mit einer erhöhten Aufmerksamkeit gegenüber der Vielschichtigkeit gemachter Erfahrungen, deren „Eigenwert" für den Erkenntnisprozess und dem Bewusstsein, dass das tatsächliche „Vor-Ort-Sein" eine Qualität in sich trägt, die nicht simuliert werden kann, bilden Exkursionen einen wichtigen Baustein in unserem Wissen über die „Konstruiertheit" von Raum.

Konstruktivistisches Exkursionieren und seine Einbindung in die didaktische Praxis

Wenn angenommen wird, dass das, was wir als „Raum" ansehen, sozial konstruiert ist, müssen wir uns auf die Suche nach den Konstruktionsbedingungen begeben, um etwas über diesen „Gegenstand" in Erfahrung bringen zu können. Wenn wir selbst an dieser Konstruktion beteiligt sind, müssen wir dabei auch etwas über uns selbst in Erfahrung bringen. „Jede Beobachtung sagt zuallererst etwas über denjenigen, der beobachtet, über seine Perspektive, seine Art und Weise die Welt zu ordnen und eine Beziehung zwischen den Dingen herzustellen" (Scharvogel, 2006, S. 161). Auch die Art und Weise wie wir beobachten, die Methode, ist Teil dieses Konstruktionsprozesses.

Daraus lassen sich verschiedene Ansatzpunkte erschließen. Schauen wir uns die Exkursionsbeispiele noch einmal kurz an:

- Die Arbeit mit Kategorien wie in dem Beispiel zu Natur – Kultur geht erst einmal von unproblematisch erscheinenden Begrifflichkeiten aus. Die Kategorien werden durch die Methode (Fotografieren vor Ort/Begründung) auf die Probe gestellt und einer Dekonstruktion unterzogen. Ein solches Arbeiten erfordert natürlich ein erneutes Aufgreifen, denn didaktische Praxis darf sich nicht im Zerschlagen von alltagsweltlich als gültig erscheinenden Ordnungen erschöpfen. An ihre Stelle tritt jedoch nicht eine neue, weitere oder gar „bessere" Definition. Vielmehr sollte die Verunsicherung zu einer selbstbewussten Praxis umgemünzt werden: Die Fähigkeit zu erschließen, dass Begriffe in verschiedenen Kontexten unterschiedliche Bedeutungen haben und diese immer im Hinblick auf dem Sprecher oder den Diskurs zu interpretieren sind.

- Die Beziehung von Vor-Ort-Sein (Erleben), Handeln und Konstruiertheit eines Ortes wird sowohl auf der Exkursion „Merkwürdiges Landschaftsverhalten" als auch im Friedhofsbeispiel thematisiert. In beiden Beispielen werden durch die Arbeitsaufträge einmal offensichtlich (Darstellung abweichenden Verhaltens in Fotografien) oder unterschwellig (der Friedhof als Erholungsraum) Vorerfahrungen, Verhaltens- und Erlebensdimensionen miteinander in Spannung gesetzt. Gerade durch die Widersprüche, die hier aufgezäumt werden, können nicht nur thematisch spannende Fragen und Zusammenhänge aufgeworfen, sondern auch ein Bewusstsein für die soziale Definiertheit von Orten und Normalitäten entwickelt und reflektiert werden.

– Die bewusste Konstruktion von Orten wird im Beispiel der „Kassels schöne Landschaften" versus „Öde Orte" ins Blickfeld genommen. Die Schülerinnen und Schüler werden selbst zu medialen Konstrukteuren eines Ortes und können die Phänomene der Selektion im Sinne der Auswahl bestimmter Elemente und der Interpretation erfahren – dasselbe Phänomen kann innerhalb eines anderen Deutungsrahmen unterschiedlich, ja gegensätzlich interpretiert und gewertet werden. Darüber hinaus kann diese Aufgabenstellung hinsichtlich der gezielten Selektion und Manipulation von Informationen zur Konstruktion von Images eines Ortes erweitert werden und besitzt somit medienpädagogische Anschlussmöglichkeiten.

Ein konstruktivistisches Exkursionieren ist sicherlich mit einigen Unsicherheiten verbunden. Bei dieser Form der Betrachtung sind wir nicht mehr der allwissende Beobachter, der von „außen" und „oben" auf die Dinge schaut, sondern wesentlicher Teil des Erkenntnisprozesses selbst. Insofern gibt es auch keine vorgegebenen und „richtigen" Lösungen, die Ergebnisse sind für den Exkursionsleiter nur bedingt kalkulierbar.

Selbstverständlichkeiten zu hinterfragen ist nicht ungefährlich; schließlich bilden sie den „sicheren Boden" auf dem wir uns bewegen. Im Schulunterricht und im Seminarraum haben wir gelernt, durch gedankliche „Experimente" auch ungewöhnliche Szenarien durchzuspielen, da uns Klassenzimmer und Seminarraum einen „sicheren" pädagogisch-didaktischen Rahmen bieten, in dem wir dieses Wagnis eingehen können. Mit der „Wirklichkeit" hat der Unterricht nur bedingt zu tun. Die in den Schulbüchern abgebildeten Modelle überleben kaum die ebenfalls idealtypischen Beispiele und schon gar nicht einen Vergleich mit der erlebten Wirklichkeit, wie sie uns und den Lernenden im Alltag begegnen. Schulbücher müssen vereinfachen und Unterricht muss komplexe Inhalte didaktisch reduzieren, um Zusammenhänge sichtbar zu machen. Zu oft kommt dabei allerdings die Klärung der Frage, was das alles mit uns zu tun hat, zu kurz.

Exkursionen werden in diesem Zusammenhang gern als ein „Praxis-Anker" betrachtet und verwendet. Sie sollen die Anschaulichkeit bloß theoretisch vermittelter Inhalte erhöhen, abstrakte Zusammenhänge erfahrbar machen und erworbene Wissensbestände festigen. Für viele Fragestellungen haben wir in der Geographie tragfähige Exkursionskonzepte bereits erarbeitet. Für die Beziehung zwischen konstruktivistischem Arbeiten drinnen im Klassenzimmer/Seminarraum und draußen vor Ort sollen die hier vorgestellten Exkursionen ein Angebot darstellen.

Literatur

Berger, P.L. & Luckmann, T. (2000): Die gesellschaftliche Konstruktion der Wirklichkeit. 17. Aufl. Frankfurt am Main.

Deninger, D. (1999): Spurensuche: Auf der Suche nach neuen Perspektiven in der Geographie und Wirtschaftsdidaktik. In: Vielhaber, C. (Hrsg.): Geographiedidaktik kreuz und quer. Materialien zur Didaktik der Geographie und Wirtschaftkunde, Band 15, Wien, S. 107-184.

Dröge, F. & Müller, M. (1998): Das Museum als urbaner Raumknoten. In: Breuer, Gerda (Hg.): Neue Stadträume. Zwischen Musealisierung, Medialisierung und Gestaltlosigkeit. Basel, S. 79-86.

Gerhardt, A. (2007): Der Kasseler Hauptfriedhof als Naherholungsgebiet. In: Gerhardt, A. & Kirsch, U. (Hrsg.): „Sie können die Schuhe ruhig anlassen!" Auf Exkursion in Kassel und Umgebung. Kassel, S. 33-37.

Gerhardt, A. & Kirsch, U. (Hrsg.) (2007): „Sie können die Schuhe ruhig anlassen!" Auf Exkursion in Kassel und Umgebung. Kassel.

Lefebvre, H. (1991): The Production of Space. Oxford.

Miggelbrink, J. (2002) Konstruktivismus? „Use with Caution".... Zum Raum als Medium der Konstruktion gesellschaftlicher Wirklichkeit. In: Erdkunde, Band 56, Heft 4, S. 337-350.

Scharvogel, M. (2006): Zur Deutung der Bedeutung. Impulse für eine konstruktivistische Exkursionsdidaktik. In: Hennigs, W., Kanwischer, D. & Rhode-Jüchtern T. (Hrsg.): Exkursionsdidaktik – innovativ!? Geographiedidaktische Forschungen, Band 40, Weingarten, S. 155-167.

Scharvogel, M. (2007): Erzählte Räume. Frankfurts Hochhäuser im diskursiven Netz der Produktion des Raumes. Berlin.

Wardenga, U. (2002): Räume der Geographie – zu Raumbegriffen im Geographieunterricht. http://homepage.univie.ac.at/Christian.Sitte/FD/artikel/ute_wardenga_raeume.htm (12.4.2004).

EIN EXKURSIONS-GRUPPENPUZZLE ALS GEOGRAPHIEDIDAKTISCHES LEHR-LERN-ARRANGEMENT

Ulrike Ohl, Stefan Padberg

Einführung

Der folgende Artikel stellt einen Bericht über das Lehren und Lernen Lehramtsstudierender und ihrer Dozenten[1] im Fach Geographie der Pädagogischen Hochschule Heidelberg und der Universität zu Köln dar. Unter dem Leitmotto „Eure Stadt – unsere Stadt" stellten die Teilnehmer sich während einer gemeinsamen zweitägigen Exkursion gegenseitig stadtgeographische Themen der eigenen Stadt vor. Als Organisationsform diente dabei das *Gruppenpuzzle*. Dieser Beitrag verdeutlicht theoretische Grundlagen, schildert Erfahrungen und reflektiert diese kritisch im Hinblick auf Chancen und Grenzen der Methode.

Das Gruppenpuzzle – eine Form kooperativen Lehrens und Lernens

Was ist ein „Gruppenpuzzle"?

Das Gruppenpuzzle ist eine spezielle Form von Kleingruppenarbeit. Als Unterrichtsmethode wurde es entwickelt von einem Team israelischer und amerikanischer Sozialpsychologen und Lehrerausbilder (Aronson u. a., 1978). Im Original heißt die Methode „The Jigsaw Classroom". „Jigsaw" – engl. „Laubsäge" – ist dabei symbolisch zu verstehen:

---

[1] Aus Gründen der leichteren Lesbarkeit wurde im Text die männliche Form der personenbezogenen Bezeichnungen gewählt, selbstverständlich gelten die Aussagen stets für Frauen und Männer gleichermaßen.

Man hat eine größere Thematik, die man behandeln will, [...]. Dann zerschneidet man dieses ganze Gebiet in mehrere Teile. Diese verschiedenen Gebiete, Felder oder Puzzlestücke verteilt man an die Gruppen (Frey-Eiling & Frey, o.J., S. 3).

Die Besonderheit der Methode liegt darin, dass jedes einzelne Mitglied einer Gruppe für ein „Puzzlestück", d. h. für ein Unterthema eines Themengebiets, Verantwortung übernimmt. Als „Experte" unterrichtet es phasenweise den Rest der Gruppe. In diese Lage versetzt sich jeder Einzelne, indem er sich teils individuell, teils mit anderen Experten des gleichen Themengebiets auf seine Lehraufgabe vorbereitet. Dies wird durch eine charakteristische Aufeinanderfolge unterschiedlicher Arbeitsphasen in Verbindung mit einer bestimmten räumlichen Organisation möglich.

Der Ablauf eines Gruppenpuzzles

Zunächst werden sog. **Stammgruppen** gebildet. Im Beispiel (Abb. 1) gibt es vier Stammgruppen, bestehend aus jeweils vier Mitgliedern. Jedes Mitglied einer Stammgruppe wird Experte für *ein* Teilgebiet des Gesamtthemas. Alle Teilnehmer mit gleicher Zahl (Abb. 1) arbeiten am gleichen Teilgebiet. Sie arbeiten sich anhand von Lernmaterialien individuell als Experte in ihr Teilgebiet ein und überprüfen ihr Wissen ggf. in einer Lernkontrolle (Meyer, 2007, S. 114).

Stammgruppe 1		Stammgruppe 2		Stammgruppe 3		Stammgruppe 4	
1	2	1	2	1	2	1	2
3	4	3	4	3	4	3	4

Abbildung 1: Phase 1: Arbeit in Stammgruppen
(Eigene Darstellung auf Basis von Frey-Eiling & Frey, o.J., S. 1-2;
Gräsel & Gruber, 2000, S. 171-172)

Alle Experten desselben Unterthemas treffen sich anschließend in einer **Expertengruppe**, sodass vier neue Gruppen entstehen. Deren Mitglieder „helfen einander, sich zu Experten zu machen" (Frey-Eiling & Frey, 2007, S. 1). Hier wird also das zuvor Erarbeitete besprochen, es werden Fragen geklärt, Wichtiges wird herausgestellt. Anschließend wird gemeinsam ein Lehr-Lern-Konzept zur Wissensvermittlung erarbeitet.

Expertengruppe 1		Expertengruppe 2		Expertengruppe 3		Expertengruppe 4	
1	1	2	2	3	3	4	4
1	1	2	2	3	3	4	4

Abbildung 2: Phase 2: Arbeit in Expertengruppen
(Eigene Darstellung auf Basis der unter Abbildung 1 genannten Quellen)

Zurückgekehrt in ihre **Stammgruppen**, vermitteln nun alle als Experten ihr Spezialgebiet in der vorbereiteten Art und Weise.

Stammgruppe 1	Stammgruppe 2	Stammgruppe 3	Stammgruppe 4
1 2	1 2	1 2	1 2
3 4	3 4	3 4	3 4

Abbildung 3: Phase 3: Wissensvermittlung in den Stammgruppen
(Eigene Darstellung auf Basis der unter Abbildung 1 genannten Quellen)

Gegebenenfalls kann nun das neu erarbeitete Wissen in einer Lernkontrolle überprüft werden (Phase 4).

Kooperatives Lehren und Lernen durch das Gruppenpuzzle

Beim Gruppenpuzzle sollen Nachteile herkömmlicher Gruppenarbeit durch die „Implementierung kooperativer Zielstrukturen" (Jürgen-Lohmann u. a., 2001, S. 75) vermieden werden. In diesem Lernarrangement kommt es zu einer „positive[n] Interdependenz" der Lernenden, d. h. es wird „in besonderem Maße die Forderung nach Ressourceninterdependenz der Lernenden umgesetzt" (Gräsel & Gruber, 2000, S. 171).

Jedes Mitglied einer Stammgruppe verfügt über ein Teilwissen, das kein anderes Gruppenmitglied besitzt. Sowohl die individuelle Aneignung dieses Wissens als auch die Kooperation ist damit zwingend notwendig, um die Aufgaben zufriedenstellend zu lösen. Nur durch eine echte Zusammenarbeit wird gewährleistet, dass allen Gruppenmitgliedern die wesentlichen inhaltlichen Aspekte aller Teilthemen zugänglich gemacht werden. In dieser Sichtweise ermöglicht das Gruppenpuzzle den Teilnehmern ein Training ihrer Kooperationsfähigkeiten und zielt damit neben den inhaltlichen auch auf soziale Kompetenzen ab. In motivationaler Hinsicht bringt der Lernerfolg des Individuums gleichzeitig positive Konsequenzen für die anderen Gruppenmitglieder mit sich (Jürgen-Lohmann u. a., 2001, S. 75).

Den Wissenserwerb betreffend wird der Vorteil beim kooperativen Lernen grundsätzlich „weniger in Bezug auf das Behalten von Fakten gesehen, sondern hauptsächlich in Bezug auf das Verstehen von Zusammenhängen und die Fähigkeit, komplexe Probleme zu lösen" (Gräsel & Gruber, 2000, S. 162).

Empirische Untersuchungen zum kooperativen Lernen in der Schule konnten verdeutlichen, dass kooperative Lernformen diese beschriebenen Effekte haben *können*, dies aber nicht grundsätzlich so ist. Vielmehr sind für den Erfolg die Vorerfahrungen und Kompetenzen der Beteiligten, die

Aufgabenstellungen und die organisatorischen Rahmenbedingungen ausschlaggebend (Gräsel & Gruber, 2000, S. 162)[2]. Dies zeigte sich auch in Studien speziell zum Gruppenpuzzle: „Das Gruppenpuzzle wurde in vielen empirischen Studien untersucht, wobei die Ergebnisse überwiegend, jedoch nicht einheitlich positiv ausfielen" (Gräsel & Gruber, 2000, S. 172). So fasst Slavin (1993, S. 157) zusammen:

> Die Leistungsergebnisse bei kooperativen Lernmethoden mit Aufgabenspezialisierung sind unklar. Forschungen mit der ursprünglichen Form des Gruppenpuzzles haben nicht immer positive Effekte nachgewiesen. [...] Ein Problem dieser Methode besteht darin, dass den Schülern die Materialien, die sie nicht selbst studiert haben, nur begrenzt zugänglich sind, sodass die Lerngewinne in ihrem Bereich durch die Verluste in den Bereichen der Gruppenkameraden zunichte gemacht werden. Dagegen gibt es Hinweise, dass Kleinprojekte in Gruppen nach sorgfältiger Einführung der Methode die Schulleistung steigern.

Gräsel & Gruber (2000, S. 172) betonen, es komme darauf an, die Arbeitsaufgaben derart zu gestalten, dass sie nur unter *gemeinsamer* Verwendung des Expertenwissens aus allen Teilthemen zufriedenstellend lösbar sind. Davon hänge es ab, „ob die Lernenden gemeinsam Wissen aushandeln und konstruieren" (ebd.)[3].

Hinsichtlich des Wissenserwerbs konnte in der überwiegenden Mehrheit empirischer Vergleichsstudien zum kooperativen Lernen – verglichen wurden kooperativ Lernende und Einzellernende – eine Überlegenheit der kooperativen Formen konstatiert werden (Gräsel & Gruber, 2000, S. 167).

Worin könnten nun gerade auch an Hochschulen und speziell in der Ausbildung zukünftiger Lehrer besondere Chancen des Gruppenpuzzles liegen?

Die Tatsache, dass an Schulen wenig kooperativ unterrichtet wird, lässt sich auch damit erklären, „dass Lehrer in ihrer eigenen Lehr- und Lernkarriere kaum Erfahrungen mit dieser Form des Unterrichts machen und ihr gegenüber daher negativ eingestellt sind" (Gräsel & Gruber, 2000, S. 172). Zur „eigenen Lehr- und Lernkarriere" wiederum gehört das Studium. Die an Hochschulen vorherrschende Situation charakterisieren Gräsel & Gruber (2000) wie folgt:

> [...] die Hochschulen [sind] nicht unbedingt ein Hort der kollegialen Zusammenarbeit, in dem Studierende quasi implizit, aber permanent und authentisch erfahren

---

[2] Diese Erkenntnisse auf Basis der empirischen Untersuchungen erscheinen übertragbar auf nahezu alle Lernformen und Unterrichtsarrangements.
[3] Wir gehen davon aus, dass dies jedoch nur unter der Voraussetzung einer „arbeitsfähigen Gruppe" (Langmaack & Braune-Krickau, 2000) gelingt.

können, wie fruchtbringend und anregend es ist, gemeinsam Wissen auszutauschen. Hierfür als Modell zu dienen, stünde Hochschuldozenten nicht schlecht zu Gesichte (Gräsel & Gruber, 2000, S. 173).

Primär soll mit kooperativem Lernen an der Hochschule dieses häufig beobachtete Defizit ausgeglichen werden, indem Studierenden als Basis eigenen zukünftigen Unterrichtens die Gelegenheit gegeben wird, selbst aktive Erfahrungen als kooperativ Lernende zu machen.

Systematische Vergleichsstudien zum kooperativen Lernen an Hochschulen im deutschsprachigen Raum fehlen bisher weitgehend. Auch die internationale Literatur bezieht sich vor allem auf die Klassenstufen 2 bis 12 (Jürgen-Lohmann u. a., 2001, S. 75). Jürgen-Lohmann u. a. 2001 betonen, dass sich „die insgesamt guten Erfahrungen mit kooperativen Lehr und Lernmethoden im Schulbereich" nicht unmittelbar auf das deutsche Hochschulsystem übertragen lassen (ebd., S. 76). Unterschiedlich sind beispielsweise die Rahmenbedingungen: In herkömmlichen Seminaren, gerade an großen Universitäten, fördern die Dozierenden teils zu selten aktiv den Aufbau einer tragfähigen Basis für die gemeinsame Arbeit im Seminar (Langmaack & Braune-Krickau, 2000). Als Problem für die Implementierung erfolgreicher Kooperation wird deshalb die an deutschen Universitäten vorherrschende Lernkultur diskutiert, ebenso wie die Prüfungsanforderungen, die offenbar die Aneignung von Lehrbuchfakten in Einzelarbeit fördern (Jürgen-Lohmann u. a., 2001, S. 76). Die Teilnehmer von Hochschulseminaren kennen sich aufgrund dieser zumeist vorherrschenden Arbeitsweisen häufig untereinander kaum. Oft beobachtete Folge: „Die mangelnde Bindung an die Gruppe („commitment") kann dazu führen, dass Gruppenmitglieder häufig fehlen oder die Teilnahme am Seminar ganz aufgeben" (Jürgen-Lohmann u. a., 2001, S. 76).

Die Autoren kamen in zwei quasiexperimentellen Studien zur Evaluation kooperativen Lernens in Hochschulseminaren (es handelte sich um Veranstaltungen der Pädagogischen Psychologie, die hauptsächlich von Lehramtsstudierenden besucht wurden) indessen selbst auch zu einem insgesamt positiven Ergebnis: „Die kooperative Methode hat sich als einsetzbar an der Hochschule erwiesen und kann als wertvolle Ergänzung des universitären Lehrangebots gesehen werden" (ebd., S. 74). Als Vergleich zu den Seminaren, die nach der Methode des Gruppenpuzzles arbeiteten, dienten innerhalb der Untersuchung „herkömmliche Referate-Seminare"[4] (ebd., S.

---

[4] Zum genauen Untersuchungsaufbau sowie zum Seminarablauf, der u. a. eine Abschlussklausur enthielt sowie ein Bonussystem für Mitglieder von Stammgruppen

74). Der Zuwachs im deklarativen Wissen war in beiden Formen etwa vergleichbar, die Bewertungen durch die Studierenden fielen für die kooperative Seminarform jedoch deutlich positiver aus. Die Steigerung der aktiven Beteiligung der Studierenden im kooperativen Arrangement erwies sich als besonders markant (ebd., S. 74). Als Schwierigkeit bei der Durchführung des Gruppenpuzzles erwies sich das Fehlen von Experten am Tag ihres Vortrags in der Stammgruppe. Auch inhaltliche Probleme, speziell bei der Erarbeitung von Definitionen und im Umgang mit empirischen Untersuchungen, wurden nachgewiesen. Zudem stellen die Autoren die Zeitnot und den sehr hohen Vorbereitungsaufwand für die Dozenten als kritische Aspekte heraus.

Eine besondere Form kooperativen Lehrens und Lernens erprobten wir im Rahmen eines gemeinsamen geographischen *Exkursionsprojektes* mit Studierenden der Pädagogischen Hochschule Heidelberg und der Universität Köln.

Ein Beispiel aus der Praxis: Eure Stadt – unsere Stadt. Ein Exkursions-Gruppenpuzzle mit Lehramtsstudierenden aus Heidelberg und Köln

Exkursionsdidaktik lehren bedeutet für uns, Studierende lernen zu lassen, wie sie selbst "Lernen vor Ort" anleiten können. Unser Ansatz bedeutete für die Studierenden, sich sowohl den von uns gewählten und eingeschränkten Exkursionsraum so zu erschließen, dass er der Erarbeitung eines Themas der allgemeinen Geographie auf besondere Weise dient, als auch mit Blick auf die Gruppe der übrigen Studierenden geeignete exkursionsdidaktische Arbeitsweisen vorzubereiten und selbst anzuleiten. Wer an diesem Vorhaben teilnahm, war im Rahmen der Veranstaltung Exkursionsleiter *und* Teilnehmer und sammelte in beiden Rollen Erfahrungen und Rückmeldungen. In der **Leitungsrolle** ermöglichten Studierende anderen Studierenden eine aktive und handelnde Aneignung stadtgeographischer Aspekte – was in der **Rolle als Exkursionsteilnehmer/in** schließlich konkret das Selbsterleben des Lernens mit diesen Methoden bedeute.

---

mit einer hohen durchschnittlichen Klausurleistung vgl. Jürgen Lohmann u. a., 2001, S. 76-79.

Heidelberg und Köln

Zwei Tagesexkursionen am 23. + 24. Juni 2007

1.) Die Anmeldung ist nur bis 18. April möglich.

2.) Die Teilnahme an der zweistündigen Einführung in die Exkursionsdidaktik am 18. April 12 – 14h R. 2.9 ist verpflichtend erforderlich. Hier übernehmen die Teilnehmer/innen die Vorbereitung eines Standortes im Rahmen des Köln-Teils der Exkursion.

3.) Fahrt nach Heidelberg am 23.06. ab Köln Hbf 7:00h. (die Frage der Fahrkarten und damit der Kosten werden wir am 18.4. erörtern). Ab 11:00h führen uns Studierende der PH Heidelberg unter Leitung der Dozentin Ulrike Ohl durch Heidelberg. Abends gehen wir gemeinsam essen. Übernachtung bei den Studierenden der PH Heidelberg.
Samstag 24.06: Fahrt nach Köln und Leitung des Exkursionstages in Köln durch die Kölner Studierenden anhand der vorbereiteten Standorte. Exkursionsabschluss in geeigneter Kölner Lokalität.

4.) Nachbesprechung für die Kölner Studierenden am 2. Juli 18 – 20.00h in Raum 2.9.

Abbildung 4: Aushang an der Universität zu Köln

Heidelberg und Köln Zwei Tagesexkursionen am 23. + 24. Juni 2007

1. Bitte umgehend 50 Euro für die Bahngruppenkarte einzahlen auf das Seminarkonto: Das Geld muss bis 24.4. 07 auf dem Konto sein.

2. Ein/eine heidelberger Student/in wird sich melden. Per Mail oder Telefon ist zu vereinbaren, was es an Gepäck braucht (Isomatte?, Schlafsack?)

3. Gastgeber/in sein heißt für uns Kölner/innen: Ich bezahle als Gastgeber/in die Kosten des öffentlichen Nahverkehrs und sorge auch für Verpflegung am Exkursionstag. Die abendlichen Kosten im Biergarten/Brauhaus zahlt jedeR selbst. Ein eigenes Zimmer für die Gäste ist der Normalfall – Ausnahmen sind mit dem Gast vor der Reise abzustimmen!

4. In meiner Kleingruppe bereite ich die Präsentation des zugedachten Stadtteils an die heidelberger Studierenden vor. Jeweils zu zweit wird der Stadtteil an sechs heidelberger und vier kölner Studierende vorgestellt. Die Studierenden können auch zu Aktivitäten wie Zählungen, Kartierungen oder ähnliches angehalten werden, wenn dies der Erarbeitung der Themen im Stadtteil dient, die Sie vermittelt und erarbeitet wissen wollen.

5. Sie kommen in den 6er-Gruppen, die für einen kölner Stadtteil zuständig sind zweimal in meine Sonder-Sprechstunde und haben je 30 Minuten meiner Zeit für die Weiterentwicklung ihres Konzeptes. In der ersten Sprechstunde am 10.Mai 18-19:30 zeigen Sie mir, welche Themen sie für "ihren" Stadtteil ausgwählt zur Präsentation und Erarbeitung durch die anderen Studierenden ausgewählt haben. Auch berichten Sie über Ideen zur methodischen Umsetzung sowie über ihre Auswahl der Route bzw. des Arbeitsbereich im Stadtteil. In der zweiten Sprechstunde am 18. Juni 18-19:30 bringen sie das fertige Konzept mit. Es enthält ihre Planung auf 1 – 2 A4-Seiten und eine kopierte Karte mit der Route bzw. dem Arbeitsbereich sowie verwendete Literatur.

6. Am 23.6. treffen wir uns um 7:00 am kölner Bahnhof auf dem Bahnsteig. Unser Zug fährt um 7:18. Bitte schauen sie selber nach dem entsprechenden Gleis. In Heidelberg werden wir am Bahnhof abgeholt. Ob Sie das Gepäck in ein Schließfach unterbringen wollen, entscheiden Sie selber. Die Exkursion beginnt direket am Bahnhof und dauert drei Stadtteile lang etwa bis 17.30h. Ein gemeinsamer Treffpunkt wird Ihnen von den Gastgeber/innen mitgeteilt. Wir treffen uns dort um 19h zu einem gemütlichen Samstagabend, der allerdings ....

7. ... nicht allzuspät enden sollte, denn am nächsten Morgen treffen wir uns wieder um 8:00h am heidelberger Bahnhof und fahren nach Köln. Dort treffen wir gegen 11:05 ein und beginnen gleich mit der Exkursion, die organosatorisch wie in Heidelberg funktioniert. Treffpunkt abends ist wieder 19h an einem noch zu reservierenden Ort, an dem u.a. Kölsch konsumiert werden kann.

Abbildung 5: 2. Aushang an der Universität zu Köln

Sommersemester 2007. An der Universität zu Köln fanden Studierende am schwarzen Brett des Seminars für Geographie und ihre Didaktik nebenstehenden Aushang.

Je 18 Studierende aus Köln und Heidelberg nahmen an der Veranstaltung teil. Die **Vorbereitung** verlief in ihrer Schrittigkeit an beiden Hochschulen ähnlich, in der konkreten Ausführung jedoch an die Studiengegebenheiten in Heidelberg und Köln adaptiert: In Heidelberg fand die Exkursion im Rahmen eines kompletten Seminars zur Exkursionsdidaktik statt. In Köln stand lediglich eine Doppelstunde für die gemeinsame Vorbereitung zur Verfügung. Die Studierenden waren aufgefordert, zweimal in unsere Sprechstunden zu kommen, um sich umfassende Beratung zu holen. So gewährleisteten wir Dozierenden die inhaltliche und methodische Qualität der Exkursion.

Wichtig für die **Qualität des Lernens** und der Kooperation war die in unserer Struktur angelegte **Lernmöglichkeit in der Begegnung**. Hauptnutzen der Gastgeber-Gast-Situation war das Kennenlernen der je anderen Stadt und der Studienbedingungen als Lehramtsstudierende der Geographie am anderen Ort durch die **Perspektive der Einheimischen**. Das durch die auch persönliche Begegnung „zu Hause" geförderte Vertrauensverhältnis diente der Qualität der gegenseitigen Rückmeldungen unter den Studierenden in der Suche nach einer Balance zwischen Mut und Takt.

Der Ablauf der Veranstaltung:

Die **Vorbereitung** erfolgte in Expertengruppen[5] zu je sechs Studierenden. Sie geschah auf Basis der Auseinandersetzung mit Literatur zur Exkursionsdidaktik und in verpflichtender Beratung durch uns Dozierende bzw. durch die Gesamtgruppe (Heidelberg). Aufgabe der Studierendenteams war, zu „ihrem" Stadtteil

1. ein Thema der allgemeinen Geographie zu finden, das dort besonders gut erarbeitet werden kann und

2. ein handlungsorientiertes exkursionsdidaktisches Konzept vorzulegen.

Folgende geographische Inhalte wurden den Stadträumen von den Expertengruppen in Absprache mit den Dozierenden zugeordnet:

Heidelberg-Experten								
Philosophenweg			Pfaffengrund			Altstadt		
> Klimagunst			> Gartenstadt			> Effekte des Tourismus		
1	2	3	1	2	3	1	2	3
4	5	6	4	5	6	4	5	6

Köln-Experten								
Südstadt			Altstadt			Kalk		
> Gentrifizierung			> Tourismus, Hochwasserschutz			> Einzelhandelsstruktur		
1	2	3	1	2	3	1	2	3
4	5	6	4	5	6	4	5	6

Abbildung 6: Expertengruppen in Köln und Heidelberg (entspricht Phase 2 in Abbildung 2)

---

[5] Die oben geschilderte Anfangsphase in den Stammgruppen ließen wir entfallen: Die Gruppen aus Köln und Heidelberg konnten sich in der Vorbereitung nicht eigens treffen. Für hochschuldidaktische Zwecke in diesem Setting erwies sich dieses Vorgehen als sinnvoll.

Die **Durchführung** fand an beiden Exkursionstagen in Stammgruppen zu jeweils zwölf Studierenden statt...

Stammgruppe 1		Stammgruppe 2		Stammgruppe 3	
1	2	3	4	5	6
1	2	3	4	5	6
1	2	3	4	5	6
1	2	3	4	5	6
1	2	3	4	5	6
1	2	3	4	5	6

Abbildung 7: Stammgruppen an beiden Exkursionstagen(entspricht Phase 3 in Abbildung 3)

... die sich gegenseitig an „ihren" jeweiligen Stadträumen anleiteten, welche sie nacheinander aufsuchten. Sowohl in Heidelberg als auch in Köln waren mithin jeweils drei Gruppen gleichzeitig lehrend und lernend tätig. Die Rotation ist der Abbildung 8 zu entnehmen. Wir Dozierenden waren per Fahrrad nacheinander bei jeder Gruppe während der Erarbeitung eines Stadtraums anwesend.

Die Studierenden ließen sich gegenseitig mit **vielfältigen Methoden** vor Ort arbeiten, z. B. in Form der folgenden Aktivitäten:
- Kartieren
- Beobachten
- Pflanzen bestimmen
- Passanten befragen
- Arbeiten mit Karten und Modellen
- Erfassen von Klingelschildern
- Anhören von „Histörchen" aus der Vergangenheit eines Stadtteils oder eines BAP-Songs über die Kölner Südstadt
- Einordnungen gesammelter Daten in rezente Wandlungsprozesse

Kritische Reflexion und Fazit

Als Grundlage der Reflexion dienten:
- von allen Studierenden ausgefüllte Fragebögen, in denen sie die einzelnen Exkursionsbausteine nach der Durchführung der Exkursion bewerteten („Feedbackbögen"),
- Rückmeldungen der Studierenden in ihren Exkursionsprotokollen (Köln) bzw. in ihren Projektdokumentationen in Form von Seminararbeiten (Heidelberg),

78 Ein Exkursions-Gruppenpuzzle

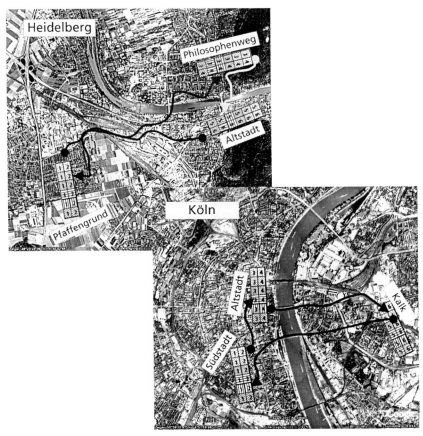

Abbildung 8: Arbeitsräume in der Stadt und Rotationswege der Stammgruppen in Heidelberg und Köln (Bildquelle: Google Earth Höhe 5 Km. Bearbeitung SP)

Pflanzenbestimmung auf dem Philosophenweg   Bewohnerbefragung in der Kölner Südstadt   Diskussion über die Auswirkungen der „KölnArkaden"

Abbildung 9: Szenen der Exkursionstage (Quelle: eigene Fotos)

- Diskussionsbeiträge der Studierenden während und nach dem Exkursionsprojekt,.
- Ergebnisse aus zwei abschließenden Evaluationssitzungen (in Heidelberg). Die einzelnen Gruppen reflektierten dort ihr eigenes Konzept. Als Grundlage dienten zum einen die eigenen Erfahrungen und Beobachtungen während der Durchführung der Exkursion, zum anderen die „Feedbackbögen" (s. o.).

Aufgrund der Rückmeldungen der Studierenden sowie nach unseren eigenen Wahrnehmungen als Berater im Planungsprozess und teilnehmende Beobachter an beiden Exkursionstagen müssen wir davon ausgehen, dass die Exkursion hinsichtlich

- methodischen Lernens (Anleiten eines handlungsorientierten Exkursionskonzeptes),
- sozialen Lernens (Begegnung als Gast und Gastgeber/in) sowie
- fachlichen Lernens (ausgewählte Aspekte der Stadtgeographie) eine besonders erfolgreiche Lehr-Lernveranstaltung war.

Das Anleiten anhand von handlungsorientierten exkursionsdidaktischen Konzepten ist im Großen und Ganzen gut gelungen, oft wurden dabei **kreative didaktische Konzepte** erdacht und umgesetzt. Gleichzeitig wurde sehr deutlich, welche **Gründlichkeit das Planen und Leiten** von handlungsorientiertem Unterricht (ob im Seminar-/Klassenraum oder draußen vor Ort) erfordern. Für Studierende wurde **lebendig erfahrbar**, wie wichtig eine **intensive Vorbereitung** von **Exkursionen** ist. Das Erfordernis der **Kooperation** war aus dem Arrangement des Gruppenpuzzles unmittelbar einleuchtend.

In den Feedbackbögen erhielten die Studierenden differenzierte Kommentare ihrer Kommilitonen zum eigenen methodischen Konzept. Die Rückmeldungen bezogen sich auf Elemente, die als besonders förderlich für das Erschließen der Inhalte empfunden wurden, sowie auf erlebte Schwierigkeiten. Sie riefen lebhafte Diskussionen hervor, gaben Impulse für die Abwägung von Alternativen und öffneten den Blick für unterschiedliche Sichtweisen und Schwerpunktsetzungen. Ein Beispiel für den „sensibilisierten Blick" der Studierenden:

> Wenn auch hier nicht ganz gelungen, halte ich Hypothesenaufstellung für eine gute Idee. Sie eignet sich dafür die Exkursionsteilnehmer in ihren Beobachtungen für das Wesentliche zu sensibilisieren, ohne Hintergrundwissen der Exkursionsteilnehmer voraussetzen zu müssen *(Heidelberger Studierende/r, Feedbackbogen).*

Die Studierenden setzten sich (selbst-) kritisch mit den Bewertungen ihrer Konzepte durch die Gastgruppe und die Kommilitonen aus der eigenen Stadt auseinander, wie die folgenden Beispiele aus Projektarbeiten zeigen:

> Ein kleines didaktisches Missgeschick, das mir geschah, bestand darin, dass ich mich wegen meiner ständigen Bezugnahme auf die Altstadt dazu verleiten ließ, nicht mehr zu den Zuhörern, sondern in Richtung der Aussicht zu sprechen *(Heidelberger Student in seiner Projektarbeit)*.

> Das Sammeln der Ergebnisse war zu einfach und hätte bereits nach der Inputphase stattfinden können *(Heidelberger Studentin in ihrer Projektarbeit)*.

> Bei der Auswertung zeigte sich, dass sich die Ergebnisse aus der Befragung zum Teil widersprachen und sich keine eindeutigen Tendenzen erkennen ließen. Ich empfand das als störend und neigte dazu, theoretische Aussagen über die Ergebnisse aus der Befragung zu stülpen. Dies hatte zur Folge, dass ich an dieser Stelle auf die Zuhörer nicht glaubwürdig wirkte. Ich denke, didaktisch unangebracht [...] waren meine Erwartungen an den Fragebogen, dem ich eine empirische Bedeutung beimaß. [...] Die Ergebnisse hätten vielmehr als Anregung zu Diskussionen [...] genommen werden sollen *(Heidelberger Student in seiner Projektarbeit)*.

> Als Rückmeldung oder Tipp wurde von den Heidelberger Studenten vorgeschlagen, dass man vor Begehen des Stadtteils verschiedene Stadtmodelle vorstellen könnte. Die Studenten sollen anschließend herausfinden, welches für den Pfaffengrund am ehesten zutrifft. Diese Methode halte ich nicht für geeignet. Den Studenten werden hier viel zu viele Inhalte vermittelt und es besteht eine „Überflutung" an Material *(Heidelberger Studentin in ihrer Projektarbeit)*.

Einen häufig geäußerten Verbesserungsvorschlag zur methodischen Vorgehensweise enthält die folgende Rückmeldung:

> Ich würde auch die Studenten aus der „Heimatstadt" mit einbeziehen, mir kam es so vor als ob sie nur hinterherliefen, da sie die Lösung schon kannten. So mussten wir die Aufgaben lösen und die Heidelberger haben gewartet, dass wir fertig werden. Schöner wäre es gewesen, wenn sie mit uns in den Gruppen gearbeitet hätten *(Studierende/r aus Köln, Feedbackbogen)*.

Soll in einem modifizierten Konzept dieser Vorschlag aufgegriffen werden, so bringt dies auch Konsequenzen für die Vorbereitungsphase mit sich. Die einzelnen Teilkonzepte könnten dann nicht mehr bei Vorbereitungstreffen präsentiert und diskutiert werden. Hier würden zugleich wertvolle Lernchancen verloren gehen. Ein Kompromiss könnte in einer Seminardiskussion über das Konzept *ohne* die Bekanntgabe von Lösungen etwaiger Aufgaben bestehen. Alternativ könnten alle Konzepte ausschließlich *nach* der Durchführung diskutiert werden, im Vorfeld stünden dann die Beratungen innerhalb der Gruppen und durch die Dozenten im Vordergrund.

Optimalerweise ist das Exkursions-Gruppenpuzzle in der von uns gewählten Struktur und mit dieser Zahl an Teilnehmer von **drei Dozierenden** zu betreuen. So könnte die Präsenz und teilnehmende Beobachtung bei einer Stammgruppe über den gesamten Verlauf gewährleistet werden. Dies hätte neben der organisatorischen Vorteilen auch zur Folge, dass der **Gruppen- und Lernprozess** der jeweiligen Stammgruppen nicht durch die Veränderungen beeinträchtigt würde, die das Hinzukommen bzw. Fortfahren der Dozierenden bedeutet, anders ausgedrückt: Wir Dozierenden hätten ein geringeres Störpotential zu verantworten und wären gleichzeitig als Teil der Stammgruppen über deren Lernprozess besser im Bilde. Die Kehrseite von einer solchen Dreier-Betreuung (neben dem Personalaufwand) wäre sicher die Gefahr, dass sich die Studierenden im Zweifel auf die Hintergrundleitung der Dozierenden verlassen, was ihre "gefühlte" Selbsttätigkeit und ihre klare Verantwortung für den eigenen und den gegenseitigen also gemeinsamen Lernprozess schmälern könnte.

Die auch private Begegnung im Rahmen des Exkursionsprojektes brachte den gewünschten Austausch auch über die ausgewählten stadtgeographischen Themen hinaus. „Wie sind denn bei Euch die Studienbedingungen?", war eines unter sicher vielen anderen Themen. Diese Basis förderte die Bereitschaft, sich gegenseitig **konstruktive Rückmeldungen** zu den Planungen und auch zum Leiten zu geben.

Die vielleicht wertvollste Erfahrung für Studierende, die unser Konzept zu vermitteln in der Lage war: **Lernen durch Handeln ist auch an der Universität möglich** und wird jenseits des leider immer noch übergewichtigen Dualismus aus Instruktion und Rezeption lebendiger, je mehr ich mich als Teilnehmer mit guter Vorbereitung, aktiver Teilnahme und ehrlichen Rückmeldungen einbringe.

Das positive Feedback der Studierenden zum Exkursionsprojekt insgesamt lässt hoffen, dass sie die erprobte kooperative Unterrichtsform in ihr Unterrichts-Repertoire aufnehmen werden. Wir ermutigen ausdrücklich dazu, Exkursions-Gruppenpuzzle als geographiedidaktische Lehr-Lern-Arrangements in der Ausbildung von Geographielehrern zu verwenden. Neben den Lern- und Austauschprozessen unter den Studierenden entstehen parallele Strukturen unter Dozierenden, was der Kooperation und Qualitätsentwicklung in der Geographiedidaktik sicherlich zu Gute kommt.

Den Abschluss sollen zwei Fazits von Studierenden aus Heidelberg und Köln bilden, die uns selbst zu zukünftigen Exkursionsprojekten motivieren:

Lehrreich, amüsant, interessant, informativ und anstrengend!!! Wir haben die Tage mit den Kölnern sehr genossen und werden Köln mit Sicherheit in bester Erinnerung behalten. Durch die einzelnen Exkursionsstationen wurde uns ein breit gefächertes Spektrum der Stadt geboten. Die direkten Besprechungen der Stadtteile vor Ort, Handouts, Statistiken, Pläne und Fotos verdeutlichten die Themen und verhalfen zu einem besseren Verständnis *(aus einer Heidelberger Projektarbeit).*

Insgesamt hat uns die Exkursion großen Spaß gemacht. Neben den vielen (neuen) Informationen und Eindrücken, die wir in Heidelberg und auch in Köln gewinnen durften, hat uns besonders das Prinzip des Austausches mit anderen Studenten und das eigenverantwortliche Lernen und Präsentieren der Standorte gut gefallen. Im Hinblick auf unsere zukünftige Lehrtätigkeit haben wir durch diese Exkursion wieder einmal erfahren, wie viel produktiver und effektiver selbstorganisiertes, entdeckendes Lernen und Selbstkontrolle sowie der Austausch mit anderen im Vergleich zum Frontalunterricht sein kann *(aus einem Kölner Exkursionsprotokoll).*

Literatur

Aronson, E., Blaney, N., Stephin, C., Sikes, J. & Snapp, M. (1978): The Jigsaw Classroom. Beverly Hills.

Frey-Eiling, A. & Frey, K. (o.J.): Das Gruppenpuzzle. Online: http://www.didaktik.chemie.uni-wuerzburg.de/fileadmin/didaktik-chemie/_temp_/puzzle.pdf, Zugriff am 20.10.2007.

Gräsel, C. & Gruber, H. (2000): Kooperatives Lernen in der Schule. Theoretische Ansätze – Empirische Befunde – Desiderate für die Lehramtsausbildung. In: Seibert, N. (Hrsg.): Unterrichtsmethoden kontrovers. Bad Heilbrunn: 161-175.

Jürgen-Lohmann, J., Borsch, F. & Giesen, H. (2001): Kooperatives Lernen an der Hochschule: Evaluation des Gruppenpuzzles in Seminaren der Pädagogischen Psychologie. In: Zeitschrift für Pädagogische Psychologie 15 (2): 74-84.

Langmaack, B. & Braune-Krickau, M. (2000): Wie die Gruppe laufen lernt. Anregungen zum Planen und Leiten von Gruppen. Ein praktisches Lehrbuch. Weinheim.

Meyer, C. (2007): Das Gruppenpuzzle. In: Haubrich, H. (Hrsg.): Geographie unterrichten lernen. Die neue Didaktik der Geographie konkret. München: 114.

Slavin, R. E. (1993): Kooperatives Lernen und Leistung: Eine empirisch fundierte Theorie. In: Huber, G. L. (Hrsg.): Neue Perspektiven der Kooperation. Hohengehren: 151-170.

HISTORISCHES LERNEN VOR ORT:
LEITENDE KATEGORIEN UND IHRE PRAKTISCHE UMSETZUNG

BEISPIEL KULTURTAG IN BEROMÜNSTER (SCHWEIZ)

Kurt Messmer

'Raus aus dem Haus – mit dem Doppeldecker![1]

Seit der Gründung der noch jungen Pädagogischen Hochschule Zentralschweiz Luzern (PHZ) heißt es, kaum sind die neuen Studierenden da: 'raus aus dem Haus! Rund zweihundert angehende Lehrpersonen erfahren unmittelbar beim Start ihrer Ausbildung den hohen Stellenwert der Kultur und des außerschulischen Lernens an ihrer Hochschule – im Hinblick auf ihren zukünftigen Beruf. Der jährlich durchgeführte Kulturtag versteht sich als erster „didaktischer Doppeldecker": Die Studierenden sollen Ziele, leitende Kategorien und Verfahren dieser Kulturfahrt in absehbarer Zeit auf die eigene Klasse übertragen können, stufen-, altersgerecht und mit vergleichbarem Impetus.

Ausbildung:
→ selber lernen

Eigene Praxis:
→ das Gelernte weitergeben

Abbildung 1: „Doppeldecker", eine Chiffre, die in den Bildungs- und Sozialwissenschaften erstmals in den 1980er Jahren auftauchte, ist an der PHZ Luzern zu einem sprichwörtlichen Leitbegriff geworden. (Foto: Robert McNeel & Associates / Jack Gordon)

Damit sich die Wirkung eines solchen "kulturgeschichtlichen Tatbeweises vor Ort" unmittelbar bei Studienbeginn nicht bald schon verflüchtigt, muss

---

[1] vgl. insgesamt Kurt Messmer: Dokumentation zum Kulturtag 2007 der PHZ LU.

systematisch nachgelegt werden. Sowohl in den Naturwissenschaften als auch in Geographie und Geschichte ist das außerschulische Lernen – eingeübt und überprüft mit praktischen Leistungsnachweisen – in der obligaten fachdidaktischen Ausbildung der PHZ Luzern fest verankert. Dieser Ansatz gilt für die Primarstufe ebenso wie für die Sekundarstufe I[2] und steht in direktem Zusammenhang mit den entsprechenden Lehrplänen der Volksschule.[3] Dazu kommen teils obligatorische, teils fakultative Angebote für Exkursionen sowie eine verbindliche fächerübergreifende Studienwoche „Gotthard" der Disziplinen Geographie und Geschichte. Diese Lehrveranstaltungen regen relativ viele Studierende an, Masterarbeiten zum außerschulischen Lernen zu schreiben.[4]

Vaut le voyage – vaut le discours

Ziel des Doppeldeckers, um im Bild zu bleiben, war im Studienjahr 2007/08 Beromünster, ein Ort mit 2.500 Einwohnern, gut 20 Kilometer nord-nordwestlich von Luzern: das Ortsbild von nationaler Bedeutung, der Stiftsbezirk St. Michael mit seiner rund tausendjährigen Tradition von europäischem Rang, der nahe Schlössliwald ein kulturhistorisches Unikum, der ehemalige Landessender eine heute vom Abbruch bedrohte Landmark, untrennbar mit der Geschichte der Schweiz im 20. Jahrhundert verbunden. Für all diese Phänomene liegen hochkarätige Arbeiten von Fachleuten vor – ein Steilpass für die didaktische Umsetzung. Beromünster ist punkto Grundlagen und Objekte ein Glücksfall für eine exemplarische Kulturvermittlung – vaut le voyage.

Dasselbe gilt für den Diskurs darüber. Zuerst wird die Bedeutung der Annäherung betont und ein Vorschlag präsentiert, wie ein Exkursionstag mit einer großen Reisegruppe von rund 200 Teilnehmenden, mit einem Teil einer Schule etwa, bewältigt werden kann. Über kurze Anmerkungen zum Spannungsfeld zwischen Instruktion und Konstruktion geht es zur Probe aufs Exempel: Konkrete interaktive Impulse zum Ortsbild werden mit den dazugehörigen Materialien zuerst exemplarisch vorgestellt, dann im Sinne eines geschichtsdidaktischen Hintergrunds kommentiert. Anmerkungen zum „professionellen Normalfall" und angewandte Beispiele aus

---

[2] vgl. Homepage PHZ LU: http://www.luzern.phz.ch/content.php?link=start.htm
[3] vgl. Zentralschweizer Bildungsserver zebis: http://www.zebis.ch
[4] vgl. http://www.vcampus.ch/webapps/portal/frameset.jsp?tab=courses&url=/bin/common/course.pl?course_id=_5271_1 (alle 3.1.2008)

dem Repertoire exemplarischer Aktivierungsformen unter dem Motto „Selbst ist der Schüler" münden schließlich in ein Plädoyer für „wohldosierte Fremdheiten" und in eine kurze Diskussion über intendierte Grundhaltungen. Vorerst aber der Lernort aus der Vogelschau – als Einstimmung und konkreter Bezug.

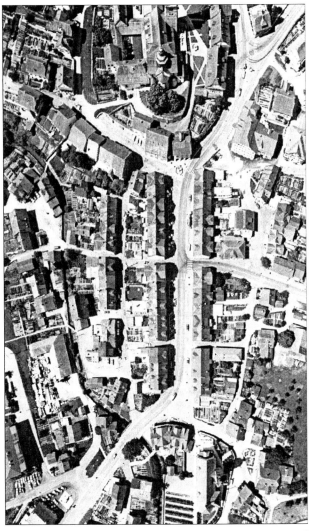

Abbildung 2: Beromünster, Luftaufnahme um 1970 (Foto: Schweizer Heimatschutz, 1976).

Annäherung – dazu Organisation als Herausforderung

Die Welt wird kleiner, wie man so sagt. Immer schneller ist man am gewünschten Ort. Das bringt unbestreitbar viele Vorteile, schließt das Lob der Langsamkeit aber nicht aus. So oder so: Die Annäherung ist wichtig, die „Einstimmung" altmodisch und dennoch zeitlos. Also: nicht erst am Bestimmungsort aussteigen, sondern eine gute Wegstunde vorher – und den Rest zu Fuß zurücklegen. Erkennen, wie Beromünster in einer kleinen Senke eingebettet ist, wie seine prächtigen Türme als Profilstangen wirken, freundlich aus der Ferne grüßen, den Weg weisen. Sich auf vier Routen dem Ziel nähern. Gemeinsam unterwegs sein. Eine physische Bewegung kann verinnerlicht, zum Sinnbild einer Haltung und auch zu einem Beitrag der corporate identity werden.

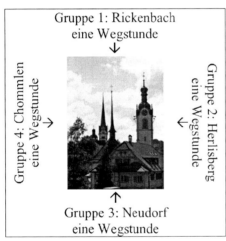

Abbildung 3: Annäherung an Beromünster, die Türme von St. Michael und St. Stephan grüssen von weit. (Foto: Ludwig Suter, 2003)

Ist man mit ganzen Klassenzügen unterwegs oder, wie am Kulturtag der PHZ Luzern, mit über zweihundert Teilnehmenden, verändern sich die Gegebenheiten entscheidend. Das Gemeinschaftserlebnis – „die ganze Schule in einem Raum" – mag auf Primar- und Sekundarstufe I zur disziplinarischen Herausforderung werden, kann sich jedoch vor allem ab Sekundarstufe II überaus positiv auswirken. Organisatorisch wird ein Postenwechsel erforderlich, thematisch eine Auswahl geboten. Dieser Vorteil ist allerdings mit zwei unliebsamen Nachteilen verbunden. Der Postenwechsel kann – jedenfalls bei (zu) rascher Kadenz – zu einer gewissen Unverbindlichkeit führen. Die Gruppen werden „weitergereicht". Zudem wird die zeitliche Flexibilität eingeschränkt. Der „Zeitplan" diktiert unweigerlich. Das ist nicht der Fall, wenn man mit einer einzelnen Gruppe bzw. Klasse unterwegs ist und den Zeitplan nach Bedarf straffen und strecken kann.

Im Rahmen des Kulturtags in Beromünster standen am Vormittag vier obligatorische Posten im Wechsel auf dem Programm (s. Abb. 4). Am Nachmittag folgte ein Angebot nach der Formel „2 aus 8" (s. Abb. 5).

Gruppe A	Stiftskirche	Stiftsbezirk	Schlössliwald	Landessender
Gruppe B	Landessender	Stiftskirche	Stiftsbezirk	Schlössliwald
Gruppe C	Schlössliwald	Landessender	Stiftskirche	Stiftsbezirk
Gruppe D	Stiftsbezirk	Schlössliwald	Landessender	Stiftskirche

Abbildung 4: Vormittag: Glanzpunkt und Umfeld – Formel 4 x 4 [5]

❶ Beromünster – eine kulturgeschichtliche Entdeckungsreise	❷ Sagenhaftes Michelsamt – Geschichten über Geschichten	❸ Beromünster – exemplarischer städtebaulicher Lernort	❹ Faszinierende Lokalgeschichte im Ortsmuseum
❺ Kulturgrenze: Beromünster am Rüebli-Graben?	❻ Menschen und Häuser – kleine und große Welten	❼ Musik in Beromünster: Probe eines ad hoc – Ensembles	❽ Fotografieren und Gestalten in Beromünster
Gemeinsamer Abschluss in der Stiftskirche: Konzerteinlage des ad hoc – Ensembles und Bilanz			

Abbildung 5: Nachmittag: Angebot an Kostbarkeiten – Formel „2 aus 8"

---

[5] Fotos: Stiftskirche, Propstei, Schlössliwald: Ludwig Suter (2003); Sendeturm: ABB/Arias: Hans-Peter Bärtschi (2004).

Instruktion und Konstruktion

„Sälbs jefunden – fir immer jefunden", lässt Siegfried Lenz in seinem Roman „Heimatmuseum" die masurische Teppichweberin Sonja Turk sagen.[6] Auch beim kulturgeschichtlichen Lernen vor Ort hat dieser Grundsatz seine Berechtigung, wenn er auch zu relativieren ist. Eigentätigkeit ist nicht das Ziel, sondern das Mittel. Ziel bleibt das wirksame Lernen. Dabei haben sowohl Instruktion als auch Konstruktion je ihren spezifischen Platz. Im Rahmen eines Kulturtages auf Instruktion zu verzichten, auf professionellem didaktischem Niveau, versteht sich, würde bedeuten, quasi den Wirkungswinkel von vornherein erheblich einzuschränken. Ausschließlich auf Instruktion zu setzen, verstieße anderseits gegen zahlreiche pädagogische und didaktische Maximen, entmündigte die Teilnehmenden am Ende – kommt nicht in Frage. Anzustreben ist daher ein optimaler Mix aus kompetenter Instruktion und einer eigenaktiven Entdeckungsreise, die im besten Fall zu einem eigendynamischen Prozess wird. Wie ein roter Faden sollen sich die Einladungen zum selbsttätigen Erarbeiten durch einen Kulturtag ziehen. Intensive Auseinandersetzung mit unterschiedlichen Themen und Objekten ist ein Markenzeichen des historischen Lernens vor Ort, wie das folgende Beispiel aus der Arbeitsdokumentation für Studierende zeigen mag.

Probe aufs Exempel: ein Ortsbild von nationaler Bedeutung

Beromünster – exemplarischer städtebaulicher Lernort
Training Bestandesaufnahme („Sehschule"), Analyse, Reflexion

- **Impuls 1: Topografie**
Was kennzeichnet die topografische Lage von Beromünster? Wo „liegt" der Hauptort des Michelsamts?

- **Impuls 2: Platz oder Straße?**
Empfinden Sie den Ortskern von Beromünster mit seiner Länge von 172 Metern als Platz oder als Straße? Was spricht für das eine, was für das andere?

- **Impuls 3: Ortsbild**
Welche Hauptkomponenten charakterisieren das Ortsbild? Vergleichen Sie Ihre Beobachtungen im Maßstab 1:1 mit den vier folgenden schematischen Zeichnungen.

---

[6] Siegfried Lenz (1978): Heimatmuseum. Hamburg (Hoffmann & Campe), S. 247.

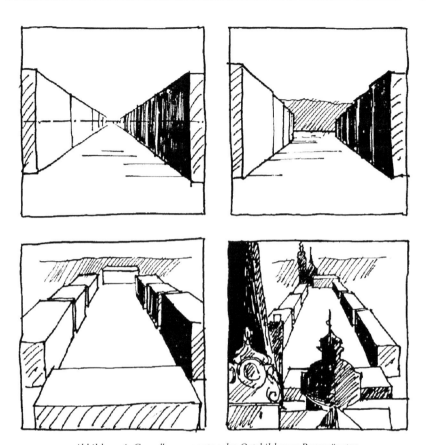

Abbildung 4: Grundkomponenten des Ortsbilds von Beromünster
(Quelle: Schweizer Heimatschutz, 1976)

- **Impuls 4: Landschaft und Architektur**
Blicken Sie den Ortskern hinunter auf die dahinter liegende Landschaft. Wie wirkt sie im Zusammenspiel mit der Architektur? Welche „Funktion" hat sie im Zusammenhang mit dem Ortsbild?
- **Impuls 5: St. Stephan und St. Michael**
Am unteren Ende des Ortskerns erkennen Sie die Pfarrkirche St. Stephan, am oberen Ende die Stiftskirche St. Michael. Was für eine Wirkung auf das Ortsbild haben die beiden Kirchen auf Grund ihres Standorts?
- **Impuls 6: Raster und Ranken**
Blicken Sie vom oberen Teil des Ortskerns die Hauptgasse hinunter. Theoretisch wäre es möglich, dass man eine Sackgasse ohne Leben vor sich hät-

te, eine U-Lösung, wie sie in der ersten schematischen Darstellung skizziert ist. Welche Elemente tragen auf welche Weise dazu bei, dass das Ortsbild von Beromünster keineswegs als unbelebter, monotoner „Kasernenhof" erscheint? Lassen Sie sich bei Ihren Überlegungen auch von den beigefügten Zeichnungen wiederum anregen.

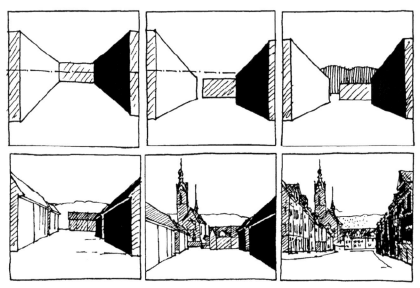

Abbildung 5: Beromünster – Raster und Ranken eines Ortsbilds (Quelle: Schweizer Heimatschutz, 1976)

■ **Impuls 7: Restaurieren – oder erneuern?**
Den unteren Abschluss des Ortskerns bildet das heutige Gemeindehaus. Es war vor Jahren so baufällig, dass es bis auf den Erdboden abgetragen werden musste. Danach baute man das Gebäude originalgetreu wieder auf. Richtig oder falsch? Hätten Sie einen modernen Bau bevorzugt? Warum (nicht)?

■ **Impuls 8: Eigenwert – Situationswert**
Fachleute der Denkmalpflege haben die Häuser des Ortskerns einzeln bewertet nach ihrem Eigenwert, das heißt, nach dem architektonisch-kulturgeschichtlichen Wert, den sie als Einzelbauten haben. Zugleich wurden dieselben Häuser auch danach bewertet, was für einen Wert sie im Kontext, im Ensemble, hier: in der Häuserzeile, haben (Situationswert).
a) Sind Sie mit den Klassifikationen der Fachleute („Eigenwert" sowie „Situationswert") gemäß Plan einverstanden? Machen Sie einige Stichproben.

b) Können Sie diese beiden Bewertungen auf andere Orte übertragen? Zum Beispiel auf Luzern (rechtes Reussufer) oder auf Rothenburg, Sarnen, Stans, Schwyz, Altdorf?

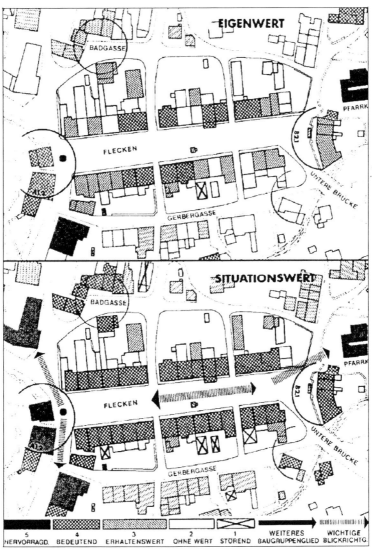

*Abbildung 6: Gegenüberstellung Eigenwert und Situationswert
(Quelle: Schweizer Heimatschutz, 1976)*

Geschichtsdidaktischer Hintergrund zur Probe aufs Exempel

Zum vorangehenden Lernarrangement[7] gehörten noch zwei weitere Impulse, auf die hier aus Platzgründen verzichtet wird. Impuls 9 ist überschrieben mit „Wiederaufbau als Chance" und steht im Zusammenhang mit dem Ortsbrand von 1764. Impuls 10 trägt den Titel „Schaufenster sind nicht einfach Schaufenster" und thematisiert den Unterschied zwischen Guckkästen und durchgehenden Fensterbändern. Ein Kommentar soll verdeutlichen, was mit den Impulsen intendiert ist:

- **Impuls 1:** Die an sich simple Frage nach der Topografie erfordert nicht allein einen geeigneten Standort, sondern die Bereitschaft und die Fähigkeit zum Wahrnehmen des Raumes. Bei diesem Impuls *muss* man den landschaftlichen Kontext zur Kenntnis nehmen, *muss* man Bezüge herstellen zwischen Siedlung und Umfeld: eine Standortbestimmung im wahren Sinn des Wortes.

- **Impuls 2:** Entscheidend ist nicht, ob Lernenden der Ortskern eher als Straße oder als Platz erscheint, sondern auf Grund welcher Beobachtungen und Argumente sie zu dem einen oder dem anderen tendieren, darüber hinaus, dass sie sich auf solch „unnütze Fragen" überhaupt einlassen. Die Fachleute sprechen hier übrigens von einem „platzartig ausgeweiteten Gassenraum".[8]

- **Impuls 3:** Realität und schematisches Abbild sind in Bezug zueinander zu bringen. Von der „Wirklichkeit" geht der Blick aufs Papier – und vom Papier zurück zur „Wirklichkeit", eine geradezu idealtypische Dialektik.

- **Impuls 4:** Selbst auf der schematischen Strichzeichnung wird erahnbar, was in Wirklichkeit förmlich in die Augen springt: Der Hügelzug im Hintergrund erscheint wie eine in Auftrag gegebene Kulisse, der natürliche Raum wie eine landschaftsarchitektonische Inszenierung. Daraus ergibt sich eine „Sehschule" der feineren Sorte.

- **Impuls 5:** Die wenigsten Studierenden und jungen Lernenden werden sich (je) eingehend Rechenschaft darüber geben, wo die Kirchtürme ihrer eigenen Wohngemeinde stehen und, falls es mehrere sind, in welcher räumlichen bzw. funktionalen Beziehung diese im Sinne einer (bewussten) Inszenierung zueinander stehen. Doch dann steht man mitten im Ortskern von Beromünster, erblickt in der unteren linken Ecke den Turm zu St. Ste-

---

[7] vgl. Kurt Messmer: Dokumentation zum Kulturtag 2007 der PHZ LU, S. 13-23.
[8] Inventar der schützenswerten Ortsbilder der Schweiz ISOS 2006, 1/1, S. 112.

phan, der Pfarrkirche, wendet sich um 180 Grad und erblickt auf der westlichen Anhöhe, sozusagen über Eck, den Turm zu St. Michael, der Stiftskirche. „Die antithetische Lage der beiden Kirchen, die durch eine nochmals antithetische Abweichung von der Längachse der Strasse unterstrichen wird, gibt dem Ortsbild eine höchst interessante Ausrichtung nach zwei Polen."[9] Was der eidgenössische Experte in seiner Fachsprache beschreibt, können, entsprechend angeleitet, Lernende jeden Alters erkennen oder doch problemlos nachvollziehen, wie die Probe aufs Exempel regelmäßig zeigt. Es ist evident, dass der Ortskern durch die architektonischen Profilstangen zweier geistlicher Zentren förmlich eingespannt wird.

■ **Impuls 6:** Der „Raster" ist gegeben durch die Planmäßigkeit des Wiederaufbaus nach dem Ortsbrand von 1764, namentlich durch die einheitlichen Baulinien, die fast konsequente Dreigeschossigkeit sowie den markanten unteren und oberen Abschluss des Ortskerns. Die Lücke im unteren Gassenraum ist klein, ihre Wirkung aber recht groß und mag gar die Vorstellung einer „Fluchtmöglichkeit" evozieren. Die abgetreppten Dachtraufen sowie die Vielfalt in der Einheit von Schaufenstern, Befensterung und Dachaufbauten wirken – bei aller Zurückhaltung – als belebende Elemente, als Ranken des architektonischen Rasters, wie sie die U-Form des Ortskerns repräsentiert.

■ **Impuls 7:** Nicht überall ist die Situation so brisant wie im Zusammenhang mit einem Ortsbild von nationaler Bedeutung, wie man es in Beromünster vorfindet. Die Frage „restaurieren – oder abreißen und neu bauen?" war hier ohnehin besonders interessant. Das marode Gebäude, das den unteren Ortskern wie mit einem Riegel rahmte, abgerissen und quasi originalgetreu wieder aufgebaut wurde, wies zwar einen gewissen Eigenwert auf. Sein Situationswert an dieser exponierten Stelle war aber wesentlich höher. Frei an irgend einer Landstraße stehend, hätte sich die Frage keineswegs so drängend gestellt, ob und wie der Bau zu ersetzen sei. In Fachkreisen ist man sich einig, dass sich ein Denkmal in seiner materiellen Substanz verkörpert und damit „unwiederholbar und endlich bzw. verlustfähig" ist. Der Begriff des Denkmals und seiner Authentizität verlangen laut Eidgenössischer Kommission für Denkmalpflege, dass der vollständige Verlust von Denkmälern akzeptiert werden muss.[10] Die Vereinigung der

---

[9] Adolf Reinle (1956): Kunstdenkmäler LU. Band IV: Das Amt Sursee, S. 16.
[10] Das vollständige Gutachten (zur Frage der Rekonstruktion der durch Brand zerstörten Bilder der Kapellbrücke Luzern) ist publiziert in: Jahrbuch der Historischen Gesellschaft Luzern 16, 1998, S. 69-71.

deutschen Landesdenkmalpfleger bestätigt diesen Grundsatz: „Die überlieferte materielle Gestalt ist als Geschichtszeugnis unwiederholbar, wie die Geschichte selbst. Die Errichtung von Nachbildungen verlorener Baudenkmale kann also nur Bedeutung haben als Handeln der Gegenwart."[11] Die pragmatische Lösung einer Rekonstruktion, wie sie in Beromünster gewählt wurde, war weder mutig noch zukunftsgerichtet – und hier vielleicht trotzdem der optimale Weg.

■ **Impuls 8:** Der bereits angesprochene Unterschied zwischen Eigenwert und Situationswert eines Gebäudes ist konstitutiv für eine ganzheitliche und zugleich differenzierte Betrachtungsweise. Diese Sicht bezieht den Standort bzw. den Kontext von Gebäuden mit ein, fragt also nicht allein nach dem architektonisch-kulturgeschichtlichen Wert eines Baus an sich, sondern nach seinem Wert im Ensemble, in der Häuserzeile, als Teil eines Dorfplatzes, eines Prospekts entlang einer Seepromenade usw. Dieser Denkbewegung ist der Transfer auf andere konkrete Beispiele beinahe inhärent. Mit ihrem subtilen Ansatz kann sie wohl weit über den konkreten Fall hinaus große Prägekraft haben.

„Professioneller Normalfall" und angewandte Übungen aus dem methodischen Repertoire

Dass das professionelle (historische) Lernen vor Ort mit erhöhten Ansprüchen verbunden ist, nicht allein organisatorisch, wird niemand bestreiten, der selber mit Klassen und Gruppen unterwegs ist. Wetter und Lärm können hinderlich sein, Schreibgelegenheiten und allerlei Medien fehlen usw. usf. Aber erstens macht die „originale Begegnung" dies alles wett, und zweitens wird didaktisch-methodisch in aller Regel zu rasch kapituliert. Exkursionen wird zu leichtfertig das Prädikat „Sonderfall" zugebilligt. Dabei haben wir es nicht mit grundverschiedenen Lernwelten zu tun. Es ist nicht einzusehen, warum etwa das „Grundgesetz" allen Lernens, der Funktionsrhythmus mit a) Input, b) Verarbeitung, c) Kontrolle[12], beim außerschulischen Lernen keine Gültigkeit haben sollte. Die drei großen „G" – Grundkenntnisse, Grundfertigkeiten, Grundhaltungen[13] – bleiben letztlich unabhängig von allen Rahmenbedingungen didaktische Richtschnur. Zusammenhänge herstellen, Einordnen, Veranschaulichen sind sowohl „drin-

---

[11] Proklamiert an der Jahrestagung 1991 in Potsdam! Vgl. Anmerkung 9.
[12] Universität Freiburg Schweiz (2001), LDS I und II: Unterricht gestalten.
[13] Rahmenlehrplan für Maturitätsschulen (CH 1994), vgl. Richtziele der Fächer.

nen" als auch „draußen" zentrale geschichtsdidaktische Postulate. Der Vergleich bleibt eine der wirksamsten Methoden, ob er im Schulzimmer oder vor Ort angestellt werde usw.[14] Die methodischen Verfahren, die im Rahmen des Kulturtages der PHZ Luzern in Beromünster hauptsächlich zur Anwendung kamen, lassen sich etwa wie folgt kategorisieren:

„Selbst ist der Schüler!"
Aus dem Repertoire exemplarischer Aktivierungsformen vor Ort

Objekt		Verfahren
Kanzel zu St. Michael in Beromünster, geschaffen 1775 im Zuge der zweiten Barockisierung von Lorenz Schmid aus Meersburg (Foto: Gregor und Marcel Peda)		→ **Entdeckendes Lernen und selbstständiger Nachvollzug** Die Pfeilerkanzel verfügt über einen äußerst eleganten Aufgang. Den geschweiften Korb ziert ein Relief mit dem Gleichnis vom Sämann. Vier Kinderköpfe symbolisieren die damals bekannten Erdteile (ohne Australien); auf dem Schalldeckel die vier Evangelistensymbole und ein bekrönender Posaunenengel, der das Wort Gottes in die Welt hinaus schmettert. Das können und sollen selbst junge Lernende entweder selber entdecken – oder selbständig nachvollziehen; die Grenzen sind fließend. Bei beiden Formen sind die Lernenden eigenaktiv und bestimmen das Arbeitstempo selber.
Kulturgeschichtliche Trias: (von links) Amtshaus Hirschen, (heute Gasthaus), Stiftstheater und Schol (öffentliche Verkaufsstelle) (Foto: Ludwig Suter)		→ **Arbeitsteilige Teamarbeit** Drei bedeutende Gebäude, dazu noch in unmittelbarer Nachbarschaft, drei Lernsets mit fachlichem Hintergrund: Das ruft förmlich nach einer Aufteilung in Dreiergruppen. Man arbeitet seine Informationen je separat auf, dann tauscht man sie im Team aus. Kleinplakate mit Merkpunkten, Skizzen u. a. erhöhen die Verbindlichkeit für alle Beteiligten. Kontrollfragen helfen das Gelernte zu sichern.

---

[14] vgl. etwa Gautschi (2000), Pandel (2005), Günther-Arndt (2003, 2007).

Der Sendeturm des ehemaligen Landessenders Beromünster, erbaut 1937, mit seinen 215 Metern das höchste Gebäude der Schweiz – eine vom Abbruch bedrohte Landmark von nationaler Bedeutung (Foto: Barbara Messmer)

→ **Streitgespräch**
Beim Streitgespräch geht es nicht um gegenseitige Information, sondern um gegenseitige Überzeugung mit einsichtigen Argumenten. Standpunkt A: Der Turm ist technisch überholt, mit seiner Strahlung schädlich, „zwecklos", im Unterhalt teuer. Standpunkt B: Der Turm ist ein Monument von großer historischer Bedeutung und ästhetischer Qualität. Voraussetzung eines gehaltvollen Streitgesprächs sind gehaltvolle Grundlagen mit mehreren differenzierten Argumentationsmöglichkeiten und seriöse, wenn immer möglich schriftliche Vorbereitungen.

Beromünster liegt unmittelbar an der Grenze zwischen protestantischer „Buchreligion" und katholischer „Kultreligion" (Richard Weiss) – mit Auswirkungen, die mindestens zum Teil noch heute ablesbar sind.

„Die Grenze zwischen dem katholischen Luzern und dem reformierten Aargau hat nach wie vor weit reichende Bedeutung."

→ **Differenzierte Auseinandersetzung mit Thesen**
Dass die „Religionen" bzw. die Konfessionen ein erhebliches Potential an Prägekraft besaßen, ist unzweifelhaft und mit wissenschaftlichen Belegen bis hin zu Max Weber gut zu dokumentieren. Wie aber steht es mit dieser Prägekraft heute, in Mitteleuropa, weltweit? Thesen sind ihrem Wesen nach bereits pointiert. Sie können je nachdem übernommen und verteidigt werden. Gefragt ist jedoch nicht eine weitere Zuspitzung, sondern das Gegenteil: eine differenzierte Auseinandersetzung, ein subtiles Abwägen, allenfalls ein relativierendes Sowohl-als-auch.

Kaum hatte er sein Amt 1782 als Propst des Stifts St. Michael angetreten, verlieh Ulrich Nikolaus Krus seiner Herrschaft mit diesem klassizistischen Bau standesgemäßen Ausdruck – ein kleines „Versailles" im Luzerner Michelsamt. (Foto: Ludwig Suter)

→ **Fiktives Interview**
Voraussetzungen für fiktive Interviews sind wiederum gehaltvolle und passende Grundlagen, mit denen der Interviewer und der Interviewte gleichermaßen vertraut sein müssen. Fragen und Antworten sollen den Kern des Themas treffen. Die Anforderungen steigen mit der Zahl und Vielfalt der Grundlagen, die auszuschöpfen sind. Geeignet für fiktive Interviews sind sowohl geschichtliche Persönlichkeiten, welche einen historischen Zustand von langer Dauer verkörpern, als auch solche, die mit ihrer Biografie einen Umbruch repräsentieren – wie Propst Krus im Zeitalter der Französischen Revolution.

Beschluss des Stiftskapitels St. Michael in Beromünster vom 7. Februar 1642, im nahen Schlössliwald einen Spazierweg anlegen zu lassen für die Mitglieder des Chorherrenstifts (ausgeführt erst 1782)

„Jtem ist anbracht worden, wie dass man das Buochhöltzlin bim Schlösslin könnte jnzünen, damit mine Herren ein Recreation könnten haben."

→ **Vertiefung mit Quellen, Darstellungen, Fachliteratur usw.**
Mündliche Informationen, zumal in dichter Form und über längere Zeit vorgetragen, erreichen oft nicht die ihnen zugedachte Wirkung. Quellen, (Lern-) Bilder, Karten, Texte können wirkungsvolle Unterstützung leisten und tragen erst noch zu einer angenehmen Rhythmisierung des Lernprozesses bei. Solche Materialien können von Teilnehmenden vorgelesen, erklärt, im kleinen Team besprochen werden usw. Ergänzt mit Aufgaben oder Fragen ergeben sich daraus eigentliche Lernsets.

Spätgotisch: das Amtshaus zum Hirschen, erbaut 1536 (Foto: Ernst Wallimann)

Barock: die Kustorei des Stifts St. Michael, erbaut 1784 (Foto: Prospekt Stift St. Michael)

→ **Vergleich**
Welche Merkmale kennzeichnen a) ein spätgotisches Haus, b) ein barockes Haus? Hier die betont würfelartige Körperhaftigkeit mit Satteldach und Treppengiebel, dazu eine unsymmetrische „funktionale" Fassadenaufteilung, Kreuzstock- und Staffelfenster (Spätgotik); dort ein Walmdach mit Halbkreisgiebel, Differenzierung der Geschosse mit regelmäßiger Fensterteilung, dazu Gliederung der Fassade mit Pilastern (Barock). Es ist anregend zu erfahren, wie um 1500 und um 1800 geistliche und weltliche Amtshäuser gebaut wurden. Durch den Vergleich erscheinen Merkmale ausgeprägter, „merk-würdiger".

Der Stiftsbezirk St. Michael, europäisch bedeutend, verschont beim Ortsbrand von 1764, dennoch dem Wandel unterworfen (Ausschnitt aus Merians Stich von 1642)

→ **Gegenüberstellung Plan – Wirklichkeit**
Wenn sich im Rahmen einer Exkursion frühere Zustände eines Objekts, Ensembles oder Ortsbilds mit Hilfe mitgebrachter Pläne, Bilder, Fotos „abrufen", vergegenwärtigen lassen, ist für eine ebenso spannende wie lohnende Aufgabe gesorgt. Schülerinnen und Schüler oder Exkursionsteilnehmer/innen vergleichen das Jetzt mit dem Damals und reflektieren über die einzige Konstante der Geschichte, den Wandel.

Vom „Abholen" zum Weiterführen:
Plädoyer für „wohldosierte Fremdheiten"

Wenn heute in Leitbildern und Lernverträgen von Schulen aller Stufen postuliert und versichert wird, die Schülerinnen und Schüler würden „dort abgeholt, wo sie stehen", geschieht das in Übereinstimmung mit der aktuellen pädagogischen Lehrmeinung. Mit Recht. Bei Lichte betrachtet, ist Konstruktivismus als Denkansatz geradezu evident. Worauf sollte ein systematischer Lernprozess letztlich auf- und weiterbauen, wenn nicht auf dem, was die Lernenden bereits aufgebaut, „konstruiert" haben? Das Problem beim Konstruktivismus besteht nicht darin, dass sein richtungweisender Ansatz strittig wäre. Vielmehr ist seine konsequente Anwendung höchst anspruchsvoll. In der Praxis überfordert uns der Konstruktivismus oft, vermutlich auf allen Stufen. Das wertet ihn keineswegs ab. Der Konstruktivismus gehört zu jenen Zielen, die gültig bleiben, auch wenn man sie nicht im gewünschten Maß erreicht.

Das viel zitierte „Abholen" von Lernenden hat allerdings auch Potential zum Missverständnis. Wer damit meinte, Lernprozesse müssten sich allein auf den Horizont der Erfahrungswelt der jeweiligen Lernenden beschränken, würde in letzter Konsequenz die Chance der terra incognita systematisch negieren. Lernen bedeutet letztlich immer auch das Betreten von Neuland. Im andern Fall könnte Pädagogik gar zur bloßen „Reproduktionsinstanz unserer Gesellschaft" werden, wie es extreme Positionen befürchten.[15] „Abholen" muss also stets – gerade auch beim historischen Lernen vor Ort – mit einem „Weiterführen" verbunden sein.

Verwandt mit dem „Abholen" ist das „Interesse der Lernenden", ein ähnlich schillernder Begriff. Interessieren sich junge Lernende für das Raumempfinden unter einer mächtigen Vierungskuppel wie zu St. Michael in Beromünster, ausstaffiert mit giftig grün züngelnden Stuckaturen? Warum sollten sie auch, einfach so, quasi naturwüchsig? Es sei denn, man führe sie einmal in eben diesen Raum an eben diese Stelle und bahne ihr Interesse behutsam an. Selbstverständlich wird es sich nicht zwangsläufig einstellen. Aber ohne konkrete Anregung, ohne gezielten, bewussten Versuch einer sorgfältig bemessenen Erweiterung des Interessenkreises wird Lernenden selbst die Möglichkeit dazu vorenthalten. Sich interessieren heißt wörtlich „dabei oder dazwischen sein". Das bedeutet, um im Bild zu bleiben: „außerhalb" kann sich Interesse nicht entwickeln. Bleibt (zum

---

[15] Michael Tischer (2003): Pädagogik macht dumm. Zur Kritik einer mächtigen Instanz. Münster.

Glück) also nichts anderes, als dafür zu sorgen, dass Lernende nicht außen vor bleiben, sondern dabei und dazwischen sind. Das mag auf junge Lernende mit sogenanntem Migrationshintergrund und aus sozial benachteiligten Schichten in besonderem Masse zutreffen, versteht sich aber als allgemeine Aussage.

Für diesen pädagogischen bzw. (geschichts-) didaktischen Ansatz haben gleich zwei Pädagogen treffliche Formeln geprägt. Der in Hannover lehrende Thomas Ziehe warnt vor der selbst auferlegten Beschränkung durch ein permanentes neues Aufgießen der Alltagskultur. Er plädiert stattdessen für einen umsichtigen altersgerechten Einbezug der Hochkultur und spricht in diesem Zusammenhang von „wohldosierten Fremdheiten".[16] Überzeugend, dass hier keineswegs tabula rasa gemacht und ein pädagogischer Fundamentalismus begründet werden soll. Die Lernenden sollen mit den „Fremdheiten" vielmehr in „wohldosierten" Mengen und Abfolgen konfrontiert werden. Der in Freiburg (Schweiz) emeritierte Pädagoge Fritz Oser, der sich namentlich im Bereich der moralischen Erziehung einen Namen gemacht hat, führte unter anderem den Schlüsselbegriff der „Zumutung" ein und geht damit noch einen Schritt weiter: „Zumutung drückt aus, dass das Kind, der Jugendliche herausgefordert, sogar ein Stück weit überfordert wird. Sie enthält aber auch den Glauben an die Potentiale junger Menschen. Sie verweist zugleich auf den Erwachsenen *neben* dem Kind, der es kennt und somit die Zumutung so bemessen kann, dass das Kind nicht scheitern muss. Lehrer müssen Kindern etwas zumuten, denn ohne Risiko keine Entwicklung, kein Lernen."[17] Die Synthese von Ziehe und Oser könnte etwa lauten „Fremdheiten zumuten, wohldosiert und begleitet". In der Folge soll dieses abstrakte Postulat wiederum an konkreten Beispielen dokumentiert werden.[18] Anschließend soll erörtert werden, was mit diesen Fremdheiten intendiert wird.

---

[16] Thomas Ziehe (1996): Adieu 70er Jahre! Jugendliche und Schule in der zweiten Modernisierung. Pädagogik und Postmoderne, in: Pädagogik 7-8, 1996, S. 35-39.
[17] Lothar Krappmann (2007): Laudatio zur Emeritierung von Prof. Dr. Dr. h. c. mult. Fritz Oser am 15. Juni 2007 (http://www.unifr.ch/pedg/emeritierung/krappmann.pdf) (3.1.2008).
[18] Zur Prägekraft religiöser Betätigung vgl. Weiss (1946/1978, S. 310), und Bucher (1974, S. 250), ferner Suter (1991).

Fremdheit der Fragestellung (I)
Ist der Hauptgassenraum von Beromünster ein Platz oder eine Strasse? Was spricht für das eine, was für das andere? Und ist diese Frage überhaupt von Belang?
(Foto: ISOS 2006: S. 102/1)

Fremdheit der Fragestellung (II)
Hätte anstelle des baufälligen Gebäudes am unteren Rand des Ortskerns statt einer Rekonstruktion des alten ein moderner Bau realisiert werden sollen?
(Foto: ISOS 2006: S. 103/8)

Fremdheit der Fragestellung (III)
Gibt es Speisen, mit einem „katholischen Geschmack"? Pflügen Protestanten ihre Äcker anders als Katholiken? Sind Katholiken meist ärmer und (pardon) schmutziger als Protestanten? Sind Katholiken genussfroher, festfreudiger und heiterer als Protestanten? – Solche Fragen, die sich aus dem Handbuch „Volkskunde der Schweiz" von 1946 ableiten lassen, sind heute kaum mehr so zu stellen wie damals. Doch die Auffahrtsprozession, jenes Jahrhunderte alte Brauchtum, wird heute noch durchgeführt wie eh und je, wie das nebenstehende Bild zeigt. Ist dieses Thema heute noch opportun – oder global auszuweiten?

Auffahrtsprozession in Beromünster

Fremdheit der Ästhetik
Vierungskuppel mit barocken Stuckaturen der Stiftskirche St. Michael in Beromünster
Fremdheit einer Lebensweise
Chorherren des Stifts St. Michael nach dem gemeinsamen Chorgebet auf dem Rückweg zu ihren Häusern
(alle drei Fotos: Ludwig Suter, 1991)

Es mag ja sein, dass solche „Fremdheiten", ja, „Kultur" überhaupt (welche genau?) nicht oder nicht überall zu jener unmittelbaren „Erfahrungswelt" der Kinder gehören, von der die Lehrpläne der Volksschule (in der Zentralschweiz) sprechen. Dann machen wir sie eben dazu, so gut wir nur können! Auch junge Lernende haben ein Anrecht oder besser: ein Grundrecht auf kulturelle Erfahrungen und Förderung.

Worum es beim kulturgeschichtlichen Lernen geht

Abschließend wäre ein genereller Hymnus auf das kulturgeschichtliche Lernen vor Ort anzustimmen, am besten mit drei Chören und drei Orgeln gleichzeitig, wie damals in der Blütezeit von St. Michael zu Münster im 18. Jahrhundert, jeweils am Tag des Kirchenpatrons, am 29. September, in der Stiftskirche. Da capo ad libitum. Es müsste gelingen, die Bereicherung, die man als Leiter eines Kulturtags oder Referent einer Exkursion selber erfahren hat, zumindest in Ansätzen weiter zu geben. Die Teilnehmenden sollten, cum grano salis, teilhaben können am Gewinn, den die Leitenden längst angehäuft haben und ständig noch erweitern. Gemäß den drei großen „G" der Didaktik sollten Lernende (auch) am Ende einer kulturgeschichtlichen Lernsequenz auf drei Fragen eine angemessene Antwort finden:
a) Was *weiß* ich jetzt mehr oder besser? → Grundkenntnisse, Beispiel: Eigenwert ist nicht gleich Situationswert,
b) Was *kann* ich jetzt mehr oder besser? → Grundfertigkeiten, Beispiel: „Sehschule", systematische Bestandesaufnahme,
c) Wie *denke* ich jetzt (allenfalls) anders? → Grundhaltungen, Beispiel: (vermehrter) Respekt vor den kulturellen Leistungen früherer Generationen.

Welche Inhalte „kulturelle Bildung" konstituieren, ist kaum zu definieren, selbst unter dem Vorzeichen der Exemplarität nicht. Zu umschreiben, was kulturelle Bildung sei, fällt dagegen etwas leichter. Kulturelle Bildung hat viel zu tun mit Grundhaltungen, einem generellen Denkansatz, den man – in einem gewissen Sinne – auch als intellektuell bezeichnen könnte. Dazu gehört die Offenheit, sich auf „Fremdheiten" einzulassen, handle es sich um „fremdes Wissen" oder „fremde Kultur", die Bereitschaft, in eine unvoreingenommene Beziehung zu treten mit künstlerischen Phänomenen, die uns im lebensweltlichen Kontext umgeben, auf die wir beruflich und privat stoßen, in Museen, auf Reisen, wo auch immer. Das hat zu tun mit ganz bestimmten Dispositionen und Ausrichtungen: mit Suchen statt Finden, mit Verstehen-wollen statt „Wissen", mit Differenzieren statt Pauschalisieren, mit Feinheiten statt Grobheiten. Wie sich „kulturelle Bildung" zu aller guter Letzt manifestieren sollte, dürfte ebenso schwer zu erreichen wie unstrittig zu postulieren sein: in einem „kultivierten" Umgang der Menschen miteinander: Humanitas als höchste aller Wissenschaften und Künste.

Auf den Punkt gebracht – mit bewährtem Originalton

Das *vorletzte* Wort hat ein Professor, der in Frankfurt an der Oder lehrende Historiker Karl Schlögel, der mit seinen Arbeiten die hermeneutische Richtung der Sozial- und Geschichtswissenschaften wiederzubeleben versucht und in diesem Zusammenhang die unmittelbare Anschauung als Erkenntnismethode fordert und fördert.[19] Sein Buchtitel „Im Raume lesen wir die Zeit" will und soll als Programm verstanden werden. Darin formuliert Schlögel: „Texte kann man lesen, in Städte muss man hineingehen. Man muss sich umsehen. Orte kann man nicht lesen, sondern man muss sie aufsuchen, um sie herumgehen. Gebäude und Plätze sind etwas anderes als die Reproduktion von Gebäuden, Interieurs etwas anderes als der Roman, in dem sie vorkommen. Es geht um Raumverhältnisse, Entfernungen, Nähe und Ferne, Masse, Proportionen, Volumina, Gestalt. Räume und Orte stellen gewisse Anforderungen, unter denen sie nicht zu haben sind. Sie wollen erschlossen sein. Und man soll über sie nichts sagen, was nicht an Ort und Stelle und vor Ort beglaubigt ist. Das geht nicht ohne Schulung des Auges, nicht ohne Feldstudien, nicht ohne Arbeit vor Ort."[20]

Das *letzte* Wort hat, auch das ist Programm, ein Student, Othmar Kaufmann, der seine Ausbildung an der Pädagogischen Hochschule Zentralschweiz Luzern absolviert hat. Im Anschluss an eine Lehrveranstaltung zum Lernen vor Ort ging er in der Freizeit daran, selbständig „die Zeit im Raume zu lesen" und schrieb dann seinem Dozenten: „Tobi und ich haben am letzten Samstag Sursees Altstadt ‚abgeklopft'. Es ist interessant festzustellen, wie sich unsere Wahrnehmung von ‚Geschichte' gewandelt hat! Wir hinterfragen das Sichtbare, suchen den Dialog mit dem ‚Objekt', das sich zum Subjekt wandelt und zu erzählen beginnt…"

---

[19] Niels Werber: Den Raum mit einem Koordinatennetz fangen, in: Frankfurter Rundschau, 20.10.2003.
[20] Karl Schlögel (2003, S. 22 f.)

Zitierte Literatur

Bärtschi, H.-P. (2004): Landessender Beromünster. Bau- und kulturgeschichtliches Gutachten über die Erhaltenswürdigkeit. ARIAS, Industriekultur, Winterthur.

Bucher, S. (1974): Bevölkerung und Wirtschaft des Amtes Entlebuch im 18. Jahrhundert. Eine Regionalstudie zur Sozial- und Wirtschaftsgeschichte der Schweiz im Ancien Régime. Luzerner Historische Veröffentlichungen, Band 1. Luzern.

Gautschi, P. (2000): Geschichte lehren. Lernwege und Lernsituationen für Jugendliche. Buchs AG und Bern (zuerst 1999).

Günther-Arndt, H. (Hrsg.) (2003): Geschichts-Didaktik. Praxishandbuch für die Sekundarstufe I und II. Berlin.

Günther-Arndt, H. (Hrsg.) (2007): Geschichts-Methodik. Handbuch für die Sekundarstufe I und II. Berlin.

Inventar der schützenswerten Ortsbilder der Schweiz ISOS (2006). Ortsbilder von nationaler Bedeutung. Kanton Luzern. Band 1.1 / Luzern Orte A-J. Bern, S. 111-115.

Krappmann, L. (2007): Laudatio zur Emeritierung von Prof. Dr. Dr. h. c. mult. Fritz Oser am 15. Juni 2007 (http://www.unifr.ch/pedg/emeritierung/krappmann.pdf) (3.1.2008).

Messmer, K. (2007): Beromünster – vaut le voyage. Eine Dokumentation zum Kulturtag 2007 der PHZ Luzern mit allen Studierenden des ersten Semesters. 83 Seiten, PHZ Luzern.

Pandel, H.-J. (2005): Geschichtsunterricht nach PISA. Kompetenzen, Bildungsstandards und Kerncurricula. Forum Historisches Lernen. Schwalbach/Ts.

Rahmenlehrplan für Maturitätsschulen (1994). Hrsg.: Schweizerische Konferenz der kantonalen Erziehungsdirektoren. Dossier 30A. Bern.

Reinle, A. (1956): Die Kunstdenkmäler des Kantons Luzern. Band IV: Das Amt Sursee. Basel.

Schlögel, K. (2003): Im Raume lesen wir die Zeit. Über Zivilisationsgeschichte und Geopolitik. München Wien.

Schweizer Heimatschutz & Dienststelle Heimatschutz beim Eidgenössischen Oberforstinspektorat (1976): Ortsbild-Inventarisation, aber wie? Methoden dargelegt am Beispiel von Beromünster. Zürich.

Suter, L. (1991): Der Auffahrtsumritt Beromünster. Beromünster.

Tischer, M. (2003): Pädagogik macht dumm. Zur Kritik einer mächtigen Instanz. Münster.

Universität Freiburg Schweiz (2001). Departement Erziehungswissenschaften. Abteilung Lehrerinnen- und Lehrerbildung für die Sekundarstufe I und II. Grundkurs: Unterricht gestalten (Allgemeine Didaktik).

Weiss, R. (1978): Volkskunde der Schweiz. Grundriss. Erlenbach-Zürich (zuerst 1946).

Werber, N. (2003): Den Raum mit einem Koordinatennetz fangen, in: Frankfurter Rundschau, 20.10.2003.

Ziehe, Th. (1996): Adieu 70er Jahre! Jugendliche und Schule in der zweiten Modernisierung. Pädagogik und Postmoderne, in: Pädagogik 7-8, 1996, S. 35-39.

Weiterführende Literatur zur Kulturgeschichte von Beromünster

Britschgi, M. & Carlen, G. (2001): Beromünster. Stiftskirche, Heiliggrab. Restaurierung. In: Jahrbuch der Historischen Gesellschaft Luzern 19, 2001, S. 72-75.

Carlen, G. (1977): Der Zuger Barockmaler Johannes Brandenberg 1661–1729. Ein Beitrag zur Geschichte der Schweizerischen Barockmalerei. Zug.

Eggenberger, P. (1986): Das Stift Beromünster. Ergebnisse der Bauforschung 1975-1983. Luzerner Historische Veröffentlichungen, Band 21. Luzern/Stuttgart.

Egloff, G. (2003): Herr in Münster. Die Herrschaft des Kollegiatstiftes St. Michael in Beromünster in der luzernischen Landvogtei Michelsamt am Ende des Mittelalters und in der frühen Neuzeit (1420– 1700). Luzerner Historische Veröffentlichungen, Band 38. Basel.

Eidgenössische Kommission für Denkmalpflege (2007). Präsident: Bernhard Furrer): Gutachten über die Landessender Beromünster, Sottens, Monte Ceneri vom 26.03.2007.

Furrer, M. (2007): Der Historiker Jean Rudolf von Salis und seine Weltchronik auf Radio Beromünster. In: Messmer, K. (2007): Beromünster – vaut le voyage. Eine Dokumentation zum Kulturtag 2007 der PHZ Luzern mit allen Studierenden des ersten Semesters. PHZ Luzern, S. 71-74.

Historisches Lexikon der Schweiz. Bisher (2008) erschienen: 7 von 13 Bänden. Hauptredaktion: Marco Jorio. Bern. (www.hls.ch)

Hörsch, W. (2004): „Spaziergang" – „Schlösslipark" – „Waldkathedrale. Metamorphosen einer spätbarocken Alleeanlage. Recherchen rund um die Schlössliallee bei Beromünster, verfasst im Auftrag des Stiftes St. Michael Beromünster und der Denkmalpflege des Kantons Luzern.

Marchal, G. (Redaktion) (1977): Die weltlichen Kollegiatsstifte der deutsch- und französischsprachigen Schweiz. Helvetia Sacra II/2. Bern, S. 162-214.

Medici-Mall, K. (1975): Lorenz Schmid 1751–1799. Wessobrunner Altarbau zwischen Rokoko und Klassizismus in der Schweiz. Sigmaringen.

Merz, K. (1999): Raum aus Wald. Die Baumkathedrale von Beromünster. In: du, August 1999, Heft Nr. 698, S. 9-11.

Meyer, A. (2000): Stift und Stiftskirche St. Michael Beromünster. Schweizerische Kunstführer GSK 669/670. Bern.

Meyer, L. (1987): Das Chorherrenstift Beromünster 1313–1500. Lizentiatsarbeit Zürich.

Müller, K. (1964): Luzerner Sagen. Luzern.

Münsterer (1975). Hrsg.: Geschichtsverein Beromünster. Beromünster.

Siegwart, J. (1964): Die Gründungsgeschichte von Beromünster. In: Geschichtsfreund 117, 1964, S. 133-171.

Suter, L. (1996): Sagenhaftes Amt Sursee. Hitzkirch.

Tiziani, M. & Carlen, G. (1998): Beromünster. St.-Ursula-Pfrundhaus, St. Thomas-Pfrundhaus und Oberrinacher Chorhof im Stiftsbezirk. Gesamtrestaurierungen und Bauforschung. In: Jahrbuch der Historischen Gesellschaft Luzern 16, 1998, S. 49-59.

Tiziani, M. (2000): Beromünster. Kustorei im Stiftsbezirk. In: Jahrbuch der Historischen Gesellschaft Luzern 18, 2000, S. 113-119.

Tiziani, M., Carlen, G. & Schöpfer, H. (2004): Die Propstei Beromünster. Beiträge aus Anlass der Restaurierung von Gebäuden und Tapeten. In: Jahrbuch der Historischen Gesellschaft Luzern 22, 2004, S. 60-96.

von Salis, J. R. (1966): Weltchronik 1939-1945, Zürich.

WISSENSCHAFTLICHE THEMENVIELFALT UND ERFAHRUNGEN IN DER BESUCHER-ORIENTIERTEN KOMMUNIKATION DER UNESCO-GRUBE MESSEL

Marie-Luise Frey, Bettina Wurche

Einleitung

Die Komplexität und Vielfalt der Themen in der Grube Messel sowie ihr Transfer an ein breites Publikum stellen eine große Herausforderung dar (Frey, Schäfer & Büchel, 2002). Sich dieser zu stellen ist eine der zentralen Aufgaben einer UNESCO-Welterbestätte. Die Welterbe Grube Messel gGmbH hat als zentrale Koordinationsstelle für den öffentlichen Zugang zur Grube Messel seit 2003 neue geotouristische Ansätze entwickelt. Es wurden neue Angebote zum Besuch der Grube Messel, Transfermedien und eine neue Art der Kommunikation mit Besuchern konzipiert. Im Folgenden werden Erfahrungen vorgestellt, wie das Wissenschaftpotential durch das Unternehmen „Welterbe Grube Messel" kundenorientiert erschlossen wird. An den Beispielen der angebotenen Programme wird der mehrstufige Ansatz zur Kommunikation und zum Wissenschaftstransfer vorgestellt. Dabei werden die Bedürfnisse der Besucher und die Akzeptanz der Angebote erläutert.

Die Grube Messel: das einzige deutsche UNESCO-Weltnaturerbe

Die Grube Messel ist am 08.12.1995, nach einer langen Zeit industrieller Nutzung mit Folgeplanung als Mülldeponie, in die Liste der UNESCO-Welterbestätten aufgenommen worden.
Gründe für die UNESCO-Zertifizierung sind:
– die einzigartige Fund-Häufigkeit der Fossilien im Ölschiefer,
– die Menge verschiedener Gruppen von Organismen: Vielfalt,
– die hervorragende Erhaltung der Funde incl. Erhaltung von Mageninhalten usf.,

– die Aussagekraft der Funde zur Ökosystem-Rekonstruktion und zur Evolution verschiedener heute noch lebender Tier- und Pflanzengruppen mit der Einordnung des Standes der Entwicklung der damaligen Lebewelt und ihrer Bedeutung für die Gesamtentwicklung der Lebewelt auf der Erde.

Die Grube Messel (Abb. 1) liegt ca. 12 Kilometer östlich von Darmstadt. Sie ist das Nordeingangstor des Geoparks Bergstraße-Odenwald und befindet sich am Nordende des Oberrheingrabens. Heute hat die Grube Messel eine Nord-Süd-Ausdehnung von ca. 1.000 Metern und eine West-Ost-Ausdehnung von ca. 800 Metern. Die Stilllegung des Abbaus von Ölschiefergestein im Jahr 1971 endete auf der 6. Sohle, die etwa 60 m unter der heutigen Geländeoberkante liegt.

Abbildung 1: Blick in die Grube Messel von der Besucher-Aussichtsplattform
(Foto: Archiv Welterbe Grube Messel gGmbH)

Die wissenschaftliche Untersuchung von Fundstücken hat zunächst zum Nachweis der Existenz eines tropischen Regenwald-Ökosystems vor etwa 47 Millionen Jahren geführt. Durch eine Forschungsbohrung im Jahr 2001 ist nach fast 70-jähriger Diskussion um die Entstehungsursache nachgewiesen worden, dass diese in dem Ausbruch eines Maarvulkans zu sehen ist.

Die zu Ölschiefer verfestigten Algenmattenablagerungen sind über 100 Jahre lang industriell genutzt worden. Nach der Stilllegung des Ölschiefer-Tagebaus 1971 war für die Grube Messel eine Folgenutzung als Mülldeponie geplant. Im Jahr 1992 wurde das Land Hessen durch Ankauf die Eigentümerin und schaffte zur Verwaltung des UNESCO-Weltnaturerbes eine Verwaltungsgesellschaft mbH. Sie schloss im gleichen Jahr mit der Senckenbergischen Naturforschenden Gesellschaft einen Vertrag über die Durchführung paläontologischer Grabungen in der Grube Messel. Damit entstand ein für Deutschland einmaliger Forschungsbergbau.

Mit der Umfirmierung der Verwaltungsgesellschaft mbH im Jahr 2003 in die Welterbe Grube Messel gGmbH übertrugen das Land Hessen und die neuen Gesellschafter diesem neuen Unternehmen als eine Kernaufgabe die zentrale Koordinierung des öffentlichen Zugangs zum UNESCO Welterbe Grube Messel. Gesellschafter des Unternehmens sind das Land Hessen, die Senckenbergische Naturforschende Gesellschaft und die Gemeinde Messel. Zu den Kernaufgaben gehören:

– das Angebot von Exkursionen in die Grube,
– die Unterstützung zur Einrichtung und
– den späteren Betrieb eines Besucherinformationszentrums vor Ort.

Wichtige Arbeitsbereiche hierzu sind die professionelle Abwicklung der Tourenanfragen, Beratung, Informationsvermittlung und Dienstleistungslogistik wie Buchungen usf.. Sie basieren auf Servicequalität mit pünktlichem Start der Touren und fachlich qualifizierten Tourenbegleitern.

Die Welterbe Grube Messel gGmbH zielt auf eine Identifizierung der Bevölkerung in der Region mit der Grube Messel ab. Ein wichtiges Standbein ist hierbei die Kooperation mit den Messel-Museen in Frankfurt/Main: Naturmuseum Senckenberg, Darmstadt: Hessisches Landesmuseum und Messel: Fossilien- und Heimatmuseum und mit dem Geopark Bergstraße-Odenwald. Die Grube Messel ist seit 2006 Nordeingangstor dieses Geoparks.

Die Welterbe Grube Messel gGmbH präsentiert die geotouristischen Aktivitäten der Grube Messel auf nationalen und internationalen Tagungen und Konferenzen, pflegt den geotouristischen Wissensaustausch mit zahlreichen Institutionen aus dem Ausland und beteiligt sich an EU-Projekten.

Besucher-orientierte Kommunikation

Der Besucher steht im Mittelpunkt

Die Welterbe Grube Messel gGmbH ist ein Unternehmen mit geotouristischen Dienstleistungen. Geotourismus umfasst insbesondere die Aufgabe der gezielten, hochwertigen Vermittlung geowissenschaftlicher Inhalte (Frey, 1998; Frey, Schäfer & Büchel, 2002; Reh, Frey, Schäfer & Büchel, 2006). Geotouristische Angebote wenden sich an ein breites Publikum: Die Bedürfnisse des Publikums und gerade die menschlichen Basisbedürfnisse: Sicherheit, Essen, Trinken, Neugierde usf., sind die wesentliche Grundlage für die Planung von Dienstleistungen und die Durchführung des Betriebs. Darum ist es von großer Bedeutung, die Zielgruppen und ihre jeweiligen Bedürfnisse zu erfassen. Die gelungene Verzahnung von Besucher-Bedürfnissen und wissenschaftlichen Inhalten sind Grundlage einer positiven Akzeptanz der Grube Messel als touristische Attraktion. Die publikumsgerechte Vermittlung der komplexen wissenschaftlichen Inhalte der Grube Messel sind die zentrale Aufgabe der Welterbe Grube Messel gGmbH.

Zielgruppen

Aus der ganzen Welt kommen Menschen aller Altersgruppen aus verschiedenen Gründen in die Grube Messel. Sie kommen alleine oder in Gruppen, zufällig oder gezielt, aus eigenem Interesse oder durch Andere geplant (z. B. Schulklassen), zum ersten Mal oder wiederholt. Viele Menschen kommen in ihrer Freizeit, andere gezielt zur Fortbildung oder zu einer Lehrveranstaltung. Die unterschiedlichen Gruppen haben gleiche Grundbedürfnisse aber verschiedene Erwartungen, die bei der Erstellung jeglicher Angebote zu berücksichtigen sind.

Messel-Themen – Vielperspektivität

Die Grube Messel wird seit mehr als 100 Jahren erforscht. Zunächst standen Lagerstättenkunde, Geologie und Paläontologie im Vordergrund, nach und nach kamen weitere wissenschaftliche Fachdisziplinen dazu.

Heute wird die Grube Messel betrachtet unter Aspekten der Paläontologie, Geologie, Biologie, Zoologie, Botanik, Geophysik, Ingenieurgeologie, Lagerstättenkunde, Hydrogeologie, Sedimentologie, Limnologie, Vulkanologie, Chemie, Physik, Industriearchäologie, Bergbautechnik, Hüttenwesen, Sozialgeschichte und Politik, Deponiebau, Umweltschutz, Geschichte,

Denkmalpflege, Tourismus, Pädagogik, usf.. Und durch neue Forschungsvorhaben werden noch weitere dazu kommen.

Aus dieser Vielzahl der Fachdisziplinen hat die Welterbe Grube Messel gGmbH markante Themen herausgearbeitet und ein Leitthema definiert: „Zeit und Messel Welten". Daraus ist ein roter Faden entwickelt worden, der sowohl für die Inhalte von Touren in die Grube Messel geeignet ist als auch im geplanten Besucher- und Informationszentrum anwendbar ist:

Der rote Faden für die Touren und das Besucherinformationszentrum beinhaltet:

– UNESCO-Welterbe und Geoparks,

– Industriegeschichte,

– Landschaft,

– Vulkanismus,

– Forschungsbohrung mit Bohrkern,

– Regenwald,

– Evolution,

– Schatzkammer Grube Messel.

Übergeordnete Themen wie „Zeit, Fossilien, Klima und Bedeutung ihres Wandels" werden unter verschiedenen Aspekten aufgegriffen und in den Zusammenhang gestellt.

Durch die Konzentration der Vielzahl der Themenbereiche des UNESCO-Welterbes Grube Messel auf „Zeit und Messel Welten" werden sie für das breite Publikum quasi ein Motto: die Vielperspektivität bleibt gewahrt und der Besucher hat die Möglichkeit, sich einen Überblick zu verschaffen. Weiterhin bleibt das Potential erhalten, bestimmte Aspekte bei Führungen mit bestimmten Themenschwerpunkten zu vertiefen oder die Themenpalette zu erweitern.

Besucher-Perspektiven: Grube Messel für Individualisten

Die Grube Messel ist ein abgezäunter Bergbaubetrieb. Die Erkundung der Grube Messel und der Grabungsstellen ist daher für Besucher nur mit einer Führung möglich. Dafür muss ein Besucher zu den angekündigten Startzeiten einer Führung an der Grube sein, mindestens eine Stunde Zeit haben und auch körperlich fit sein. Nicht alle Besucher können aufgrund dessen die Grube Messel persönlichen kennen lernen.

Um möglichst vielen Besuchern Informationen über und Einblicke in Themen zur Grube Messel zu bieten, ist ein Ensemble von Infrastrukturen vor Ort eingerichtet worden:

- **Die Besucheraussichtsplattform am Südrand der Grube Messel.**
  Von dieser aus können Besucher seit 1997/98 in die Grube blicken, wissenschaftliche Grabungen orten und die Grube überblicken.
- **Die Thementafeln** auf dem Weg zur Grube und auf der Besucheraussichtsplattform. Auf diesen hochwertigen Tafeln werden seit 2003 nicht mehr wissenschaftliche Poster ausgestellt, sondern Messel-Themen in Aquarellen visualisiert und mit emotional ansprechenden Texten erläutert (Abb. 2).
- **Die Info-Station mit Fotoausstellung, Infoterminal und Shop – als Vorläufer für das Besucherinformationszentrum „Zeit und Messel Welten"**
  Hier kann Grube Messel-Literatur käuflich erworben werden, außerdem können Besucher Informationen über die Grube vom Service-Team erhalten. In einem Animationsfilm ist die Entstehung der Grube Messel durch den Ausbruch eines Maarvulkans zu erleben.
- **Die Zeit, Zeitzeugen und Landschafts-Route über den „Mobile-Geo-Guide".**
  Im Außenbereich, d. h. um die Grube herum, wird die Industriegeschichte präsentiert. Neben einer Informationstafel am Ausgangspunkt der Route wurde die neue Technologie „Mobile-Tagg/QR-Kode" eingesetzt. Sie basiert darauf, Geo- und Industriegeschichtliche Informationen über ein Mobiltelefon von einem Internetportal abzurufen. Der Einsatz dieser Technik soll das Thema damit vor allem für Jugendliche und junge Erwachsene zugänglich machen.

Exkursionen in die Grube Messel

Die Grube Messel ist nicht nur das einzige UNESCO-Weltnaturerbe Deutschlands, sondern – wie eingangs erläutert – der einzige Forschungsbergbau. Das bedeutet, dass die Grube nicht öffentlich zugänglich ist, sondern nur für Personen, die von der Bergaufsicht bestellt worden sind, und eine offizielle Genehmigung erhalten haben, sie zu betreten. Für Besucher ist sie damit nur über geführte Exkursionen und mit bestellten Exkursionsleitern zugänglich.

*Abbildung 2: Thementafel mit emotionaler Graphik und Text
(Tafel: Cube-Werbung, Daleiden/Eifel für Welterbe Grube Messel gGmbH)*

Die Welterbe Grube Messel gGmbH bietet seit 2004 geführte Exkursionen in die Grube Messel zu festen Zeiten an Wochenenden und nach Vereinbarung an. Bei Exkursionen hat sich das Konzept standardisierter Themenschwerpunkte, die ansprechend präsentiert werden und von wissenschaftlichen Ergebnissen ausgehen, bewährt.

Exkursionskonzept

Das Vermittlungskonzept der Grube Messel verfolgt einen neuartigen Ansatz zur Vermittlung von Geo- und Biowissenschaften. Exkursionsleiter mit Fachausbildung der Disziplinen z. B. Geologie, Geographie, Biologie sind hierzu besonders geeignet. Zahlreiche Exkursionsleiter besitzen darüber hinaus zusätzliche Qualifizierungen aus den Bereichen des Tourismus, der Museumspädagogik oder der berufsbezogenen Weiterbildung. Das bedeutet insbesondere, dass gleichermaßen hohe fachwissenschaftliche, service-orientierte, didaktische und soziale Kompetenz gewährleistet werden können.

Der hohe Informationsgehalt wird zunächst durch das fachwissenschaftlich standardisierte Konzept und Fachausbildungen der Exkursionsleiter sichergestellt. Das Vermittlungskonzept basiert auf wissenschaftlichen Ergebnissen aus den Bereichen Geologie, Paläontologie, Biologie, Geographie und Industriegeschichte. Sie sind Resultate aus den Forschungsarbeiten vieler Wissenschaftler aus aller Welt. Dabei kommen die Ergebnisse vor allem aus den Messel-Forschungsabteilungen des Naturmuseum Senckenberg/Forschungsinstitut Senckenberg, Frankfurt/Main und des Hessischen Landesmuseums Darmstadt, sowie von anderen Forschungseinrichtungen und privaten Forschern.

Bei der Vermittlung des Fachwissens steht der „Normal-Besucher" im Vordergrund und somit steht die didaktische Methodik der Weitergabe der Informationen und nicht der Inhalt selbst an oberster Stelle. Die Exkursionsleiter nähern sich den Gästen in deren eigener Sprache, „holen" sie sprachlich und inhaltlich „ab" (Abb. 3, 4 und 5). Das bedeutet, dass die Gäste ihrem Wunsch der Besuchsdauer, dem Besuchsanlass, dem Interesse, der Altersgruppe und dem Bildungshintergrund gemäß angesprochen werden. Die wissenschaftlichen Erläuterungen werden durch Bezüge zu Themen aus dem täglichen Leben ergänzt.

*Abbildungen 3: Interaktive Einheit: Der Zeitsprung –
Exkursion mit Schulklassen in die Grube Messel
(Fotos: Dr. J. Weber, S. Huwe, Archiv Welterbe Grube Messel gGmbH)*

*Abbildung 4: Geopark-Ranger als Exkursionsleiter
erläutert Erwachsenen Grube Messel Thema
(Fotos: Dr. J. Weber, S. Huwe, Archiv Welterbe Grube Messel gGmbH)*

Abbildung 5: „Uli Urpferd" – ein Instrument um junge Besucher „abzuholen"
(Foto:Dr. J. Weber, Archiv Welterbe Grube Messel gGmbH)

Das didaktische Konzept besteht aus den drei Bausteinen:
- das standardisierte Themen-Grundkonzept,
- eine Gesamtgeschichte, die ausgewählte Themen zu einem Ganzen verknüpft und
- die emotional-soziale Ansprache.

Die Touren für Kinder und Familien sind zusätzlich geprägt durch folgende Elemente: Information, Kreativität, Aktion und interkultureller Bezug. So halten die Exkursionsleiter auf den Führungen keine Monologe, vielmehr werden die Besucher aktiv und interaktiv einbezogen, so dass sie selbst Erfahrenes sich zu Eigen machen können. Die Vermittlung geschieht nicht nur verbal, sondern zusätzlich anhand von Objekten, manchmal sogar spielerisch. Es werden der Intellekt und die Sinne der Exkursionsteilnehmer angesprochen. Dazu wird eine Auswahl an Objekten und anderen Unterlagen vom Exkursionsleiter mitgeführt (Spielzeug-Krokodile, Aufzieh-Fische,...) bzw. in einem Container auf der Route bereit gehalten (Fossilien). Vor allem das Berühren der Original-Fossilien ist ein sinnliches Erlebnis. Den Exkursionsleitern ist bewusst, dass der Besuch der Grube Messel für den Gast ein positives, ggf. emotionales, Erlebnis mit hohem Informationsgehalt sein muss.

Die Welterbe Grube Messel gGmbH bietet auf der Basis dieses Konzepts verschiedene Exkursionen für unterschiedliche Besucher/Zielgruppen an. Alle Exkursionstypen sind standardisiert (Inhalt, Umfang,...) und schriftlich fixiert. Dadurch ist gewährleistet, dass Exkursionen der verschiedenen Exkursionsleiter gleich hohe Qualität aufweisen, alle Messel-Themen angemessen berücksichtigt werden und dass die Gäste Kerninformationen zur Grube Messel erhalten. Eine Jahresbroschüre beschreibt alle Tourenangebote, so dass der Besuch geplant werden kann.

Zusätzlich zu den standardisierten Inhalten werden auf den Exkursionen aktuelle Ereignisse aufgegriffen. Das reicht von aktueller saisonaler Naturbeobachtung wie dem massenhaften Aufblühen des Fingerhuts oder der Sichtung eines Reihers, einer Rotte Wildschweine oder einer Ringelnatter bis zur Einbindung aktueller geologischer Vorgänge in der Grube wie Rutschungen oder Bohrungen.

Die Verknüpfung von Information und emotional positiv besetztem Erlebnis ist von elementarer Bedeutung, da nach aktuellen Forschungsergebnissen aus der Lernforschung nur durch eine Verknüpfung von beidem ein Lernerfolg entstehen kann (Weimer, 2006). Ein Hauptziel der Welterbe Grube Messel gGmbH ist es, durch diesen Ansatz den Besuchern Neugierde auf Wissenschaft und Freude am Geo- und Naturerbe, seinem Schutz und seinem Wert zu vermitteln.

Die Vermittlung der Grube Messel als „authentischer Ort"

Viele Menschen nehmen Orte und Landschaften als ähnlich wahr. Die Exkursionen in der Grube Messel bieten die Chance, die Grube Messel als „authentischen Ort" zu erleben, die Besucher damit auch emotional zu beeindrucken und zur Wiederkehr zu veranlassen.

<u>Körperliche Erfahrung der Grube Messel</u>: Die Grube Messel ist als Forschungsbergbau der Ort von vielen zehntausend berühmten Fossilfunden. Das Begehen der Grube lässt den Besucher die Drei-Dimensionalität des ehemaligen Tagebaus, der heute 60 m unter der Geländeoberkante liegt, mit körperlicher Anstrengung erfahren. Steile Hänge, Wegebefestigungsmaterial, Staub, die Witterung (Regen, Kälte oder Hitze) und Begegnungen mit wildlebenden Tieren und Pflanzen lassen den Besucher vielfältige eigene emotionale Erfahrungen in der Grube erleben.

<u>Begegnung mit dem Forschungsbergbau und Erleben der Kraterstruktur</u>: Der Gast sieht die Grabungsstelle mit Forschern, ohne selbst zu graben. Während der Arbeitszeit der Grabungsteams kann er das eigentliche Freilegen der Fossilien bzw. eine Bohrung, Kartierung oder andere wissenschaftliche Arbeiten beobachten, ggf. ergibt sich sogar ein Gespräch mit den Profis. Die fachwissenschaftlich geschulten Exkursionsleiter (Geolo-

gen, Geographen, Biologen) können aus eigener Erfahrung berichten, wie solche Grabungen vonstatten gehen. Es können dabei weiterführende Auskünfte über Ausbildung, Methoden und aktuelle Forschungsergebnisse gegeben werden.

Diese körperliche Erfahrung, die Begegnung mit dem Forschungsbergbau, und das Erlebnis, den Krater in seiner Dimension und seine Füllung wahrzunehmen, unterscheiden eine Grubenführung von einem Museumsbesuch. Dieser Erlebnischarakter macht die Führungen zu einer emotionalen Erfahrung, die Mehrfach-Besucher bei jedem Besuch anders wahrnehmen.

Exkursionsangebot

Alle Exkursionsangebote in die Grube Messel sind in der Jahresbroschüre bzw. auf der webpage aufgeführt und beschrieben. Sachkundige Beratung per Telefon oder persönlich (im Infozentrum) durch das Service Team ist die Grundlage dafür, dass jeder Gast die für ihn optimale Exkursion erhält (Tabelle 1).

Führungstyp	Dauer	Zielgruppe
Grubenspaziergang	(1 Std.)	Überwiegend Erwachsene
Grubenwanderung	(2 Std.)	Erwachsene, Jugendliche
Schulprogramm	(2 Std.)	Kinder, Jugendliche
Ferienexpeditionen	(2,5)	Kinder
Familienführung	(2 Std.)	Familien mit Kindern
Wissenschaftliche Führungen	(2-3 Std.)	Überwiegend Erwachsene
Plattformführungen	(0,5 Std.)	Überwiegend Senioren

Tabelle 1: Das Exkursionsangebot der Welterbe Grube Messel gGmbH

Das Führungsangebot der Welterbe Grube Messel gGmbH berücksichtigt die unterschiedlichen Bedürfnisse und Erwartungen der Besuchergruppen der heutigen Gesellschaft (Frey, 1998; Frey, Schäfer & Büchel, 2002). Sie variieren je nach:

- Verfügbarkeit an Zeit,
- Grund/Anlass des Besuchs,
- Interesse,
- Familienstand,
- Alter und
- körperlichem Zustand.

Die an Besucherbedürfnisse angepasste diverse Angebotspalette verfolgt die Strategie, dass Besucher wiederkehren um an anderen Touren oder gleichen Touren bei verschiedenen Führern teilzunehmen.

Ausgewählte Führungen: unterschiedliche Erlebnishorizonte

Um die didaktische und thematische Spannweite zwischen den unterschiedlichen Führungen zu veranschaulichen, werden im Folgenden zwei Führungen vorgestellt (Tabelle 2): eine einstündige Erwachsenenführung und ein Schulprogramm. Darin sind die einzelnen Themenpunkte, ihre didaktische Umsetzung und die Dauer der Themenerläuterung benannt.

Grundsätzlich ist zu bemerken, dass eine einstündige Führung die kürzestmögliche und am häufigsten von Gästen gewählte Exkursion in die Grube ist. Während dieser 60 Minuten müssen beträchtliche Wege mit Steigungen bewältigt und alle Kern-Messel-Themen angeschnitten werden. Das Schulprogramm dauert zwei Stunden und ist an den Lehrplan der Schulen angepasst. Die Schülerinnen und Schüler bekommen eine Auswahl der Messel-Themen präsentiert, diese werden didaktisch anspruchsvoll, teilweise spielerisch vermittelt bzw. interaktiv mit den Kindern und Jugendlichen erarbeitet. Hier steht das Begreifen der geologischen, paläontologischen und biologischen Zusammenhänge im Vordergrund, bei Bedarf sind Vereinbarungen über Schwerpunkte möglich.

Kern-Themen sind: UNESCO-Welterbe (es wird bei beiden Touren am Tourenstartpunkt erläutert), Industriegeschichte, Sicherheitsbelehrung, Vulkanismus, Ölschieferentstehung, Fossilien, Fossilisation, Paratropischer Regenwald, Evolution.

Die folgenden Materialien werden zur Unterstützung eingesetzt: Blick in die Grube (G), Ölschieferhang (G+), Fossilien (IA), Plastiktiere (IA), Spiele (IA), Gewürzorgel (IA).

Während die einstündigen Touren einen Überblick über die Grube Messel bieten, steht bei den längeren Touren für junge Besucher das interaktive, kreative und selbst erfahrende Erleben im Vordergrund.

Ein-Std. Führ.	Industrieg.	Sicherheitsbelehr.	Vulkan.	Ölschiefer	Fossilien	Fossilis.	Regenwald	Evolution
Themen (x=Ja):	x	X	x	x	x	x	X	x
Material:	-	-	G	G+	IA	-	-	-
Dauer/Min:	7	2	10	5	20	5	5	5

Schulklassen (2h)	Industrieg.	Sicherheitsbelehr.	Vulkan.	Ölschiefer	Fossilien	Fossilis.	Regenwald	Evolution
Themen (x=Ja):	-	X	x	x	x	x	X	x
Material:	-	-	G	G+	IA	IA	IA	-
Dauer/Min:	-	5	10	10	30	10	20	10

Tabelle 2: Programm-Beispiele

Erfolgsbarometer Besucherakzeptanz

Nach vier Jahren Geschäftstätigkeit der Welterbe Grube Messel gGmbH ist die Besucherzahl auf geführten Touren von etwa 9.000 Exkursionsteilnehmern im Jahr 2004 auf fast 23.000 Teilnehmer im Jahr 2007 angestiegen. Zwischen 2004 und 2007 wurden 2.880 Gruppen mit insgesamt ca. 63.000 Teilnehmen durch die Grube Messel geführt. Dies wird als Bestätigung des Gesamtansatzes gewertet.

Aus den Teilnehmergruppen und Zahlen der vergangenen vier Jahre ist erkennbar, dass die folgenden Personenkreise die Grube Messel besuchten:
- Einzelne Personen oder Kleingruppen wie Familien,
- Schulklassen und Kindergärten,
- Vereine,
- Firmen und Unternehmen,
- Kommunen, Gemeinden und Verbände,
- Institutionen und wissenschaftliche Einrichtungen, Lehrergruppen,
- Jugendgruppen über Jugendherbergen,
- Bildungseinrichtungen wie Volkshochschulen.

Die Mehrheit der Besuchergruppen sind private Gruppen. Diesen folgen Schulklassen, Vereine, Firmen und Kommunen.

Die Einführung von Standardzeiten und die verbindliche Durchführung der Veranstaltungen an festen Tagen in der Woche und am Wochenende sowie an Feiertagen ist in der Grube Messel als modernes Serviceangebot eingeführt worden. Die Anzahl der Kurztouren, die von der Welterbe Grube Messel gGmbH angeboten wurden, stieg seit ihrer Einführung im Jahr 2004 von etwa 100 Touren auf 213 im Jahr 2005, 286 im Jahr 2006 und auf 450 Touren im Jahr 2007 an. Diese Steigerung um das 4,5-fache veranschaulicht die Akzeptanz der einstündigen Kurzführungen und zeigt die Bedeutung der Einbeziehung von Besucherbedürfnissen: hier dem Wunsch der Besuchsverweildauer. Die gelungene Verzahnung von Themenvielperspektivität und Besucher-Bedarfsperspektivität drücken sich in dieser Entwicklung aus.

Besucher dokumentieren ihre Zufriedenheit oder Unzufriedenheit deutlich, insbesondere wenn Entgelte für Touren bezahlt werden müssen. Der Preis einer Tour und die gebotene Leistung müssen stimmen. Die Bedürfnisse der Gäste nach Getränken und sanitären Anlagen sind Grundvoraussetzungen für ihre Zufriedenheit und Wohlbefinden. Die wissenschaftlichen Inhalte stehen dahinter nicht zurück, denn sie werden an einer von der UNESCO ausgezeichneten Stätte vom Bürger als selbstverständlich betrachtet.

Abgesehen vom Bildungsauftrag und dem Marketing für geo- und biowissenschaftliche Forschung durch die Welterbe Grube Messel gGmbH, besuchen die meisten Gäste die Grube Messel in ihrer Freizeit. Sie ist ein touristisches Highlight (Frey, 2006). Daher ist es die vornehmliche Aufgabe der Welterbe Grube Messel gGmbH, den Grubenbesuch zu einem Vergnügen und einem besonderen Erlebnis zu machen.

Literatur

Frey, M.-L. (1998): Geologie – Geo-Tourismus – Umweltbildung: Themen und Tätigkeitsbereiche im Spannungsfeld Ökonomie und nachhaltige Entwicklung. – Terra Nostra, Schriften der Alfred Wegener Stiftung, 98/3, 150 Jahre Dt. Geol. Ges., 06.-09.10.1998, TU Berlin, Programm- und Zusammenfassungen der Tagungsbeiträge, S. V 85.

Frey, M.-L., Schäfer, K. & G. Büchel (2002): Geowissenschaftliche Öffentlichkeitsarbeit – eine Option für die Zukunft. Scriptum, Heft 9: 17-37, Krefeld.

Reh, W., Frey, M.-L., Schäfer, K. & G. Büchel (2006): Geotourismus – Bedeutung, Besonderheiten, Chancen. – Geographie und Schule, 28. Jg., Heft 159, S. 4-8, Aulis Verlag Deubner, Köln.

Trommer, G. (1997): Über Naturbildung – Natur als Bildungsaufgabe in Großschutzgebieten. In: Trommer, G. & Noack, R. (Hrsg.): Die Natur in der Umweltbildung, Deutscher Studien Verlag, Weinheim.

Weimer, A. (2006): Außerschulische Lernorte am Beispiel des Weltnaturerbes Grube Messel bei Darmstadt. Unveröffentlichte wissenschaftliche Hausarbeit für das Lehramt an Grundschulen. Institut für Allgemeine Erziehungswissenschaften, Johann Wolfgang Goethe Universität, Frankfurt/Main.

RAUMBILDER UND RAUMKONSTRUKTIONEN IM TOWNSHIPTOURISMUS

STUDIERENDE ERFORSCHEN TOWNSHIPTOURISMUS IN KAPSTADT/SÜDAFRIKA

Manfred Rolfes, Malte Steinbrink

Einleitung

„Räume" sind Ergebnisse sozialer Herstellungsleistungen. Die Geltung dieser allgemeinen Aussage wird bei der Beschäftigung mit Tourismusphänomenen besonders evident. Das Thema Tourismus ist in der Lehre deshalb geradezu prädestiniert für den didaktischen Einstieg in eine raumtheoretische Diskussion mit den Studierenden.

In diesem Beitrag wird dargestellt, wie im Rahmen eines dreiwöchigen Studienprojektes versucht wurde, soziale Konstruktionen von Räumen zu analysieren. Das methodische Vorgehen wird am Beispiel des Townshiptourismus in Kapstadt/Südafrika vorgestellt. Dazu wurden von Studierenden verschiedene Akteursgruppen im Forschungsfeld Townshiptourismus untersucht: (1) die Touristen, (2) die Anbieter von Townshiptouren sowie (3) die an den Touren beteiligten Bewohner der Townships. Im Fokus der studentischen Forschung standen die (Raum-) Produktions- und Re-Produktionsleistungen dieser drei Zielgruppen. Bei der Vorbereitung, Durchführung und Auswertung der empirischen Untersuchungen wurden zudem die eigenen Raumkonstrukte der Forschenden zu Townships systematisch mitreflektiert und schließlich ebenfalls als sozial konstruiert erkannt.

Townshiptourismus

Seit dem Ende der Apartheid hat die ökonomische Bedeutung des internationalen Tourismus für Südafrika stark zugenommen. Seit 1994 stieg die

Zahl der vornehmlich aus Europa stammenden Fernreisenden beständig[1], und mittlerweile übertrifft der Tourismus in seiner volkswirtschaftlichen Bedeutung sogar den Goldbergbau, der lange Zeit die treibende Kraft der südafrikanischen Wirtschaft war (Krüger, 2006). Das touristische Potenzial des Landes wird von der Tourismusbranche gemeinhin in der naturräumlichen Ausstattung gesehen (Nationalparks, beeindruckende Berglandschaften, Strände, Weingebiete etc.). Aber seit etwa 1995 entwickelte sich ausgehend von Soweto (*South Western Township*) in Johannesburg ein neuer Zweig der Tourismusbranche: der Townshiptourismus, d. h. vor allem geführte Touren – meist in Kleinbussen – in die Wohngebiete der schwarzen Bevölkerung.

Die ersten Townshiptouren wurden bereits während der Apartheids-Ära durchgeführt. Zu diesem Zeitpunkt dienten die Touren dem Apartheidsregime vorwiegend als politisch motivierte Propagandatouren (Ludvigsen, 2002, S. 17). Mit dem Ende der Apartheid und dem zunehmenden internationalen Tourismus, vollzog sich ein Wandel hin zu einer stärker sozialkritischen und *kulturellen* Fokussierung (Margraf, 2006, S. 55). Waren die Townshiptouren Anfang der 90er Jahre eine Art Nischen-Tourismus für politisch interessierte Reisende, die die Orte des Anti-Apartheid-Kampfes besuchen wollten, so stellen sie heute ein touristisches Massenphänomen dar. Nach offiziellen Angaben nahmen 2006 allein in Kapstadt über 300.000 Touristen an Townshiptouren teil. Das entspricht 25% der jährlichen Besucher Kapstadts.[2] Mittlerweile gehört also eine Townshiptour (neben der Besteigung des Tafelbergs, der Fahrt zum Kap, dem Besuch der *Waterfront* und einer Weintour) zu den „*Must-Do's*" während eines Aufenthalts in der Kapmetropole. Der Townshiptourismus boomt und stellt einen höchst lukrativen Zweig der Tourismusbranche dar. Immer mehr Touranbieter drängen auf den Markt, um die steigende Nachfrage nach Townshiptouren zu befriedigen.[3] Zu Beginn dieser Entwicklung wurden diese Touren hauptsächlich von Bewohnern der Townships selbst organisiert, in der Folge haben sich jedoch auch große, überregional agierende („weiße") Tourunternehmer und Reiseveranstalter dem Nachfragetrend an-

---

[1] Die Anzahl der Ankünfte ausländischer Touristen in Südafrika stieg von 3,6 Mio. (1994) auf 7,6 Mio. (2005). Quelle: South African Tourism, Annual Report 2005/2006. In: http://www.southafrica.net/satourism Zugriff am 23.10.2007.

[2] Quelle: Afrika-Verein der deutschen Wirtschaft. In: http://www.news2010.de, Zugriff am 24.10.2007.

[3] Ein Großteil der während der Erhebungen in Kapstadt befragten Tour-Unternehmen wurde zwischen 2001 und 2005 gegründet.

gepasst und die Townshiptouren in ihre – ansonsten eher konventionelle – Produktpalette aufgenommen.[4] Betrachtet man das zukünftige Potenzial von Townshiptouren, so ist von einem weiteren Wachstum dieses Marktsegments auszugehen. Von Aderhold u. a. (2006, S. 144 f.) befragte Reiseunternehmer nehmen an, dass der Wunsch nach „Kultur- und Studienelementen" sowie nach Begegnungsmöglichkeiten mit Einheimischen zunehmen wird, und die Townshiptouren versprechen – wie hier gezeigt werden wird – die Erfüllung eben dieser Wünsche.

In einer ersten theoretisch-konzeptionellen Annäherung kann der Townshiptourismus als eine spezifische Form des Städtetourismus verstanden werden. Nach Pott (2007, S. 107) ist insbesondere *Kultur* ein Modus, der städtetouristische Strukturbildungen ausdrückt. Bereits bei den oben diskutierten Präzisierungen zum Townshiptourismus ist Kultur als relevante Kategorie eingeführt worden. Aus einer systemtheoretischen Perspektive ist Kultur *ein Beobachtungsschema zur Beobachtung von Unterschieden als kulturelle Unterschiede* (Pott, 2005, S. 92). Damit wird Kultur – ebenso wie Raum – als ein soziales Konstrukt der Beobachter verstanden. Innerhalb dieser Studie müssen also kulturelle und räumliche Beobachtungen bzw. Kategorien in den Blick genommen werden.

Fragestellung und Untersuchungsansatz des Studienprojekts

Das Studienprojekt „Townshiptourismus in Südafrika" war durch ein offenes methodisches Vorgehen geprägt. Ausgangspunkt war zunächst das Erstaunen der Projektgruppe über das Phänomen des Townshiptourismus, da dieses den herkömmlichen Vorstellungen von dem, was Menschen in ihrem Urlaub machen, offenbar zu widersprechen scheint.[5] Die äußerst simp-

---

[4] Um der Tendenz der Übernahme des neuen Marktsegments durch die großen Firmen entgegenzuwirken, gibt es mittlerweile von Seiten der Stadtverwaltungen Bemühungen, den *community based tourism* zu fördern. Dies wird mit der Hoffnung verbunden, Wachstumsimpulse für die wirtschaftliche Entwicklung in den Townships zu fördern (vgl. Rogerson, 2003).

[5] Gemeinhin gilt es als ein wesentliches Urlaubsmotiv etwas Anderes zu sehen oder zu erleben. In der Tourismusforschung wurde dieses Andere aber meist gleichgesetzt mit etwas Schönem und Erholsamen, aber auch mit etwas Kulturellem (vor allem im Städtetourismus). Die Suche nach dem Schönen und Erholsamen greift zur Erklärung der Motivation für Townshiptouren offenbar zu kurz, die Suche nach dem kulturell Anderen bietet hier schon eher einen Ansatzpunkt.

le Ausgangsfrage für die studentische Untersuchung war deshalb zunächst: *Warum nehmen so viele und zunehmend mehr Touristen in Südafrika an Townshiptouren teil?* Die plausible Anschlussfrage, „*Was wollen die da sehen?*" führte einerseits zur Auswahl der Touristen als Zielgruppe der Untersuchung und führte uns zudem direkt in ein interessantes theoretisches Forschungsfeld und in das Zentrum der innergeographischen Debatte um konstruktivistische Raumkonzepte. Die Frage, was die Touristen sehen wollen, steht in unmittelbarem Zusammenhang mit dem, was sie zu sehen erwarten – also mit ihrem „Bild vom Raum" (in unserem Fall ihrem Bild vom Township) und ihrem „Bild von (süd)afrikanischer Kultur". Townshiptouren wurden von der Forschungsgruppe als *Medien der Raum-/Kulturkonstruktion* erkannt und damit wurde die Tourismusbranche als direkt beteiligt an diesem Konstruktionsprozess identifiziert. Dementsprechend wurden auch Touranbieter und Akteure in den Townships als Zielgruppen in das Untersuchungsdesign aufgenommen.

Nach den ersten Voruntersuchungen wurde die leitende Fragestellung präziser formuliert und eine konstruktivistische Ebene eingezogen: *Welche Bilder und Vorstellungen von „Townshipräumen" werden im Rahmen von Townshiptouren produziert und reproduziert und inwiefern tragen die beteiligten Akteuren zu diesem (Re-)Produktionsprozess bei?* Die Untersuchung fasst damit den „Raum", im Sinne eines konstruktivistischen Raumparadigmas, als eine soziale Herstellungsleistung auf und versucht, die Prinzipien, Hintergründe und Konsequenzen dieses Konstruktionsprozesses zu erfassen und nachzuvollziehen.

Um die Untersuchungsziele zu erreichen, war ein mehrperspektivischer methodischer Zugang nötig: So wurden von studentischen Arbeitsgruppen Townshiptouren begleitet und die Stationen protokolliert, Touranbieter und Akteure in den Townships qualitativ interviewt, einzelne Townships als Fallstudien gezielt untersucht und schließlich Touristen mit Hilfe von (teil)standardisierten Fragebögen befragt. Die Erfahrungen und die vorläufigen Ergebnisse der Erhebungen wurden regelmäßig in gemeinsamen Sitzungen während des Projektaufenthaltes ausgetauscht. Auch wurden die eigene Rolle als Forscher/in und die eigenen Vorstellungen von Townships reflektiert.

In den nachfolgenden Abschnitten sollen nun die empirischen Ergebnisse aus den einzelnen Forschungsfeldern vorgestellt werden. Des Weiteren wird ein kurzer Überblick darüber gegeben, wie die meisten Townshiptouren aufgebaut sind.

Townships aus der Sicht der Touristen: Einschätzung vor der Tour

Der zeitliche Rahmen dieser empirischen Studie ließ es nicht zu, die Entstehung der Vor-Urteile oder des Vor-Verständnisses der Touristen über Afrika, Südafrika oder Townships in Erfahrung zu bringen. Medienberichterstattung, Schulerfahrungen und eigene Reiseerlebnisse sind hier vermutlich von zentraler Bedeutung.[6] In diesem Abschnitt kann es lediglich darum gehen, die bei den Touristen bestehenden Bilder in ihren Grundzügen zu umreißen. Als Grundlage dienen die Aussagen von 179 Touristen, die unmittelbar vor dem Antritt einer Townshiptour mittels eines standardisierten Fragebogens befragt wurden.[7] Mit der Befragung sollte u. a. in Erfahrung gebracht werden, welche Bilder und Vorstellungen die Touristen vor ihrem Besuch von Townships haben. Zu diesem Zweck sollten sie angeben, welche Assoziationen der Begriff „Township" bei ihnen weckt.

Fast zwei Drittel der Touristen (65%) nannten den Begriff der „Armut" (s. Abb. 1). Als weitere Assoziationen, allerdings mit deutlich weniger Nennungen, folgten: Schwarze Bevölkerung, Apartheid, Kriminalität, schlechte Wohnverhältnisse u. a.. Auffallend ist, dass negativ besetzte Begriffe eindeutig die Assoziationen dominieren.[8]

---

[6] Poenicke (2001, S. 12 ff.) weist in ihrer Studie zur Darstellung von Afrika in deutschen Medien und Schulbüchern nach, dass in den Medien Beiträge über Kriege, Staatsstreiche, Hungerkatastrophen, Korruption, Kriminalität und Krankheiten (insbesondere HIV/AIDS) dominieren. In Schulbüchern ist das Afrikabild immer noch durch einen kolonial geprägten Euro- und Ethnozentrismus, zahlreiche Pauschalierungen und Vereinfachungen gekennzeichnet. Oftmals wird eine grundsätzliche Hilfebedürftigkeit des afrikanischen Kontinents attestiert (Poenicke, 2001, S. 29 ff.). Das für die touristische Vermarktung aufbereitete Afrikabild lässt sich unter anderem durch exotische Tierwelten, Entdecker- und Abenteurermythen und wilde, ursprüngliche Natur charakterisieren. Teilweise tauchen auch die Ursprünglichkeit der „edlen, wilden" Natur der Bewohner Afrikas und ihre kulturellen Kontexte als Fragmente des touristischen Bildes auf. Zur Projektion und Reproduktion eurozentrischer Afrika- und Afrikanerbilder unter besonderer Berücksichtigung der Berichterstattung in den deutschsprachigen Massenmedien siehe auch Kremer (2002).

[7] Die Fragebögen wurden zum einem im *District Six Museum* (erste Anlaufstation der meisten Touren) und zum anderen in den Tourbussen unmittelbar vor Beginn der jeweiligen Tour ausgeteilt. Insgesamt wurden 100 Fragebögen im Museum und 79 Fragebögen in den Tour-Bussen ausgefüllt.

[8] Sehr ähnliche, in Teilen etwas differenzierte Assoziationen äußerten im übrigen auch die studentischen Teilnehmer/innen des Studienprojekts vor der Abreise.

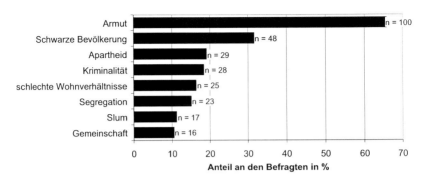

Abbildung 1: Township-Assoziationen (kategorisierte Antworten)

Legt man bei der Interpretation dieses Ergebnisses die plausible Annahme zugrunde, dass die Erwartungen dessen, was es in den Townships zu sehen gibt, weitgehend identisch sind mit dem, was die Touristen dort zu sehen erhoffen, so erscheint der Townshiptourismus als eine spezifische Form des *negative sightseeing*, welche Welz (1993) als *slumming* bezeichnet.[9] So gesehen, kann die Vermutung entstehen, der Townshiptourismus sei eine Art soziales Bungee-Jumping, bei dem bürgerliche *thrillseeker* – getrieben von einer gewissen Angstlust – das soziale Gefälle erleben wollen, um gewissermaßen die soziale Fallhöhe sensuell auszuloten, ohne jedoch tatsächlich Gefahr zu laufen, hart zu landen.

Um das Bild der Touristen von einem Township differenzierter beschreiben zu können, wurde vor der Tour ein semantisches Profil abgefragt. Dazu wurden polar-konträre Wortpaare gegenüber gestellt, die als Skalen zur Einschätzung der Townships dienen sollten (vgl. die schwarze Linie in Abb. 5). Deutlich wird hier erneut, dass in der Vorstellung der Touristen negativ konnotierte Begriffe die Townships eher charakterisieren als die positiven. So dominierten bei den Touristen vor der Tour die Begriffe „dreckig", „gefährlich", „unterentwickelt", „hässlich", „gewalttätig" und „traurig". Erwartet wurden aber gleichzeitig auch „Freundlichkeit", „Tradition" und „Afrikanisches". Townships wurden somit von den Touristen zwischen Harmonie und Disharmonie, zwischen Hoffnung und Ver-

---

[9] Welz (1993) untersucht das Phänomen des *slumming* anhand des Harlem-Tourismus in New York City und sieht hier die kulturhistorischen Wurzeln des Begriffs. Koven (2006) lokalisiert ihn jedoch bereits im viktorianischen England des vorletzten Jahrhunderts. Er beschreibt die Praxis des *Slummings* als Freizeitbeschäftigung von angehörigen der Ober- und der oberen Mittelschicht der Londoner Gesellschaft im ausgehenden 19. Jahrhundert.

zweiflung und zwischen Veränderung und Stagnation eingeordnet. Die Befragten erwarteten also sehr Unterschiedliches und teilweise sogar anscheinend Widersprüchliches (z. B. werden die Townships einerseits als freundlich und andererseits als gefährlich und gewalttätig charakterisiert).

Townshiptouren aus der Perspektive der Touranbieter

Im Rahmen des Projekts wurden Expertengespräche mit Verantwortlichen von neun Touranbietern geführt. Sie wurden u. a. danach gefragt, welche Interessen und Motivation die Touristen ihrer Einschätzung nach hätten. Die meisten Touranbieter betonten, das Hauptmotiv der Besucher sei es, Bewohner der Townships kennen zu lernen und mit ihnen zu kommunizieren („*to interact with the locals*"). Zudem vermuteten die Anbieter eine Neugier der Touristen auf Armut bzw. Entwicklungsprozesse. Die Tourunternehmen gingen davon aus, dass die Touristen insgesamt ein allgemeines Interesse am südafrikanischen Alltag und der südafrikanischen Kultur hätten und meinten ihrerseits, dass dieses am besten in den Townships zu zeigen sei. Viele Touristen wollten – so die Aussagen verschiedener Anbieter – die „andere Seite" von Kapstadt kennen lernen und sich so ein „vollständiges", „realistisches" bzw. „authentisches" Bild von der Stadt bzw. Südafrika machen.

In den Interviews wurden verschiedene Motive der Tour-Unternehmer bei der Auswahl der Tourziele deutlich. Manche möchten die Bedürftigkeit der Bewohner vor Augen führen und Möglichkeiten aufzeigen, wie die Touristen unmittelbar zu einer Verbesserung der Situation beitragen können (z. B. durch ökonomische oder ideelle Unterstützung). Einige Touranbieter sind demnach bestrebt, bewusst Armut zu zeigen, wollen dabei aber vor allem auf die Entwicklungspotenziale in den Townships hinweisen. Die Touren sollen verdeutlichen, unter welchen Umständen die Menschen in den Townships leben, aber immer soll auch ein positiver Wandel deutlich werden. Einige Interviewpartner betonten, dass sie Wert darauf legten, besonders irritierende oder erschütternde Eindrücke bei den Touristen sowie unwürdige Situationen für die Bewohner/innen der Townships zu vermeiden. Andere Touranbieter legen mehr Wert darauf, explizit das Positive in den Townships zu zeigen. Sie sparen bei ihrer Routenplanung z.T. bewusst schlechter entwickelte Siedlungsbereiche aus, um den Touristen ein möglichst positives Bild des Lebens in den Townships zu vermitteln. Ihr Fokus liegt eher auf der Vermittlung des „kulturellen Erbes".

Es wird deutlich, dass die Touranbieter bestimmte Ziele verfolgen und dementsprechend die Touren planen. Es sollen spezifische Bilder von Townships vermittelt und den Touristen als „reales"/"authentisches" Township-Leben präsentiert werden. Auffallend ist, dass bei der Vermittlung der Townships von den Anbietern verstärkt *kulturelle Schemata* aktiviert werden, die auf die Verdeutlichung kultureller Differenzen abzielen. Für die Touristen hingegen war *Kultur* als Beobachtungsperspektive keine relevante Kategorie bei der Entscheidung, ein Township zu besuchen.

Townshiptouren aus Sicht der Akteure in den Townships

In den Townships wurden solche Akteure befragt, die direkt von den Touren profitieren, wie z. B. Eigentümer von besuchten Shebeens (traditionelle Schankwirtschaft), Restaurants und Geschäften sowie Künstler und Souvenirverkäufer. Die Befragten sollten zunächst Auskunft darüber geben, was aus ihrer Sicht ein Township kennzeichnet. Bemerkenswert war, dass ein Großteil der Befragten vorwiegend *positive Aspekte* nannte. Betont wurden vor allem das Zusammenleben von Personen unterschiedlichster Sprachen, Religionen und Kulturen und das gut funktionierende soziale Gefüge zwischen Freunden und Nachbarn sowie innerhalb der Familie. Des Weiteren zeichneten sich Townships, so die Bewohner, als geschichtsträchtige Orte aus, in denen das Gedenken an die Apartheidsvergangenheit und afrikanische Traditionen aufrechterhalten würden. Außerdem wurde immer wieder betont, dass die südafrikanischen Townships in den letzten Jahren enorme Entwicklungsschritte gemacht hätten. Die Befragten kontrastierten diese positiven Darstellungen ihrer eigenen Lebenswelt häufig mit dem „vermuteten Fremdbild". Sie monierten in den Interviews auffallend oft, dass die Townships von außen vor allem als soziale Brennpunkte wahrgenommen würden, in denen Armut und Arbeitslosigkeit herrschten, Straßengangs ihr Unwesen trieben und Drogenkonsum und Kriminalität auf der Tagesordnung stünden. In diesem Zusammenhang wurde oft darauf verwiesen, dass in erheblichem Umfang und mit Erfolg präventive Aktivitäten unternommen würden. Die Befragten waren während der Interviews häufig bestrebt, das von ihnen vermutete Negativimage der Townships und die Lebensbedingungen zu korrigieren. Die Touristen seien ihrer Ansicht nach ebenfalls vor allem an positiven Aspekten interessiert. Die negativen Seiten seien nur dann von touristischem Interesse, wenn sich positive Veränderungen abzeichneten. Insgesamt vermuteten viele Interviewpartner, dass insbesondere das Fremde für die Touristen den besonderen Reiz biete. Die Besucher wollten sehen, wie die Menschen in den Townships lebten, etwas erleben, was es im Herkunftsland nicht gibt (z. B. Sheeben, Sangoma, einheimische Kunst und Handwerk, Musik und Tänze, fremde Speisen und Getränke). Eine in diesem Zusammenhang häufig geäußerte Vermutung über die Motivation der Touristen war, dass diese mehr über die Kultur und Geschichte der Townships erfahren möchten.

Die Akteure in den Townships sind nach eigenem Bekunden von elementarer Bedeutung für die Townshiptouren. Sie nehmen sich selbst als eine wichtige Informationsquelle wahr, die den Touristen einen „authentischen" Eindruck vom *real Township Life* vermittelt. Auch für sie, wie bereits für die Touranbieter, spielt die Vermittlung der „Kultur" der Township-Bewohner und des Townshipalltags eine zentrale Rolle. Es wird also deutlich, dass auch die Akteure in den Townships bestrebt sind, das „Kulturelle" als touristische Betrachtungskategorie einführen.

Townshiptouren in Kapstadt

Der Aufbau der Townshiptouren kann in gewisser Weise als ein soziokulturelles Aushängeschild bzw. eine sozio-kulturelle Außenvermarktung der Kapstädter Townships aufgefasst werden. In den Touren schlagen sich die Vorstellungen und Zielsetzungen der Touranbieter und teilweise die der Township-Bewohner nieder. Im Aufbau der Touren (Ablauf und Auswahl der Stationen) zeigt sich, was den Touristen gezeigt werden soll (Conforti, 1996, S. 840). Deshalb wurden auch die Townshiptouren von den Arbeitsgruppen in den Fokus genommen. Im Laufe des Aufenthaltes in Kapstadt nahmen die studentischen Teams an insgesamt 20 Townshiptouren von 12 verschiedenen Anbietern teil.[10] Der Verlauf der Touren, die Haltepunkte, besondere Beobachtungen und Auffälligkeiten wurden während der Fahrten als Touren-Protokolle festgehalten.

Die durchschnittliche Dauer der Touren betrug ca. vier Stunden. Die Kosten lagen bei ca. 250 Rand pro Person (ca. € 27). Die Teilnehmerzahlen der Touren reichten von nur 2 Teilnehmer/innen in einem Kleinbus bis zu 30 Townshiptouristen, die mit einem Reisebus transportiert werden. In

---

[10] Die Gesamtzahl der Unternehmen in Kapstadt, die touristische Townshiptouren anbieten, ist nicht eindeutig zu bestimmen. Nach eigener Schätzung liegt die Zahl der Anbieter zwischen 40 und 50 mit teilweise sehr unterschiedlichen Unternehmensprofilen und Professionalisierungsgraden.

den kleineren Townships außerhalb Kapstadts (Imizamu Yethu und Masiphumelele, siehe Abb. 2) fanden die Touren als Walking-Tours statt. Alle Touren wurden durch einen Guide geführt. In den überwiegenden Fällen gab der Tour-Guide an, selbst in einem der Townships zu leben.

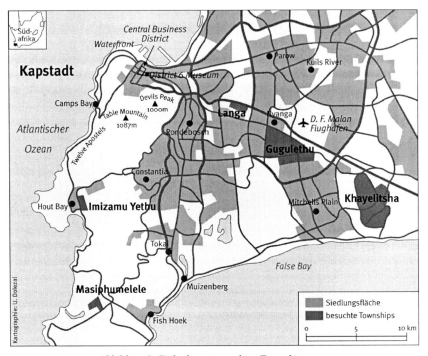

Abbildung 2: Ziele der untersuchten Townshiptouren

Die Touren waren vom Ablauf sehr ähnlich organisiert: Die meisten Tour-Unternehmen boten den Service an, ihre Gäste an deren Unterkünften abzuholen. Fast alle Townshiptouren starteten mit einem Besuch im *District Six Museum*[11] und einem anschließenden Halt in der *District Six Area*. Hier wurde den Touristen die Geschichte der Apartheid, der städtischen Segre-

---

[11] Im District Six Museum ist die Entwicklungsgeschichte des gleichnamigen Stadtteils District Six dokumentiert. Aus diesem ehemals multikulturellen Stadtteil wurde 1966 die nicht weiße Bevölkerung vertrieben und in Townships umgesiedelt. Anfang der 1980er Jahre wurden alle Gebäude auf der Fläche abgerissen und das Land liegt seither brach. (Vgl. http://www.districtsix.co.za, Zugriff am 22.1.2008).

gationsplanung sowie der Townships in Südafrika erläutert. Von hier aus führten die Touren in die jeweiligen Townships. Hauptziele waren die sogenannten *black townships Langa, Gugulethu* und *Khayelitsha*. Alle Touren setzten sich dann im weiteren Verlauf aus sehr ähnlichen Elementen zusammen:
- Besichtigung von Unterkünften für Wanderarbeiter
- Besichtigung von Kindergarten- und Grundschuleinrichtungen (z.T. mit Gesang- oder Tanzvorführungen der Kinder)
- Besichtigung unterschiedlicher Siedlungsgebiete und –formen (von informellen Squattersiedlungen bis konsolidierten Wohngebieten der schwarzen Mittelschicht)
- Besuch bei einem *Sangoma* („traditional healer") mit der Möglichkeit zur Konsultation
- Besuch einer *Shebeen* (informelle Schankwirtschaft), oft wird dort *Umqombothi* („traditional beer") angeboten
- Besuch von Privathaushalten

Während der Townshiptouren wurden den Tourteilnehmenden verschiedene Möglichkeiten gegeben, um Souvenirs oder (lokale) Kunsthandwerkserzeugnisse zu erwerben. Während der Besuche bei sozialen Einrichtungen bestanden zudem Spendenmöglichkeiten. Kontaktaufnahme mit Bewohnern waren grundsätzlich an allen Haltepunkten möglich, ergaben sich aber vor allem während der Shebeen-Besuche.

Touristische Re-Konstruktionen: Die Eindrücke der Touristen nach der Tour

Die Touristen, die an den Townshiptouren teilnahmen, wurden im Anschluss an die Tour anhand eines standardisierten Fragebogens erneut befragt. Diese Befragung hatte u. a. den Schwerpunkt, das Bild und die Wahrnehmung von Townships durch die Touristen nach der Tour zu ermitteln. Es sollte also geprüft werden, ob sich ihr Bild von den Townships durch die Tour verändert, erweitert oder bestätigt hat. Für diese Auswertung lagen uns die Angaben von 79 Befragten vor.

Zunächst sollten die Befragten angeben, was ihnen auf der Tour aufgefallen ist und was sie besonders beeindruckt hat. Dazu machten 62 der 79 Befragten insgesamt 85 Angaben (Abb. 3 zeigt die kategorisierten Antworten auf die offene Frage).

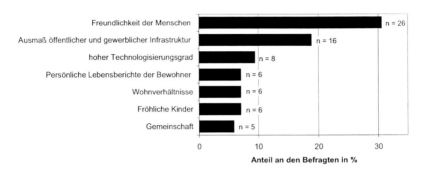

Abbildung 3: Eindrücke der Touristen nach der Tour (kategorisierte Antworten)

Besonders beeindruckt hat die Besucher die Freundlichkeit der Township-Bewohner. Über 30 % der Befragten nannten diesen Aspekt. Deutlich seltener, aber immerhin auch von knapp 20 % der Befragten, wurde der recht hohe Standard der öffentlichen und der gewerblichen Infrastruktur genannt. Diese beiden Aspekte sind vielen Befragten offenbar deshalb aufgefallen, weil sie dies nicht in solcher Form erwartet hatten. Schließlich assoziierten vor dem Besuch zwei Drittel der Befragten mit dem Township vor allem den Begriff „Armut" (s. o.).

Diese Ergebnisse machen bereits deutlich, dass sich das Townshipbild bei den Befragten während der Tour verändert hat. Dies kann besonders gut veranschaulicht werden, wenn die semantischen Profile, die sich bei den Befragten vor und nach der Tour ergeben haben, miteinander verglichen werden (s. Abb. 4).

Die teilweise sehr großen Abweichungen zwischen den Einschätzungen vor und nach der Townshiptour fallen unmittelbar ins Auge.[12] Auffallend ist, dass bei fast allen Item-Paaren die Erwartungen positiv übertroffen wurden. Folgende Aussagen sollen dazu dienen, die durch die Polaritätenprofile erhobenen touristischen Wahrnehmungen in Bezug auf die Veränderungen des Township-Bildes durch die Touren zusammenfassend zu beschreiben:

- Townships (bzw. deren Bewohner) sind entgegen den Erwartungen eher fröhlich und hoffnungsvoll als traurig und verzweifelt.
- Townships sind entgegen den Erwartungen eher sicher und friedlich als gefährlich und gewalttätig und eher harmonisch als disharmonisch.

---

[12] Die Unterschiede sind überwiegend signifikant (5%-Niveau*) oder sogar hoch signifikant (1%-Niveau**)

- Townships sind integrierter, moderner und freier als erwartet und nicht so unterentwickelt wie vorher vermutet.
- Townships sind sogar noch „afrikanischer" und die Bevölkerung noch freundlicher als vor der Tour erwartet.
- Demgegenüber sind Townships entsprechend den Erwartungen eher hässlich und dreckig.

Die Analysen machen deutlich, dass der Besuch eines Townships bei den befragten Touristen offenbar zu signifikanten Wahrnehmungsänderungen geführt hat. Die von den Touranbietern und den Akteuren in den Townships präsentierten Inhalte und Szenerien sowie die individuellen Erfahrungen während einer Townshiptour verfehlen offenbar ihre intendierte Wirkung (Verbesserung des Images) nicht. Das ehemals eher düster-graue Bild wird deutlich facettenreicher und tendiert zuweilen ins Rosarote.[13] Auch gewinnen, wie weitere Auswertungen der Befragung nach der Tour und Interviews mit einzelnen Touristen zeigen, kulturelle Kategorien als Markenzeichen für Townships bei einem größeren Teil der Touristen an Bedeutung.

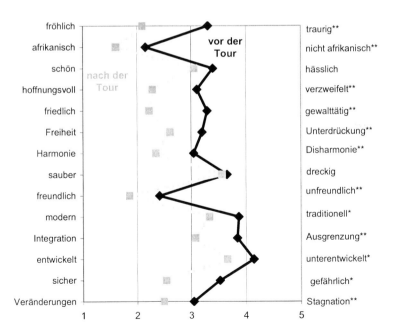

Abbildung 4: Einschätzungen der Befragten zu ausgewählten Aspekten von Townships vor und nach der Tour

Theoretische Re-Konstruktionen

Die empirischen Ergebnisse zeigen, dass bei den verschiedenen Zielgruppen (Touranbieter, Akteure in den Townships, Touristen) sehr unterschiedliche Bilder und Vorstellungen über Townships vorherrschen bzw. kommuniziert werden. Fasst man in diesem Untersuchungskontext Townships als Raumkonstrukte, also als soziale Herstellungsleistungen auf, so sind die Anbieter der Touren und die an den Touren beteiligten Bewohner der Townships wichtige Akteure dieses Konstruktionsprozesses. Es muss allerdings differenziert werden zwischen den Konstruktionen, die auf deren Selbstwahrnehmung als Bewohner von Townships referieren und den Raumkonstrukten, die für die Touristen teilweise (bewusst oder unbewusst) inszeniert werden.[14] Dabei sind sehr auffällige Unterscheidungen und Selektionen zu beobachten. So werden bei den Townshiptouren positive Entwicklungsperspektiven, ethnisch-kulturelle Vielfalt und das Selbsthilfepotential in den Vordergrund gestellt. Die soziale Gemeinschaft in den Stadtquartieren wird betont. Kommunikationsprozesse mit der lokalen Bevölkerung werden angestoßen. Kulturelle Kategorien werden in den Konstruktionsprozess eingeführt. Historisierende Perspektiven werden einbezogen. Mit diesen Formen und Mitteln verbinden die Touranbieter wie auch die Akteure in den Townships die Erwartung, dass dadurch die „Authentizität" der Informationen erhöht wird. Dieses Streben nach Authentizität der Darstellung wird zusätzlich dadurch deutlich, dass fast alle Touranbieter die autochtone Herkunft der Tour-Guides betonen. Insbesondere kulturelle Kategorien und Authentizitätsansprüche gehören zu den Prinzipien bei der Konstruktion von Townships bzw. der inhaltlichen Aufladung der raumbezogenen Semantik Township.

Aus einer raumtheoretischen Perspektive haben diese Praktiken erhebliche Konsequenzen. Die Vor-Urteile der Touristen werden verändert, die Raumkonstruktion Township erfährt eine Modifizierung. Aus der Perspektive der Touristen findet eine Relativierung bestehender räumlicher Homogenisierungen statt. Townships erscheinen nicht mehr nur als homogen strukturierte Slumviertel. Es wird verdeutlicht, dass es innerhalb der Townships erhebliche soziale Differenzierungen, beträchtliche lokale Dis-

---

[13] Ähnliche Einstellungs- und Wahrnehmungsänderungen konnten auch bei den Studierenden festgestellt werden.
[14] Zum Begriff der Authentizität in der Tourismusforschung und den Schwierigkeiten der Unterscheidung zwischen *staged* und *true authenticity* vgl. MacCannell (1988²).

paritäten und räumliche Funktionsteilungen gibt. Die Townshiptour bietet zahlreichen Einblicke in die Lebenssituationen der Bewohner. Das Ausmaß der Unkenntnis über die sozio-ökonomischen Lagen in den Townships wird verringert. Für die Touristen baut sich eine soziale Komplexität auf, die üblicherweise durch vereinfachende Verräumlichungen gerade reduziert wird. Damit in Zusammenhang steht auch der Verlust von Anschlussfähigkeiten der vor der Tour bestehenden – oft räumlich codierten – Erwartungen und Vor-Urteile an das Gesehene.

Durch diese Erfahrungen verlieren die Townships für die Touristen ihren exkludierenden Charakter. Ein großer Teil der Touristen verfügte vor der Tour über nur sehr wenige und pauschalierte Kenntnisse zum Thema Townships. Durch die von ihnen als authentisch wahrgenommenen Informationen wird der bisher einseitig geprägte Blick auf Townships teilweise gebrochen. Townships verlieren dadurch ihre Exklusivität, andere Einblicke und Einsichten werden möglich.

Ein für den Erkenntnisprozess relevantes Ergebnis der Forschung ist zudem, dass der touristische Konstruktionsprozess in einem spezifischen, paradox anmutenden Spannungsverhältnis stattfindet, welches aus den unterschiedlichen Motiven und Interessen der an dem Konstruktionsprozess Beteiligten entsteht. Auf der einen Seite macht das Negativimage der Townships einen nicht unwesentlichen Teil der Attraktivität der Townships als Sehenswürdigkeit aus (*negative sightseeing*), auf der anderen Seite formulieren die Touranbieter und die beteiligten Townshipbewohner explizit das Ziel, eben dieses durch die Touren zu verbessern. Sie zielen darauf ab, ein *positive sight* zu vermitteln. Es lässt sich an dieser Stelle nur als Vermutung äußern, dass die Aktivierung des Kulturellen als Betrachtungskategorie eben diesem Ziel dient. Durch die Betonung des Kulturellen wird gewissermaßen das Enttäuschungspotenzial verringert, welches die Townships für die *negative sightseeing tourists* birgt. Die Enttäuschung über das Ausbleiben der erschreckendsten Bilder wird ausgeglichen durch die Inszenierung positiver „kultureller Erlebnisse".

Die Auswertungen haben gezeigt, dass kulturelle Kategorien bei den Touren von den Anbietern gezielt positioniert werden, um bei den Touristen einen kulturellen Blick zu etablieren. Die Erwartungen der Touristen beziehen sich vorher selten direkt auf *etwas Kulturelles*. Im Interessensmittelpunkt der Touristen stehen zunächst soziale und vor allem ökonomische Differenzen („Arme Leute gucken", „schlechte Wohnverhältnisse sehen"). Das Kulturelle oder das kulturelle Erbe wird erst während der Touren in den Mittelpunkt gestellt. In der Form, wie dies geschieht, werden dabei z.T. alte Stereotypen und Klischees kolonialen Ursprungs bedient („Afrikanischer Aberglaube", „Arm aber glücklich", „Rhythmus im Blut" u.ä.). Aus der Perspektive eines kulturellen Beobachtungsschemas wird im Kontext des Townshiptourismus' leicht eine Korrespondenz von Armut und kultureller Fremdheit hergestellt. So findet gleichsam eine Ästhetisierung oder Kulturalisierung der Armut bzw. eine Exotisierung der Unterprivilegierung statt. Zusammen mit dem Unsicherheitsgefühl (relativiert durch die Kleinbussicherheit) bedient das die sozialvoyeuristischen Slummingbedürfnisse der bürgerlichen „Thrillseeker".

Didaktische Reflexionen

Das Studienprojekt hat zweifellos das Ziel erreicht, den Studierenden die sehr unterschiedlichen Raumkonstruktionen der beteiligten Akteure vor Augen zu führen. Die eigenen und fremden Blicke auf Townships sind so plastisch herausgearbeitet und gegenübergestellt worden. Für den Lernprozess von besonderer Bedeutung war dabei sicherlich auch die Reflexion der eigenen Erfahrungen und Wahrnehmungsänderungen bei den Studierenden im Forschungsprozess. Exkursionen und Studienprojekte bieten für eine solche Lernerfahrung besonders gute Voraussetzungen, da sich die Lernenden in einem für sie fremden Erlebniskontext bewegen (vgl. dazu auch Bosbach & Rolfes, 2003). Für eine Förderung dieses Erkenntnis- und Lernprozesses musste sichergestellt werden, dass die erzielten Ergebnisse sowie die erarbeiteten Raumkonstruktionen und Raum-Re-Konstruktionen regelmäßig und systematisch zusammengeführt und verglichen wurden. Erst aus den jeweiligen Differenzierungen der unterschiedlichen Beobachtungsperspektiven konnten die Spezifika der einzelnen Untersuchungsgruppen herausgearbeitet werden.

Die eigene Betroffenheit sowie eine teilweise zu geringe Beobachtungsdistanz führten allerdings auch dazu, dass eine Differenzierung zwischen der formalen (raum-)theoretischen Perspektive und dem alltagsweltlichen Begriffsverständnis und dem eigenen Erleben nicht immer hinreichend erreicht werden konnte. Dies mag teilweise auch damit zusammenhängen, dass die teilweise sehr komplexen theoretischen Hintergründe nicht immer und nicht von allen Projektteilnehmern strukturiert in den Erhebungs- und Auswertungsprozess integriert wurden oder auch mangels ausreichender Kenntnisse nicht berücksichtigt werden konnten.

Eine besondere Herausforderung des Projektes stellte eine strukturierte Kopplung von Theorie und Empirie dar. In der Kürze der zur Verfügung stehenden Zeit war es teilweise schwierig, die empirischen Erhebungen methodisch so zu konzipieren, dass die Raumkonstruktionen der unterschiedlichen Akteursgruppen auf einer raum- und konstruktionstheoretischen Grundlage differenziert herausgearbeitet werden konnten. Insbesondere die Identifizierung und theoretische Fundierung von Konstruktionsprinzipien hätte eine breitere und tiefgreifendere qualitativ-empirische Erhebung erfordert. Dies gilt insbesondere für die bereits oben formulierte konzeptionelle Unterscheidung zwischen Kultur und Raum als konstruktivistische Kategorien. Diese wurde von den studentischen Arbeitsgruppen nicht immer klar vorgenommen. Präziser hätte beispielsweise gefragt werden können, wo explizit Kultur als Beobachtungsschema von den befragten Akteuren aktiviert wird, um die Besonderheiten oder Eigenschaften in Townships herauszustellen. Allerdings ist es auch gerade eine spezifische Eigenschaft eines offenen und qualitativen Forschungsdesigns, dass neue Erkenntnisse gewonnen werden, die dann theoretisch wie konzeptionell integriert werden müssen. Eine systemtheoretische Grundlegung der Fragestellung, die stringent das von Redepenning (2006) konzeptualisierte Raumverständnis berücksichtigt (welches dann schließlich von Pott (2007) für die raumbezogene Tourismusforschung weiterentwickelt wurde), konnte im Rahmen des Studienprojektes nicht geleistet werden. Dies ist aber Gegenstand weiterer Projektstudien, die derzeit in Vorbereitung sind. Besonders der Stellenwert der Kultur als Beobachtungsschema im Townshiptourismus oder andere Formen des „ethnic slummings" bieten neue Ansatzpunkte für weitere Forschungsarbeiten in diesem Forschungsfeld.

Literatur

Aderhold, P. u. a. (2006): Tourismus in Entwicklungsländern. Schriftenreihe für Tourismus und Entwicklung des Studienkreises für Tourismus und Entwicklung e.V.

Bosbach, K. & Rolfes, M. (2003): Grödner Räume und Grödner Diskurse. Ergebnisse eines Studienprojekts in Südtirol. Osnabrück: Universität Osnabrück (OSG-Materialien Nr. 54).

Conforti, J. M. (1996): Ghettos as Tourism Attraction. In: Annals of Tourism Research. Vol. 23, Nr. 4/1996, S. 830-842.

Koven, S. (2006): Slumming: Sexual and Social Politics in Victorian London. Princeton.

Kremer, O. (2002): Der Blackout-Kontinent. Münster (Univ. Dissertation). Zugriff über http://deposit.ddb.de/cgi-bin/dokserv?idn=968501028 am 23.01.08.

Krüger, R. (2006): Tourismus überstrahlt im Süden Afrikas selbst Gold und Diamanten. Zugriff über http://www.afrika-start.de/artikel-240.htm am 1.11.2007.

Ludvigsen, A. (2002): Langa is not an island. Township Tourism in South Africa. Master Thesis. Institut für Anthropologie. Kopenhagen.

MacCannell, D. (1988²): The Tourist: A New Theory of Leisure Class. Berkley.

Margraf, M. (2006): Community Based Tourism. Saarbrücken.

Poenicke, A. (2001): Afrika in deutschen Medien und Schulbüchern. Sankt Augustin. (Zukunftsforum Politik, Nr. 29, Hrsg. Konrad-Adenauer-Stiftung e.V.).

Pott, A. (2005): Kulturgeographie beobachtet. Probleme und Potentiale der geographischen Beobachtung von Kultur. In: Erdkunde, H. 2 / 2005. S. 89-101.

Pott, A. (2007): Orte des Tourismus. Eine raum- und gesellschaftstheoretische Untersuchung. Bielefeld.

Redepenning, M. (2006): Wozu Raum? – Systemtheorie, critical geopolitics und raumbezogene Semantiken. Leipzig (Beiträge zur Regionalen Geographie 62).

Rogerson, C. M. (2003): Tourism and transformation. Small Enterprise Development in South Africa. In: Africa Insight. Vol. 33, Nr. 1(2), S. 108-114.

Welz, G. (1993): Slum als Sehenswürdigkeit. 'Negative Sightseeing' im Städtetourismus. In: Kramer, D. & Lutz, R. (Hrsg.): Tourismus-Kultur, Kultur-Tourismus. Münster. S. 39-53.

LA GOMERA UNTER DEM ASPEKT VON ...

FÜNF DIMENSIONEN EINER KONSTRUKTIVEN EXKURSIONSDIDAKTIK

Tilman Rhode-Jüchtern, Antje Schneider

La Gomera „Isla Ecologica" – Strohhalmparole im Globalismus!?

In der imaginativen Geographie erscheint La Gomera als Vulkaninsel im Kanarischen Archipel, als UNESCO-Welterbe der Menschheit (Lorbeerwald in saharischen Breiten), als Paradies für Wanderer, als Bananeninsel, als Alternative zu Teneriffa und Cran Canaria.

Eine Passatwolke macht den Norden grün. Der Süden ist heiß, wasser- und vegetationsarm, aber zugleich das Ziel für alternative Sonnensucher im europäischen Winter und für das 4-Sterne-Golfspiel.

Fast die Hälfte der Bevölkerung ist in den letzten 40 Jahren abgewandert (von 30.000 auf 17.000 Inselbewohner). Die Landwirtschaft wird noch immer in Halbpacht betrieben, also halbfeudal und mit privaten Wasserrechten. La Gomera ist teuer für Touristen, die weltweite Konkurrenz andernorts leicht erreichbar. Jeder Dachziegel und jede Dose Nescafé muss per Schiff transportiert werden.

Die Banane ist die einzige cash-crop, aber nur durch Marktprotektionismus in der EU verkäuflich, ihre Ära endet.

Was bleibt als Möglichkeit der Wertschöpfung? Erstens die künstliche Stützung durch EU-Fonds. Zweitens die „Vierte Fruchtfolge" – der Tourismus. Doch welche Touristen passen zu Gomera, welches Gomera passt zum Tourismus? Die Besucherzahlen sinken, Fremdenzimmer stehen oft leer, Wanderer bringen ohnehin nicht das große Geld. Kein weiteren Hotels mehr und Pflegen des komparativen Vorteils um den Nationalpark, also der „Isla Ecologica"?

Oder die Tore öffnen für jede Gelegenheit zum Geldverdienen? Auch Tagestouristen von Teneriffa, auf Foto-Safari per Landrover auf perfektem EU-Asphalt? „Casas Rurales" vermarkten an deutsche Pensionäre? Investoren anlocken für Neubauten am Berghang, mit perfektem Blick zum Teide, dem sagenumwobenen Vulkan des Alexander von Humboldt?

Das Potential ist groß, aber die Konkurrenz schläft nicht und die Arbeitslosigkeit ist hoch – bewährt sich das Leitbild der ökologischen Insel in einer globalisierten und ökonomisierten Welt (Abb.1)?

Abbildung 1: Luftbild von La Gomera (Quelle: Fernandez, o.J., S. 3)

Diese verdichtete Erzählung bildet Imaginationen der Insel ab, die vor allem in der Fach- und Reiseliteratur zu recherchieren sind (Fernandez u. a., o.J.; Filser, 2004; Buchholz & Fischer, 2006). Es handelt sich um bekannte Vorstellungen von La Gomera als „Isla Ecologica", die in geographischer Hinsicht den Anlass für die Durchführung der Studentenexkursion lieferte.

Unter fachlichen Gesichtspunkten war Ziel der Exkursion, die Frage nach der Verträglichkeit des Leitbildes der ökologischen Insel La Gomera und aktueller Tourismusentwicklung forschungspraktisch zu operationalisieren und sich entsprechend empirisch vor Ort anzunähern.

Neben der Orientierung an reinen Fachinhalten war es ein weiteres Anliegen der Exkursion, über eine *Didaktik des (exkursions-)didaktischen Denkens* zu reflektieren. Eine *Didaktik der Didaktik* heißt in dem Fall, wie für angehende Geographielehrer Erfahrungsräume vor Ort geschaffen werden können, in denen die Prinzipien einer konstruktiven Exkursionsdidaktik ernst genommen werden.

Damit wäre der erste Eckpfeiler für ein Exkursionskonzept benannt, eine dezidiert *konstruktivistische Perspektive*, sowohl unter fachtheoretischen als auch didaktischen Erwägungen. Ein zweiter Pfeiler trägt die didaktische Inszenierung, das Arrangement von *Lerninhalten* sowie die methodische Organisation von *Lernprozessen*. Nimmt man das Postulat einer Didaktik der Didaktik ernst, lassen sich daraus weitere konzeptionelle Implikationen ableiten. In ein Exkursionskonzept zu integrieren sind dann auch jene Fragen, die sich verstärkt den Möglichkeiten der *(Selbst-)Reflexion* im Umgang mit Lernarrangements und -methoden widmen.

Diese Dreiecksbeziehung – Fachphilosophie, Lernarrangement und (reflexive) Lehrkultur – wird in fünf Dimensionen beschreibbar, die das gesamte Exkursionskonzept abbilden und im Folgenden diskutiert werden:
1. La Gomera unter dem *Aspekt einer konstruktivistischen Geographie* widmet sich den übergreifenden metatheoretischen (Voraus)Setzungen der Exkursion, also der Frage, von welcher Art geographischer (Welt-) Beobachtung die Untersuchungen vor Ort geleitet sind.
2. Konstruktivistisches Denken meint allgemein eine „Epistemologie des Beobachtens" (von Foerster, 2006, S. 44) und zielt damit auf das Erkennen und Verstehen der Mechanismen und Prinzipien (geographischer) Wissensproduktion. Damit wäre die Bedeutung der zweiten Dimension – die Möglichkeiten der *Erfindung von Problemstellungen* – benannt.
3. Eine fachtheoretische Zuspitzung erfahren beide Dimensionen durch die Anbindung an das *Handlungszentrierte Paradigma* innerhalb der Geographie (Werlen, 2004², 2007²), welches auch für eine *subjekt- und handlungszentrierte Didaktik* lohnende Anschlusspunkte liefert.
4. Speziell unter exkursionsdidaktischen Gesichtspunkten wird die Handlungszentrierung durch eine verstärkte Hinwendung zur Verbindung von Körperlichkeit und Geographie erweitert (Dickel, 2006, S. 110 ff.). La Gomera unter dem *Aspekt von Leiblichkeit und Geographie* versucht die Möglichkeiten einer Subjektzentrierung als Körperzentrierung zu diskutieren, in der die Bedeutung individueller Körpererfahrungen für die Generierung von Raumbildern bedeutsam werden.
5. Über die genannten Aspekte hinaus, wird in der letzten Dimension der Fokus darauf abgestellt, wie *Selbstreflexion* bezüglich der individuellen Lern- und Lehrkultur in ein solches Exkursionskonzept integriert werden kann.

1. La Gomera unter dem Aspekt einer konstruktivistischen Geographie

> Exkursionsvorbereitung, im Seminarraum, die Studierenden sitzen auf dem Boden und hören: Die Literaturlage haben wir alle vor Augen. Wir haben in verschiedenen Quellen unterschiedliche Beobachtungen vorgefunden. Darin stecken viele Vorstellungen und Imaginationen. Man kann auch sagen, in den Texten wird ein Bild von La Gomera gemacht, also konstruiert. Die Frage ist nun: Was machen *wir* auf La Gomera, warum müssen wir überhaupt dort hin? Antwort: Um eigene Bilder der Insel zu machen, zu konstruieren...

Geographien sind nicht, Geographien werden gemacht. Dies ist die wohl wirkmächtigste Parole, die sich hinter gegenwärtigen Ansätzen in der Geographie verbirgt, die sich um eine erkenntnistheoretische Neujustierung des Faches bemühen. Gemeint sind jene Ansätze, die allgemein unter der Bezeichnung *Neue Kulturgeographie* subsumiert werden, unter diesem Dach jedoch weniger inhaltliche Fixierungen geographischer Forschung abbilden, als vielmehr eine (Forschungs-)Perspektive bzw. einen erkenntnistheoretischen Zugriff (Gebhardt u. a., 2007, S. 13). Das Gemeinsame aller Ansätze – trotz der Vielzahl wissenschaftstheoretischer und methodologischer Variationen – ist der konstruktivistische Blick (Gebhardt u. a., 2007, S. 14).

Der sogenannte konstruktivistische Blick ist in erster Linie als besonderer Denk- oder Beobachtungsstil zu begreifen. Im metatheoretischen Sinn verbirgt sich dahinter ein Beobachtungsprogramm zweiter Ordnung, indem jegliche Form der Weltbeschreibung um die Frage nach dem *Wie* ihrer Beobachtung erweitert wird (Redepenning, 2006, S. 33, 64 ff.). Die dahinter stehende Forderung nach expliziter Reflexivität begründet sich aus der Annahme, dass „Beobachter und Beobachtetes untrennbar miteinander verknüpft [sind]" (von Foerster, 2006[9], S. 44), dass die zu beobachtenden Phänomene nicht im phänographisch-objektiven Sinn – also in der Beobachtung erster Ordnung – abschließend erschließbar sind, sondern eine bestimmte Art ihrer Erscheinung und Beschreibung maßgeblich bestimmt ist durch die impliziten Vorannahmen, Seh- und Denkgewohnheiten des Beobachters. Das, was wir *als* Wirklichkeit erkennen und zu verstehen versuchen ist in der Argumentation von Watzlawick (2006[9], S. 90) „nicht das Abbild objektiv bestehender, sozusagen platonischer Wahrheiten, deren sich gewisse Menschen besser bewusst sind als andere, sondern sie sind überhaupt nur innerhalb eines bestimmten Kontexts denkbar. In Indien kann einem als *swami*, als Heiliger, vorgestellt werden, wer im Westen als katatoner Schizophrener diagnostiziert würde. Weder die eine noch die andere Einschätzung ist in irgendeinem objektiven Sinne wahr oder wirklich, die Folgen dieser aber erschaffen konkrete Resultate persönlicher und gesellschaftlicher Natur".

Das, was wir *als* Tatsachen bezeichnen, ist in konstruktivistischer Lesart immer kontext- bzw. beobachterabhängig. Um die Entstehung, Erscheinung und Wirkung solcher Tatsachen zu verstehen, bedarf es somit eines Perspektivenwechsels hin zu den spezifischen Sinnzuschreibungen ihrer Betrachter. Was Watzlawick für die psychotherapeutische Konstruktion von Bedeutungen ausführt, ist auch für geographische Betrachtungen und ihre raumbezogenen Tatsachen relevant.

Einer Neuen Kulturgeographie geht es dann in erster Linie um Dekonstruktion (Gebhardt u. a., 2007, S. 14). Gemeint ist das Sichtbarmachen der Beobachterabhängigkeit von ansonsten unhinterfragten räumlichen Wirklichkeiten. Ziel ist dabei weniger eine Abkehr von traditionell objektivistischen Betrachtungen, sondern ihre Komplementierung durch eine konsequente Sensibilisierung für die gesellschaftliche Konstruiertheit von Wirklichkeiten, geographisch gewendet die Entstehung und Funktion gesellschaftlich objektivierter Raumdeutungen (Schlottmann, 2005; Redepenning, 2006).

Was ist mit dem Postulat der *Beobachtung der Beobachtung* für empirisch-geographische Betrachtungen intendiert? Welche grundlegenden Erkenntnisprinzipien für didaktisch-konzeptionelle Erwägungen bei der Durchführung von Exkursionen müssen berücksichtigt werden?

Als wichtigste *Erkenntnisprinzipien* zu akzeptieren sind jene, die sich in Heinz von Foersters Aufforderung zur *Verantwortung* verbergen (von Foerster, 2006[9], S. 44). Als wissenschaftlicher Beobachter habe man begründet und damit verantwortungsvoll einzutreten für die Selektion von relevanten Fragestellungen, für die Bestimmung von Beobachtungskriterien und -methoden sowie für die Ergebnisse und die auch als Resultat eigener Beobachtung .

Jede empirische Beobachtung schwimmt dann in einem unerschöpflichen Meer an Auswahlbegründungen entlang der Fragen: *Was* wird beobachtet? *Wozu* wird beobachtet? *Wie* wird beobachtet?

Um unter der Begründungslast einen Erkenntnisgewinn überhaupt zu ermöglichen, sind Kriterien für die *Auswahl lohnender Forschungsfragen* zu entwickeln, die auf die Unvermeidbarkeit von Subjektivität, Selektivität, Relationalität und Kontingenz jeder Problemstellung verweisen. Für die Legitimation eines Problems außerordentlich bedeutsam ist dann die *"Wozu-Frage"* (Janich, 2005, S. 97). Die Produktion von Wissen bzw. Wahrheiten dient nicht zum Selbstzweck, sondern muss als Mittel für etwas bestimmt werden. „Die Orientierung an der Wozu-Frage dient [...] der Abgrenzung bestimmter Bereiche des Redens, für die sich [...] die Frage nach der Wahrheit, ihren Kriterien und ihrer Definition, beantworten lässt (Janich, 2005, S. 98). Dies impliziert wiederum die Reflexion der beobachtungstheoretischen und -methodischen Voraussetzungen, unter denen Wahrheiten als solche produziert werden. Die Frage nach dem *Wie* der Beobachtung bedeutet so die Absage an eine an Objektivitätskriterien orientierte Forschungsmethodologie und dadurch die Hinwendung zu einem kritisch-reflexiven Umgang mit Subjektivität.

Geographisch betrachtet ist dann einerseits der Konstruktion von räumlichen Gegebenheiten Aufmerksamkeit zu schenken. Möglich wird das u.a. in der Perspektive des handlungszentrierten Paradigma (Werlen, 2004², 2007²), in dem geographische Wirklichkeiten als gelebte Wirklichkeiten aufgefasst werden. Geographien werden so als situativ und subjektiv bestimmte Wirklichkeiten verstanden, die erst durch die Wahrnehmungen und Handlungen von Menschen sozial wirksam werden. Werden „Räume" in der Perspektive ihrer gesellschaftlichen Konstruiertheit aufgefasst, dann muss danach gefragt werden, „wer unter welchen Bedingungen und aus welchen Interessen wie über bestimmte Räume kommuniziert und sie durch alltägliches Handeln fortlaufend produziert und reproduziert." (Arbeitsgruppe Curriculum 2000+ der DGfG, 2002: S. 5). Andererseits muss der forschende Blick auch darauf abgestellt werden, wie jene geographischen Konstruktionen ihrerseits *beobachtet* werden. Das mündet in Fragen zur *Selbstreflexivität* und darauf, wie konstruktivistisches Beobachten überhaupt möglich werden kann (Lippuner, 2003, S. 8). Es erweist sich demnach als unzureichend, lediglich auf die Konstruiertheit von Wirklichkeiten zu verweisen, ohne der eigenen Perspektivität Reflexions- und Artikulationsräume zu eröffnen. Selbstreflexivität meint die kontinuierliche Auseinandersetzung mit dem eigenen Wissen um das zu beobachtende Problem und dessen Funktion für die Konstitution von Bedeutungen. Abzustellen ist u. a. auf individuelle Präferenzen und Selbstverständlichkeiten, dabei insbesondere auf die Funktion tradierter und unhinterfragter geographischer Normalverständnisse (Schlottmann, 2005, S. 64).

Für die Übersetzung in ein Exkursionskonzept bedeuten diese Erkenntnisprinzipien eine große Herausforderung. Anzubieten sind Erfahrungsräume, die zu einem sukzessiv ansteigenden Reflexionsniveau – von einer Beobachtung erster Ordnung zur Beobachtung zweiter Ordnung – fachlich fundiert und (schul-)praktisch relevant – anleiten können. Exkursionsdidaktische Erwägungen müssen also voraussetzen, dass nicht instruktiv und im objektiven Sinn vermittelt werden kann, was nur subjektiv bedeutsam und erfahrbar ist. Die „Was-ist"-Gomera-Frage wird also nicht gestellt. Es wird auch nicht einfach eine Literaturlage nach- oder abgearbeitet. Auch das bloße Zählen von Menschen und Mäusen wird nicht stattfinden.

2. *La Gomera* unter dem Aspekt von lohnenden Problemstellungen

> Ein kleiner Dialog vor Ort könnte so klingen: „Was ist...?" „Wie heißt dieser Strauch?" Antwort: „Baumheide." „Was ist Inversion?" Antwort: „Temperaturumkehr." So wollen wir jedoch nicht arbeiten. Diese Fragen stellen wir erst, wenn sie für uns wichtig werden. Wichtig wofür? Für echte Problemstellungen, die wir so in der Literatur noch nicht nachlesen konnten. Zur Erinnerung: Reproduktion ist der niedrigste Anforderungsbereich im Abitur.

Was wird beobachtet? Erste inhaltliche Konsequenz einer konstruktiven Exkursionsdidaktik, ist also das Finden gehaltvoller und lohnender Probleme durch die Begegnung vor Ort. In der vorgestellten Perspektive bedeutet das, der *Erfindung* (von Foerster, 2006[9], S. 46) eines Problems größere Aufmerksamkeit zu widmen.

„Die Erkenntnis beginnt mit Problemen [...]. In allen Fällen, ohne Ausnahme, ist es der Charakter und die Qualität des Problems, [...], die den Wert oder Unwert der wissenschaftlichen Leistung bestimmt [...]. Und was dann zum Ausgangspunkt der wissenschaftlichen Arbeit wird, ist nicht so sehr die Beobachtung als solche, sondern die Beobachtung in ihrer eigentümlichen Bedeutung" (Popper, 1969, S. 104 f.) In dieser wissenschaftstheoretischen Logik ist es auch die Qualität des Problems, die die Qualität des Lernens bestimmt.

Unter welchen Voraussetzungen wird nun ein Problem gehaltvoll und wie können lohnende Fragestellungen ge- und erfunden werden? Gehaltvoll unter didaktischen Gesichtspunkten ist ein Problem, wenn es exemplarisch ist, wenn es subjektiv anschließt an die Erfahrungswelt der Lernenden und wenn es gegenwärtig und zukünftig Relevanz für epochaltypische Schlüsselprobleme aufweist (z.B. Schlüsselproblem Umwelt unter dem Aspekt von ökologischen Problemen und Umweltschutz) (Klafki, 1991[2]). Für die Problemsuche auf La Gomera bedeutsam sind im Kontext ökologischer Probleme z.B. Forschungsfragen, die auf einen Erkenntnismehrwert bezüglich der Ambivalenz des Leitbildes der „Isla Ecologica" und gegenwärtiger Wertschöpfungstrends verweisen.

Für den Erkenntnisprozess vor Ort bedeutet das jedoch nicht, den suchenden Blick auf die Bestätigung nach Literaturlage entwickelter Hypothesen abzustellen, um zu erkennen, was sowieso schon bekannt ist. Es geht als nicht um die „Feststellung überprüfbaren Wissens, sondern [um eine] kontrollierte Form von Ungewissheitssteigerung" (Baecker, 2007, S. 101). In diesem Sinne bedarf es einer grundlegenden Offenheit und der Bereitschaft zur Irritation. Verunsicherung erweist sich als Motor, um ein Phänomen überhaupt als Problem wahrnehmen zu können. Sämtliche Hypothesen sind so als relativ und vorläufig zu halten und im Prozess der Erfindung einer Forschungsfrage ständig zu modifizieren.

Nun ist es aber mit der Bereitschaft zur Irritation – der bewussten Akzeptanz, Probleme in der „Spannung von Wissen und Nichtwissen" (Popper, 1969, S 104) zu definieren um damit überhaupt Erkenntnis zu ermöglichen – realiter nicht ganz so einfach. Studierende möchten oft sehr gern und sehr schnell wissen, „was ist" und „was sie tun sollen". *Verunsicherungskompetenz* muss im wahrsten Sinne des Wortes akzeptiert und gelernt werden. Somit sind die Begegnungen vor Ort in den ersten Annäherungen hauptsächlich dem Prozess der Entstehung von lohnenden Fragestellungen gewidmet. Für den Problemfindungsprozess wird deshalb plädiert, weil ein Thema konstruktivistisch betrachtet niemals an sich existent und bearbeitbar ist, sondern im Prozess der Beobachtung erst zu einem Problem gemacht wird. Pointierter formuliert geht es unter dem Postulat der „Verunsicherung des geographischen Blicks" (Lossau, 2000, S. 23) um einen reflexiven Prozess kontingenter Fragen und Antworten und Fragen und..., der „nicht im Wissen kulminiert, sondern in der Kunst der Problemstellung" (Baecker, 2007, S. 102). Das Beispiel soll dies verdeutlichen.

Der isohypsische Bach – Eine kleine Erzählung zur Nachhaltigkeit

Der Beginn jeder Problemfindung ist die Kunst der Beobachtung und der passenden Frage – oder umgekehrt. Auffällig ist ein Phänomen dann, wenn es als Rätsel überhaupt wahrgenommen wird, bezogen auf eine Fragestellung: Einige Meter oberhalb der eigentlichen Erosionsbasis des El-Cedro-Baches, der seine Fracht talabwärts befördert, verläuft fast parallel zur Höhenlinie ein zweites Fließgewässer. Der geographische Blick ist irritiert. Wie kann das sein? Handelt es sich bei dieser Besonderheit um eine – talaufwärts gelegene – natürliche Bifurkation

Abbildung 2: Isohypsischer Bach (Quelle: eigene Aufnahme)

oder um eine künstlich angelegte Abzweigung für wasserwirtschaftliche Nutzung?

Ein strenge Beobachtung beider Gewässer in Fließrichtung erbringt folgende Antworten: Ein alter Düker wird aufgespürt und liefert einen Hinweis. Ursprünglich angelegt, um Wasser im Überlauf für landwirtschaftliche und private Zwecke in das El-Cedro-Hochtal zu leiten, ist dieser Düker eine Spur für die traditionellen Geographien von Menschen in dieser Region.

Abbildung 3: Düker
(Quelle: eigene Aufnahme)

Die „kleine Erzählung" über vergangene Formen des alltäglichen Geographie-Machens wäre beendet, würde nicht jetzt eine „große Erzählung" beginnen. Die Spuren-Suche geht weiter: Unweit des Dükers befindet sich eine Wasserpumpstation als Zeichen einer technischen und fortgeschrittenen Wasserwirtschaft. Die elektrische Pumpe ist Symbol für die veränderten Lebensbedürfnisse von Menschen im Kontext einer zunehmend modernisierten und technisierten Welt. Sie spiegelt die Intensivierung des Bedarfs an Nutzwasser für Landwirtschaft, private und gewerbliche Verbraucher, der gleichsam durch ihre Technik gesichert ist.

Das Traditionelle betont die Form des Eingriffs in die naturräumlichen Bedingungen unter dem Prinzip der Nachhaltigkeit. Nachhaltigkeit im originären Sinn (Carlowitz, 1713, zit. in Mathe, 2001) heißt, dass der Natur nur soviel entnommen werden kann, dass sich ihre Möglichkeiten zur Regenerierung nicht erschöpfen. Dies symbolisiert der Düker: eine Wasserwirtschaftsweise, bei der die Balance zwischen Entnahme und Zufuhr garantiert ist. Sind damit die Fragen um den isohypsischen Bach geklärt?

Die moderne Wasserwirtschaft im El-Cedro-Hochtal (und nicht nur dort) ist damit nicht ausschließlich ein Eingriff in den natürlichen Was-

Abbildung 4: Wasserpumpe
(Quelle: eigene Aufnahme)

serhaushalt, sondern potentiell auch ein Problem. Ist durch den traditionellen Düker Nachhaltigkeit garantiert, ist durch die moderne Pumpe dieses Prinzip möglicherweise gestört. Es gilt also weiterzufragen und zu suchen. Gibt es Spuren von Störungen hinsichtlich einer naturverträglichen Wasserwirtschaft?

Das potentielle Problem verdichtet sich an der Mündung des El-Cedro-Baches im Hermigua-Tal. Es wird wirklich an einer Kläranlage im Küstenbereich, die ihre Kapazität weit überschritten hat. Davon zeugen zumindest die Schaumkronen vor dem Strand, die sich auch in der bewegten Brandung nicht auflösen. Es ist die Spur des Abwassers, die deutlich macht, dass die Belastungsgrenzen einer naturverträglichen Wassernutzung überdehnt sind.

Abbildung 5: Schaumkronen
(Quelle: eigene Aufnahme)

Die Selbstreinigungskraft des Baches reicht längst nicht mehr aus; auch die Technik ist überfordert.

Die Kläranlage verweist aber auf mehr als „nur" ein Wasserproblem: Mit allen Sinnen erfahrbar erinnert sie an die Diskussionen um die Möglichkeiten einer Insel.

Das zerstörerische Potential von Tourismus, Landwirtschaft & Co. ist also groß. Lässt sich das offizielle Leitbild der ökologischen Insel halten, in einer globalisierten und ökonomisierten Welt? Die kleine Erzählung zeigt: Die Möglichkeit einer wirklichen „Isla ecologica" ist eng begrenzt.

Die permanente Irritation im Wechselspiel von Fragen und Antworten verdeutlicht hier sehr anschaulich, wie sich ein kleines Rätsel um den „isohypsischen" Bach als ein kurzer Moment der Verwunderung im Feld zu einem echten Problem einer potentiell gestörten naturverträglichen Wassernutzung verdichtet. Was das abschließend bedeutet für die Möglichkeiten einer ökologischen Insel, kann nicht nebenher beantwortet werden und müsste durch weiterführende Untersuchungen ermittelt werden. Ein Erkenntnismehrwert ist es jedoch allemal. Zeigt doch das Beispiel, wie erst die Beobachtung vor Ort in eine handfeste Deutungshypothese mündet.

In diesem Sinne avancieren Irritation und Offenheit im gesamten Exkursionskonzept zur Methode.

Ist La Gomera eine wirkliche „Isla ecologica"? Oder steht das Leitbild für eine Strohhalmparole im Globalismus? Der Prozess der Entwicklung lohnender Problemstellungen entlang dieser zentralen Frage wurde zunächst ganz klassisch im Seminarraum angeregt. Ein eingehendes Literatur- und Quellenstudium und die Produktion erster Erzählungen anhand von „Daten und Fakten" beschreiben La Gomera *als Objekt*. Ziel war es, zu sensibilisieren für die Schönheiten und Kehrseiten der Insel, um erste Imaginationen zu entwickeln. Diese Vorstellungen galt es vor Ort kräftig zu verunsichern, das durch offene Fremdbeobachtungen und der kontinuierlichen Beobachtung des eigenen Handelns, der eigenen Haltungen, Erfahrungen und Befindlichkeiten als Reisender auf La Gomera.

Anfänglich waren es die subjektiven Erfahrungen aus einer teilnehmenden Beobachtungsperspektive vor Ort– die Beobachtung der Insel *im Medium*[1] – so wie das Schwimmen als ein Fisch unter anderen in einem Aquarium – die das Wissen aus zweiter Hand der Forschungs- und Reiseliteratur erweiterten und erste Modifikationen von Thesen und Fragestellungen bedingten. Den weiteren Lernprozess bestimmte die ständige Reflexion vieler durcheinander wirkender Eindrücke. Dieses Durcheinander galt es theoriegeleitet und argumentativ gehaltvoll zu strukturieren und sukzessive in ein wissenschaftlichen Maßstäben genügendes empirisches Untersuchungsdesign zu überführen. Für den Einzelnen erfahrbar wurde so die Zirkularität, das Vor- und Zurückschreiten sowie das Wechselspiel von Lust und Frust bei Forschungsprozessen. Hinzu kamen Erfahrungen geistiger und kommunikativer Anstrengungen, die sich fortwährend um die Begründung und Passung von Thesen und Fragen mit theoretischen und methodischen Strategien bei der Auseinandersetzung mit der jeweiligen Untersuchungsaufgabe bewegten. In Studierendensicht besonders zu Beginn der Exkursion war es nur schwer nachvollziehbar, dass all diese Mühen zunächst „nur" die Aussicht bedeuteten, am Ende des Aufenthalts mit einer soliden, gehaltvollen und empirisch fundierten Forschungsfrage die Heimkehr anzutreten. „Billiger" war es aber nicht zu haben, denn es handelt sich um echte und ergebnisoffene Problemstellungen anstelle bloßer Reproduktion von Literatur.

Die folgende Tabelle 1 gibt abschließend einen Überblick über die Ergebnisse des Problemfindungsprozess in einzelnen Themenbereichen. Gegenüber gestellt sind die Ausgangsfragen der inhaltlichen Exkursionsvorbereitung (La Gomera *als Objekt*) und ihre Weiterentwicklung zu gehaltvollen Forschungsproblemen (durch die Beobachtung der Insel *im Medium*).

---

[1] Die Erkenntnisfigur einer Beobachtung als Objekt und/oder im Medium ist originär eine grundsätzliche Unterscheidung in einer Theorie der Umweltwahrnehmung von James Gibson (1982) und wurde von den Verfassern für die Beobachtungen auf Exkursionen angewendet.

Beobachtung der Insel La Gomera als *Objekt*	Beobachtung der Insel La Gomera im *Medium*
Länderkundliche Einblicke Wie lässt sich die geographische Lage der Insel beschreiben? Welche natürlichen Prozesse bedingen die Entstehung der Insel? Welche Etappen markieren die Siedlungsgeschichte?	„Gomera im Großen, Gomera im Kleinen" – Probleme *einer* möglichen Regionalisierung Wie werden Regionen gemacht?
„Naturwunder" Welche klimatischen, geomorphologischen und vegetationsgeographischen Voraussetzungen sind kennzeichnend? Was macht die Insel zum Reiseziel?	**Vegetationsgeographie, Pflanzenbestimmung und die Bedeutung von Taxonomien** Wie und mit welcher Funktion entstehen natur- und sozialwissenschaftliche Ordnungssysteme? Wie passen sie zur umgebenden Realität? Sind sie hier wissenswert/wertvoll?
Wasserknappheit Welche hydrologischen Voraussetzungen und Besonderheiten der Wasserwirtschaft sind kennzeichnend?	**Der isohypsische Bach – Eine kleine Erzählung zur Nachhaltigkeit** Inwieweit begrenzt die Wasserwirtschaft die Möglichkeit einer ökologischen Insel?
Landwirtschaft Welche Formen landwirtschaftlicher Nutzung sind durch die naturräumlichen Bedingungen möglich? Wie gestaltet sich die Situation der Landwirtschaft unter zunehmend ökonomisierten und globalisierten Lebensverhältnissen (Selbstversorgung und Marktprotektionismus)?	**Landwirtschaft – Alles Banane!?** Subvention, Innovation oder Substitution des Bananenanbaus: Ist es erträglicher und nachhaltiger anstatt Bananen, Touristen „anzubauen"?
Tourismusentwicklung Welche Tourismusaktivitäten kennzeichnen die gegenwärtige Entwicklung (Klientel, Kapazitäten, Besucherzahlen)?	**Hui, TUI, Pfui – Touristentypen und ihre Handlungsmuster** Edel-, Pauschal- und Abenteuertourist: Welche Touristentypen passen aus ökonomischer, sozialer und ökologischer Perspektive zu La Gomera?
Fred. Olsen-Konzern Welchen Beitrag leistet der Fred.Olsen Konzern für die Tourismusentwicklung (Hotel, Golf, Fähre)?	**„Fred. Olsen bringt alles auf Saharahöhe" – Expressfähre, 4 Sterne & Golf** Inwieweit ist der Fred.Olsen-Tourismus auf La Gomera aus ökonomischer, sozialer und ökologischer Perspektive vertretbar? Wie stellt sich diese Frage vor Ort dar?
EU-Förderpolitik Welche Ziele, Projekte und Höhe der Mittel bestimmen die EU-Förderpolitik auf La Gomera?	**„Cofinanciado por la Union Europea" – La Gomera als spanisches Sizilien?** Asphalt, Hotels & Co.: Wie gestaltet sich die Intensität der Zweckentfremdung von EU-Geldern (Subventionsbetrug) und welche Folgen sind damit intendiert?

Tabelle 1: La Gomera als Isla Ecologica? (Quelle: eigene Abbildung)

3. *La Gomera* unter dem Aspekt von Subjekt- und Handlungszentrierung

> Eine immer wiederkehrende Frage lautet: „Können Sie uns jetzt einmal sagen, was wir genau machen sollen?" Eine mögliche Antwort lautet: „Nein, wir können nur sagen, was *wir* machen würden, weil wir schon eine Idee für eine Themenstellung haben, die uns interessieren könnte. Deshalb könnten wir auch sagen, wie *wir* jetzt anfangen würden zu beobachten. Vielleicht können wir mit einer gemeinsamen Übung beginnen: Kartieren Sie das Gelände unter der Fragestellung: Ist ein Zeltplatz verträglich mit einer Isla Ecologica? Wir sind nun selbst gespannt, wie Sie diese Aufgabe anpacken."

Unter konstruktivistischen Vorzeichen und dem konkreten Rückgriff auf das Paradigma des alltäglichen Geographie-Machens wurde unter fachinhaltlichen Aspekten für die Verunsicherung des geographischen Blicks plädiert. In handlungszentrierter Perspektive ist Ziel geographischer Forschung über die Erklärung von objektiven Raumstrukturen hinaus, ein Verständnis für die Menschen in ihren Formen der Raumaneignung zu ermöglichen. Am Beispiel der kleinen Erzählung zur Nachhaltigkeit wurde aufgezeigt, wie analog zu diesem Perspektivenwechsel und dem Prinzip der Verstörung/Irritation, ein gehaltvolles Problem entwickelt und beobachtet werden kann. In didaktischer Hinsicht offen ist jedoch die Frage, wie es möglich wird, dem Konzept der „Irritation als Methode" praktisch gerecht zu werden. Zunächst wehren sich die Lernenden vehement dagegen, weil sie „etwas lernen wollen" und dieses „etwas" ist in der Regel containerdinglich gemeint. Statt des „Was?" sollen sie aber nun zunächst das „Wozu?" und das „Wie?" diskutieren.

Warum wird es notwendig für eine Verunsicherung des fragenden Blicks einzutreten und diese methodisch konsequent anzuregen? Irritation bedeutet in erster Linie das Aufbrechen der eigenen Seh- und Denkgewohnheiten; außerdem gilt es eine Bereitschaft dafür zu entwickeln, auch andere Wege geographischer Erkenntnisgewinnung zu akzeptieren. Studierende sind aufgrund ihrer oft einseitig traditionell geprägten geographischen Weltsicht, aber auch durch die Erfahrung einer unübersichtlichen Koexistenz vieler Fachphilosophien nebeneinander, kaum gewohnt und schon gar nicht darin trainiert, multiperspektivische Weltsichten auszuhalten und im Sinne eines Erkenntnismehrwertes ernst zu nehmen (Schneider, 2006; Rhode-Jüchtern u. a., 2008). Geographie haben sie zumeist aus dem Lehrbuch oder in singulären Vorlesungen oder Referatsthemen studiert.

Exkursionen bieten für erste Begegnungen mit einem konstruktivistischen Denkstil potentiell günstige Voraussetzungen. Dies deshalb, weil außerhalb des Seminarraumes die Möglichkeiten von *Selbsterfahrung* und *Selbstreflexivität* nahezu unerschöpflich sind. Selbsterfahrung meint die bewusste Auseinandersetzung mit den Möglichkeiten und Grenzen eigener Raumaneignung. Das erlaubt *erstens* mit dem Ziel einer reflexiven Beobachtung für das eigene Denken und Handeln zu sensibilisieren. Durch das Erkennen der eigenen Perspektivität wird *zweitens* eine Öffnung für die Relationalität und Perspektivität allen Wissens und damit für konstruktivistisches Denken überhaupt möglich. Dient Selbsterfahrung zur Selbstreflexivität folgt das *drittens* einem wichtigen Erkenntnisprinzip. Gemeint ist die Hinwendung des fragenden Blicks zum *Wie* der eigenen Beobachtung eines Problems. Und schließlich kann sich *viertens* der Grundüberzeugung eines erkenntnistheoretischen Konstruktivismus und einer handlungszentrierten Geographie eben nur eine konstruktive und handlungszentrierte Didaktik anschließen. Ist Selbsterfahrung und Selbstreflexivität mit einem Exkursionskonzept intendiert, wird ein methodisches Konzept der Irritation unumgänglich. Dazu beispielhaft ein verstörender Moment der Exkursion:

„Menschen tun, was sie tun!"
Oder wie erfinde ich eine Region?

Menschen tun, was sie tun – diese berühmte Aussage des Soziologen Niklas Luhmann (Luhmann & Schorr, 1981) regt dazu an, von Instruktionen in Form durchdeklinierter Arbeitsanweisungen innerhalb eines Lernprozesses Abstand zu nehmen und wenn notwendig lediglich in Form von unterstützenden Maßnahmen hinzu zu füttern. Lernende tun zwar meist, was der Lehrer sagt, aber warum wirklich und mit welchen Wirkungen sie dies tun, bleibt ihr Geheimnis. Es wäre also didaktisch zu arrangieren, dass die Lernenden etwas tun, was zu ihnen wie zu ihrer Sache „passt". Dieses Eindringen in die (vermutete) Motivationslage wurde mit einer zunächst ganz klassisch anmutenden Kartierungsübung versucht. Der Auftrag lautete: Kartieren des Untersuchungsgebietes. Dieser Auftrag schloss aber nicht ein, dass die Lehrenden die Grenzen oder den Inhalt dieser Region vorgegeben hätten; diese würden sich vielmehr aus der jeweils unterstellten Problemdefinition ergeben und konnten von den unmittelbaren Grenzen des Zeltplatzes (also Nettofläche) über das Tal (als Immissionsregion) bis hin zum Verkehrsnetz (als Folge der Erschließung bzw. Erweiterung eines Zeltplatzes) weit in die Insel hinein reichen. Als Hilfestellung bereitgestellt wurde nur technisches Wissen zu den Gütekriterien einer geographischen Karte (Winkeltreue, Formtreue, Flächentreue) sowie zu einfachen Kartierungstechniken (Kompass, Schrittmaß, Faustskizze). Im Areal des El-Cedro-Hochtals wurden die Studierenden also gebeten, eine eigene kleine Kartierung auszuprobie-

ren und ihre Ergebnisse in einer Faustskizze zu dokumentieren. Durch das eigenständige Arbeiten lieferte diese Übung zunächst die Möglichkeit, den Entstehungsprozess einer Karte selbst nachzuempfinden. Die Studierenden machten sich auf den Weg, spürten einen Tag lang angestrengt und engagiert den Tücken des Messens nach und taten, was sie taten. Mehr oder weniger stolz und erstmalig irritiert nahmen die jungen Kartographen am Abend die Variationsbreite der Faustskizzen zur Kenntnis. Unverkennbar wurde das Nebeneinander vieler kartographischer Wirklichkeiten. Die eigenen Faustskizzen gaben ein anschauliches Zeugnis zutiefst subjektiver Kartenprojektionen, d.h. einer technisch durchaus versierten Produktion der eigenen Raumbilder. Was war passiert? Die „Falle des Messens" wurde für jeden erfahrbar, in der Art, dass die Fragen, was und wozu überhaupt gemessen wird, vollkommen ausgeblendet wurden. Resultat war, dass ein tradiertes geographisches Normalverständnis – die Annahme, einen Ausschnitt der materiellen Welt objektiv abbilden zu können – aus der Versenkung geholt, kritisch reflektiert und als zutiefst problematisch erkannt wurde. Nun war mit einer solchen Übung nicht intendiert, jeglicher Form kartographischer Weltbeschreibung eine Absage zu erteilen. Ziel war es vielmehr, für die Probleme einer möglichen Regionalisierung zu sensibilisieren und damit zu erkennen, dass Regionen gemacht werden, also immer nur im Kontext eines Problems beschrieben und abgegrenzt werden können. Das beförderte die Erkenntnis, dass die Was-, Wozu- und Wie-Frage kartographischer Beobachtung sorgfältig ausgewählt, diskutiert und offengelegt werden müssen.

Wie gestaltete sich die Lösung des Problems? In einem ersten Schritt durch das Akzeptieren der Notwendigkeit, einen thematischen Aspekt zu fixieren, unter dem die Region im El-Cedro-Hochtal kartographisch beschrieben werden soll. Man einigte sich auf Art, Ausmaß und Reichweite touristischen Einflusses, um letztendlich der Frage einer nachhaltigen Tourismusentwicklung ein stückweit näher zu kommen. Dann begab man sich auf Spurensuche (Wanderwege, Trampelpfade, Zeltplatz, Müll etc.) und begann im Anschluss daran ein zweites Mal zu messen. Resultat war folglich wieder eine Kartenprojektion, aber nun mit dem Wissen um ihren Charakter als „Projektion".

4. *La Gomera* unter dem Aspekt von Leiblichkeit und Geographie

> Wir befinden uns am ersten Tag im Steilaufstieg (800 Höhenmeter) zwischen Hermigua und dem Zeltplatz La Vista. Dazu einige Studierende: „Das ist ja lebensgefährlich!" „Konnten Sie das vorher nicht sagen!?" „Ich gehe keinen Schritt weiter!" „Voll cool!" „Ich bin total glücklich!" "Über den Wolken..." – Was wäre die Alternative? Nach 20 Stunden Bahn, Flug und Schiff nun mit drei Mini-Vans zum Zeltplatz zu kurven und todmüde vom Fahren im Dunkeln das Zelt aufzubauen? La Gomera als Paradies für Mini-Vans oder für Wanderer?

Irritation, Selbsterfahrung und Selbstreflexivität sind Voraussetzung für die Akzeptanz und den kreativen Umgang mit einer vielperspektivischen Weltsicht. Diese Prinzipien sollten jedoch im Kontext von geographischen Exkursionen um die Betrachtung des Verhältnisses von Körper und Raum erweitert werden. Dabei geht es erstens um die Wirkungen bestimmter methodischer Arrangements – wie das Wandern mit Rucksack – für individuelle Körpererfahrungen und zweitens um die Organisation eines Lernprozesses, der gezielt auf die Auseinandersetzung mit eigenen *spürbaren Erfahrungen* und ihrer Bedeutung für die Generierung subjektiver Raumbilder setzt.

Unter welchen theoretischen Grundannahmen wird diese Hinwendung zur Körperthematik plausibel und was kann eine körperzentrierte Sicht für die Integration in ein Exkursionskonzept leisten?

Dazu ein kleiner Exkurs in eine phänomenologisch inspirierte Körpersoziologie, der es „entscheidend um die soziale Prägung und Bedeutung leiblicher Erfahrungen [geht] und damit um die Frage: *Wie wird der Körper gespürt?"* (Gugutzer, 2006, S. 16). Körperlich-leibliche, also spürbare, Erfahrungen sind Voraussetzung für die Art, wie sich Menschen selbst wahrnehmen und thematisieren. Diese Erfahrungen sind bedeutsam für die Konstruktion individueller Identitätsvorstellungen. Entscheidend dafür, wie die eigene Körperlichkeit in verschiedenen Situationen des Lebens erfahren wird, ist ein spezifisches Körperwissen. Dieses Wissen existiert nicht an sich, sondern ist, wie jedes Wissen, ein Kulturprodukt. Damit ist auch die Art, *wie* wir uns spüren ein kulturelles Produkt (Lindemann, zit. in Gugutzer, 2006, S. 16). Somit ist letzlich die Bildung personaler Identität durch Körpererfahrung immer auch kulturell vermittelt.

Nun scheint es mit Blick auf die Reisedidaktik in Schule und Hochschule, dass eben jener Zusammenhang nur selten berücksichtigt wird.

Wenn man bedenkt, dass „leibliche Erfahrungen die vorbegriffliche Grundlage von Sprache und Denken [bilden]" (Gugutzer, 2002, S. 139) erscheinen diese auch für Lernprozesse, die auf kognitive Reflexivität setzen, nicht unwichtig. Es ist also erkenntnisfördernd, vor-bewusste körperliche Praktiken – bezeichnet als Körpereigensinn (Gugutzer, 2006, S. 19) – als Bedingungen für bewusste, zielgerichtete und reflexive Handlungen und damit für kognitive Leistungen zu akzeptieren. „Denn an Beispielen eigensinnigen körperlichen Handelns wird deutlich, dass der Körper keineswegs jederzeit kontrollierbar ist. Er ist eben auch eigenwillig und widerspenstig. Das Entscheidende dabei ist, dass er gerade weil er nicht jederzeit willentlich kontrollierbar ist, sinnhaft ist und soziale Relevanz erlangt" (Gugutzer, 2006, S. 19). Somit konstruieren Menschen niemals allein durch intentionale Praktiken, sondern auch im Medium eigensinnigen körperlichen Handelns ihre Wirklichkeit(en), einschließlich der geographischen.

Nun lässt sich „Körper als Objekt der Identitätskonstruktion absichtsvoll einsetzen" (Gugutzer, 2002, S. 14), wenn in didaktischer Hinsicht *Körper* eben auch *als erkennendes Subjekt* konzipiert wird. Die Auffassung des vorbewussten, eigensinnigen Körperhandelns impliziert lohnende methodische Anschlusspunkte für das dargestellte Prinzip der Irritation. Es geht dann um die gezielte Integration körperlich-spürbarer Widerstände in ein Exkursionskonzept, die den Prozess von Selbsterfahrung und Selbstreflexivität in Gang setzen und im gesamten Verlauf unterstützen können.

Spürbare Widerstände ergaben sich für die Studierenden insbesondere durch das Aufbrechen alltäglicher Gewohnheiten wie das Reisen mit Zelt- und Rucksack. Es kam einer „Erdung", einer „Befreiung von Zivilisationslasten", aber auch einer „Grenzerfahrung" gleich, wie es einige Studierende sehr anschaulich formulierten. Als Reisen mit Zelt und Rucksack war die Exkursion dominiert von Wanderungen, einer teilweise angst-, schmerz-, aber zugleich freud- und glücksbetonten Aneignung von Raum. Die materielle Welt wurde so zu einer Art spürbarer Widerstand, die es bei Auf- und Abstiegen, bei Irrwegen, bei „herrlichen Aussichten", „dem Passat zum Anfassen", auf „Erinnerungspfaden" und unter „Glückstränen" zu überwinden und zu genießen galt. Das individuelle Bild der Insel wurde so erst einmal geprägt durch eigene Körpererfahrungen und Sinneseindrücke. Für den einen wurde La Gomera zum „Paradies", für den anderen zur „Qual" mit entsprechender „Erlösung". Insbesondere die Wanderungen auf „eigene Faust", initiiert als räumliche Orientierungsschulung, vermittelten einen Eindruck der Insel, indem die Existenz vieler Wirklichkeiten hautnah erlebt wurde. Die Wirklichkeit der körperlichen Konstitution, die Wirklichkeit von Wegweisern, die Wirklichkeit der Karte sowie diejenige von Kompass und Sonnenstand galt es zu erkennen, aufeinander abzustimmen und gemeinsam auszuhandeln, um das ersehnte Ziel zu erreichen.

Der Aneignung der materiellen Welt zu Fuß wurden im Verlauf der Exkursion zielgerichtet andere Mobilitätsarten entgegen gesetzt – die An- und Abreise per Bahn, Flugzeug und Schiff, längere Busfahrten, Taxiausflüge und Versuche des Trampens markieren einen *modal split* der Bewegung. Auch hier spielte unter didaktischen Aspekten eine körperzentrierte Perspektive die zentrale Rahmenbedingung. Übelkeit und Langeweile im Bus machten La Gomera zu einem Ort „dröger Pauschaltouristen", Trampen und Wandern hingegen zu einem faszinierenden und gefährlichen Ort für Aussteiger und Abenteurer.

Auch ein Kulissenwechsel, hervorgerufen durch den Aufenthalt in einer Pension im zweiten Teil der Reise, folgte dem Prinzip vielseitiger spürbarer Erfahrungen. Der Umzug vom Zeltplatz La-Vista im El-Cedro-Hochtal in eine gepflegte und komfortable Pension im Hermigua-Tal kam einem gefühlten Bruch gleich. Mit weichem Bett, geregelten Mahlzeiten, warmer Dusche und dem Supermarkt gleich um die Ecke bedeutete die Pension den Einstieg in eine andere Welt des Reisens, die für die meisten der Studierenden als ein „dekadenter Zivilisationsüberschuss" erlebt wurde. Trotz der Aussicht auf körperliche Erholung und Unversehrtheit erschien der Aufenthalt in der Pension durch das Übermaß an zivilisatorischer Ordnung eher langweilig und enttäuschend.

Dies sind nur einige Beispiele, die gezielt auf die Auseinandersetzung mit der eigenen Gefühlswelt und Körperlichkeit setzen. Ziel dabei war es außerdem, die vorbewussten, körpereigensinnigen Erfahrungen einem bewussten Reflexionsprozess zugänglich zu machen, um ihre konstitutive Funktion für die eigenen Raumbilder herauszustellen. Besonders eine Selbstbeobachtungsaufgabe wurde auf einen solchen Zusammenhang abgestellt. Die Studierenden wurden zu Beginn der Exkursion aufgefordert für jeden Tag der Reise drei Worte zu formulieren, die die individuell bedeutsamsten Erlebnisse zusammenfassten. Einerseits bedeutete dies für den Einzelnen ein Resümee des Tages, aber auch Einblicke in die eigenen Wahrnehmungsveränderungen der gesamten Exkursion. Andererseits ist der Fundus an Prägewörtern auch für die Lehrenden eine kleine Evaluationsressource, die Hinweise liefert für die individuellen Lernerfahrungen der Studierenden und damit für die Bandbreite möglichen Erkenntnisgewinns.

Ohne eine fundierte Analyse dieser Selbstbeschreibungen zu betreiben, soll an dieser Stelle lediglich auf einen Aspekt hingewiesen werden, der die Bedeutung eines subjekt- und körperzentrierten Lernprozesses unterstreicht. Das Auffälligste bei einer retrospektiven Betrachtung der Prägewörter ist deren konsequente Formulierung als körperlich-leibliche Erfahrungen; Ausdrücke wie das „weiche Bett", die „warme Dusche", das „leckere Essen", den „Atlantik in der Hand", den „Passat zum Anfassen", die „schmerzenden Füße", die „Angst vorm Abstieg", die „atemberaubende Kraft des Meeres", das „Glücksgefühl am Ziel", der „Blick zum Teide", der „Sonnenaufgang", das „Schweben über den Wolken", die „Ernüchterung", das „Heimweh", das „Lachen", die „Übelkeit im Bus", „die harte Matratze", der „Blick in den Sternenhimmel", der „Sonnenbrand im Februar", die „Affenhitze", das „Eselgebrüll am Morgen" oder das „Belohnungsbier am Abend" sollen dies abschließend illustrativ verdeutlichen.

5. *La Gomera* unter dem Aspekt einer (selbst-)reflexiven Lern- und Lehrkultur

> Eine abschließende Diskussionsrunde auf der Pensionsterrasse über den Bananenstauden von Hermigua brachte folgende Äußerungen zum Exkursionsverlauf zutage: „Schlimmer geht's immer!" „Das kennen wir alles sowieso schon!" „Mir ist egal, ob auf dieser Insel Bananen oder Melonen wachsen; mir geht es darum, was da alles dran hängt!" „Ich habe soviel gelernt, vor allem zu denken."

La Gomera unter dem Aspekt von konstruktivistischer Geographie, von lohnenden Problemstellungen, von Subjekt-, Handlungs- und Körperzentrierung verweisen auf ein hohes Maß an subjektiver Bedeutsamkeit. *La Gomera* avanciert so zu einem Ort oder einer Gelegenheit für vielseitige Erfahrungen und dauerhafte Prägungen. *La Gomera* steht dann als Exempel für Erinnerungen, die in ihren vielen Einzelheiten ganz bewusst die eigenen Weltbilder speisen. *La Gomera* verweist auch auf zukünftige Relevanz, wenn das Erleben des Erkenntnispotentials von Irritation, (körperbetonter) Selbsterfahrung und Selbstreflexivität auch in Grundüberzeugungen als Geographielehrer mündet. *La Gomera* leistet durch das Zusammenspiel der Dimensionen einen Beitrag für die Entwicklung einer Lehrkultur unter konstruktivistischen Vorzeichen.

Wenn eine konstruktivistische Geographie ihre Prinzipien (Subjektivität, Selektivität, Relationalität von Wissen etc.) ernst nimmt, dann muss sie diese auch für die didaktische Gestaltung von Erkenntnisprozessen voraussetzen. Nachholbedarf diesbezüglich zeigt sich deutlich für Lehramtsstu-

dierende in der gegenwärtigen universitären Lehr- und Exkursionspraxis. Aus diesem Grund wurde die Exkursion in erster Linie zum Möglichkeitsraum für eine *Didaktik des (exkursions-)didaktischen Denkens*. Möglich wurde das durch die dargestellten Anregungen zur Selbstbeobachtung wie
- die Beobachtung der Insel als Objekt und im Medium und ihre Bedeutung für die geographische Wissensproduktion,
- die Beobachtung der Wirksamkeit räumlicher Arrangements (z. B. Zeltplatz, Pension) für subjektive Befindlichkeiten und die Gruppendynamik,
- die schriftliche Fixierung subjektiver Wahrnehmungen im Prozess der Prozess der Exkursion,
- und ergänzend die Integration freizeit- und erlebnispädagogischer Elemente für den Erfahrungsaustausch in der Gruppe.

All diese Selbstbeobachtungselemente unter fachinhaltlichen, didaktischen und pädagogischen Aspekten bilden die Grundlage für eine selbstreflexive Lern- und Lehrkultur. Gerade mit konstruktivistischem Blick sind angehende Geographielehrer einmal mehr herausgefordert, sich der eigenen impliziten Theorien als Geograph und Geographielehrer bewusst zu werden. Eine Didaktik der Didaktik heißt dann zunächst nichts anderes, als sich mit den eigenen Seh- und Denkgewohnheiten kritisch auseinander zu setzen.

Sich selbst als Lehrer zu beobachten und zu erkennen, erwies sich im Verlauf der Exkursion nicht immer einfach. Schließlich war genau darin ein großes Potential an Unsicherheiten verborgen. Die Studierenden waren mit ihren eigenen Einseitigkeiten und Schwächen konfrontiert: „Mich ärgert es, wie einseitig ich bin!" Manchmal war auch gänzlich der Verlust eines als stabil geglaubten Verständnisses von Geographie zu ertragen: „Weißt du noch, was Geographie ist? Ich nicht!" Hinzu gesellte sich die Angst, sich in der Vielzahl an Perspektiven zu verlieren: „Das ist doch alles immer viel zu schwammig, pauschal und subjektiv. Ich bin ganz verwirrt, irgendwann muss das doch einmal in eine Ordnung gebracht werden!" In dieser didaktisch provozierten Unordnung war es dennoch Anliegen, Orientierung zu stiften. Das bedeutet eine Orientierung, die Offenheit, Unsicherheit und Widersprüche akzeptiert und als grundlegende Prinzipien für das Verstehen von Welt voraussetzt. In immer neuen Annäherungen zersprang dann plötzlich bei vielen der Erkenntnisknoten, es wurden eine ganze Reihe eigener Problemstellungen entdeckt und mit eigenem Feuereifer verfolgt: Das Fred. Olsen-Golfresort, die Korruption mit EU-Geldern, die Erfindung neuer Produkte („Bananenwein") wurden plötzlich als Thema ge- und erfunden und von Kleingruppen angeeignet; und so wurde auch fachliche „Zufriedenheit" gestiftet.

Für einige wenige war die Exkursion mit der Erkenntnis „Schlimmer geht's immer" oder mit der Erleichterung, dass das „Gesülze endlich vorbei" ist, beendet; sie blieben erkennbar uninspiriert, machten sich dabei durchaus auch zum Gespött der anderen. Für die meisten dagegen avancierten die Prinzipien Irritation, Selbsterfahrung und Selbstreflexivität zur Stärkung der eigenen Denkfähigkeiten: „Ich habe so viel gelernt, vor allem zu denken!" In diesem Sinne ist auf La Gomera nicht alles „nur Banane". La Gomera erscheint mit Blick auf den Gewinn fundierter fachlicher und persönlicher Erkenntnisse vielseitig und zukunftsträchtig. Es wird zum Ort „Kategorialer Bildung" im Sinne von Wolfgang Klafki, wonach die *äußere Realität* und dadurch zugleich die *erkennenden Subjekte* kategorial, also ordnend und geordnet, aufgeschlossen werden (Klafki, 1991²).

Literatur

Arbeitsgruppe Curriculum 2000+ der DGfG (2002): Curriculum 2000+.Grundsätze und Empfehlungen für die Lehrplanarbeit im Schulfach Geographie. In: Geographie heute, Jg. 23 (2002), H. 200, S. 4-7.

Baecker, D. (2007): Studien zur nächsten Gesellschaft. Frankfurt a.M.

Buchholz, A. & Fischer, J. (2006): Der feuchte Atem Gottes. Die Hochebene von Gomera ist ein Legenden umranktes Reservat, dessen Bewohner vom behutsamen Tourismus leben. In: Süddeutsche Zeitung, 7.9. 2006, S. 40.

Dickel, M. (2006): Reisen. Zur Erkenntnistheorie, Praxis und Reflexion für die Geographiedidaktik. Berlin (= Praxis Neue Kulturgeographie, Bd. 2).

Fernández, Á. (o.J.) (Hrsg.): Leitfaden zum Nationalpark Garajonay La Gomera. o.O.

Filser, H. (2004): Lebenslust im Nebelwald. Nach den Hippies kommen die Profiteure. Auf der zweitkleinsten Kanareninsel tobt der Kampf um die Gunst der Touristen. In: Süddeutsche Zeitung, 26.10.2004, S. 41.

von Foerster, H. (2006⁹): Entdecken oder Erfinden. Wie lässt sich Verstehen verstehen? In: Gumin, H. & Meier, H. (Hrsg.): Einführung in den Konstruktivismus. München, Zürich, S. 41-88 (= Veröffentlichungen der Carl Friedrich von Siemens Stiftung, Bd. 5).

Gebhardt, H., Mattissek, A., Reuber, P. & Wolkersdorfer, G. (2007): Neue Kulturgeographie? Perspektiven, Potentiale, Probleme. In: Geographische Rundschau, Jg. 59, H. 7/8, S. 12-20.

Gibson, J. (1982): Wahrnehmung und Umwelt. Der ökologische Ansatz in der visuellen Wahrnehmung. München, Wien.

Gugutzer, R. (2002): Leib, Körper und Identität. Eine phänomenologisch-soziologische Untersuchung zur personalen Identität. Wiesbaden.

Gugutzer, R. (2006): Der *body turn* in der Soziologie. Eine programmatische Einführung. In: Gugutzer, R. (Hrsg.): *body turn*. Perspektiven der Soziologie und des Sports. Bielefeld, S. 9-53.

Janich, P. (2005³): Was ist Wahrheit? Eine philosophische Einführung. München.

Klafki, W. (1991²): Neue Studien zur Bildungstheorie und Didaktik. Weinheim.

Lippuner, R. (2003): Alltag, Wissenschaft und Geographie. Zur Konzeption einer reflexiven Sozialgeographie. Vortrag vor der Chemisch-Geowissenschaftlichen Fakultät der Friedrich-Schiller-Universität am 12.02.2003. http://www.uni-jena.de/Lippuner.html (Zugriff am 10.10.2007).

Lossau, J. (2000): Für eine Verunsicherung des geographischen Blicks. Bemerkungen aus dem Zwischen-Raum. In: Geographica Helvetica, Jg. 55, H. 1, S. 23-30.

Luhmann, N. & Schorr, K.-E. (1981): Wie ist Erziehung möglich? In: Zeitschrift für Sozialisationsforschung und Erziehungssoziologie, H. 1, S. 37-54.

Mathe, P. (2001): Die Geburt der „Nachhaltigkeit" des Hans Carl von Carlowitz - heute eine Forderung der globalen Ökonomie. In: Forst und Holz, Jg. 56, H. 7, S. 246-248.

Popper, K.-R. (1969): Die Logik der Sozialwissenschaften. In: Adorno, T.-W., Dahrendorf, R. & Pilot, H. (Hrsg.): Der Positivismusstreit in der deutschen Soziologie. Darmstadt, Neuwied, S. 103-124.

Redepenning, M. (2006): Wozu Raum? Systemtheorie, *critical geopolitics* und raumbezogene Semantiken. Leipzig (= Beiträge zur Regionalen Geographie, Bd. 62).

Rhode-Jüchtern, T., Schindler, J. & Schneider, A. (2008): Studienreform durch Ausbildungsforschung. Eine Studie zur Passung von erster und zweiter Phase in der Geographielehrerausbildung. In: Lütgert, W., Gröschner, A. & Kleinespel, K. (Hrsg.): Die Zukunft der Lehrerbildung. Jena (im Druck).

Schlottmann, A. (2005): RaumSprache. Ost-West-Differenzen in der Berichterstattung zur deutschen Einheit. Eine sozialgeographische Theorie. München (= Sozialgeographische Bibliothek Bd. 4).

Schneider, A. (2006): Didactical turn – *An*turnen? *Ab*turnen? Zum Verstehen und Lehren einer neuen Denkweise. In: Dickel, M. & Kanwischer, D. (Hrsg.): TatOrte. Neue Raumkonzepte didaktisch inszeniert. Berlin, S. 247- 275 (= Praxis Neue Kulturgeographie, Bd. 3).

Watzlawick, P. (2006^9): Wirklichkeitsanpassung oder angepasste „Wirklichkeit"? Konstruktivismus und Psychotherapie. In: Gumin, H. & Meier, H. (Hrsg.): Einführung in den Konstruktivismus. München, Zürich, S. 89-107 (= Veröffentlichungen der Carl Friedrich von Siemens Stiftung, Bd. 5).

Werlen, B. (2004^2): Sozialgeographie. Eine Einführung. Bern, Stuttgart, Wien.

Werlen, B. (2007^2): Globalisierung, Region und Regionalisierung. Sozialgeographie alltäglicher Regionalisierungen Band 2. Stuttgart.

Training teilnehmerzentrierter Exkursionskonzepte im Verein „Geographie für Alle" und in der geographischen Hochschullehre

Georg Glasze

Teilnehmerzentrierte Exkursionen stellen vielfach neue Herausforderungen an die Leiterinnen und Leiter. Vor diesem Hintergrund schlägt dieser Beitrag zwei Wege vor, wie teilnehmerzentrierte Exkursionskonzepte vermittelt und trainiert werden können: die exkursionsdidaktische Ausbildung in dem Verein „Geographie für Alle", sowie die Konzeption und Durchführung von Exkursionen in der Hochschullehre der Geographie, welche die Studierenden aktiv in Vorbereitung und Exkursionsleitung einbeziehen. Beide Wege wurden seit den 1990er Jahren in engem personellem und inhaltlichem Zusammenhang am Geographischen Institut der Universität Mainz entwickelt und sind im Rucksack akademischer Karrieren von dort auch an andere Standorte gewandert.

Im Folgenden werde ich zunächst den Verein „Geographie für Alle", dessen exkursionsdidaktisches Konzept sowie die darauf ausgerichtete dreitägige exkursionsdidaktische Ausbildung vorstellen. Anschließend zeige ich, wie Elemente dieser exkursionsdidaktischen Ausbildung in die Hochschullehre an Geographischen Instituten (und sicherlich auch anderer Fachinstitute) übertragen werden können.

Das exkursionsdidaktische Konzept von „Geographie für Alle e.V."

Der 1994 von Studierenden und Dozenten am Geographischen Institut der Universität Mainz gegründete Verein „Geographie für Alle" hat es sich zum Ziel gesetzt, lebendige, teilnehmerzentrierte Exkursionen zu geographischen und kulturgeschichtlichen Themen in Mainz und Umgebung zu entwickeln und anzubieten. Studierende bekommen hier eine Möglichkeit, ihre didaktischen Fähigkeiten zu trainieren und in einer Art „lehrendem Lernen" die inhaltliche Ausbildung im Studium zu ergänzen und zu vertiefen. Der Verein bietet jedes Jahr mehrere hundert Exkursionen in der Rhein-Main Region an: öffentliche Rundgänge am Wochenende sowie Führungen für bestimmte Gruppen auf Schul- oder Betriebsausflügen. Inhaltlich zielen die Exkursionen nicht auf die Vermittlung *einer* vermeintlich richtigen Perspektive ab, sondern vielmehr darauf, etablierte Sichtweisen zu hinterfragen und die Vielfalt von Lebenswelten und Weltbildern vor Ort kennenzulernen (Glasze und Pütz, 1996; s. auch die Internetseite des Vereins www.geographie-fuer-alle.de).

In konzeptioneller Hinsicht kooperiert „Geographie für Alle" dabei mit dem bundesweiten Verein „Forum Neue Städtetouren – Der StattReisen-Verband". Der StattReisen-Verband ist ein Zusammenschluss von 20 Veranstaltern von Stadterkundungen mit hohen Qualitätsstandards, die sich den Prinzipien des StattReisen-Konzepts verpflichtet sehen, d. h. insbesondere hohe Qualitätsstandards für sozial- und umweltverträgliche, teilnehmerorientierte Exkursionen (Forum Neue Städtetouren, 2007).

„Geographie für Alle e. V." bildet regelmäßig neue Exkursionsleiterinnen und -leiter im Rahmen einer dreitägigen Fortbildung aus – überwiegend Studierende der Geographie und benachbarter Fächer, in zunehmender Zahl aber auch Interessierte außerhalb der Universität wie bspw. Pensionäre mit unterschiedlichen fachlichen Hintergründen. Im Folgenden werden zentrale Bausteine der exkursionsdidaktischen Ausbildung von „Geographie für Alle" vorgestellt:[1] Die Verwendung von Fragen sowie visuellen und anderen Impulsen als Instrument der Teilnehmerzentrierung sowie die Dramaturgie für einzelne Standorte und die Gesamtführung.

Ausgangspunkt der Fortbildung ist die Auseinandersetzung mit einer erfundenen Exkursion traditionellen Formats. Aus der Diskussion darüber, welche Eindrücke sich nach dem Rundgang „1000 Jahre Xstadt" bei den Teilnehmerinnen und Teilnehmern festsetzen und welche Wünsche an einen gelungenen Rundgang bestehen, werden die Prinzipien der Teilnehmerzentrierung, der Aktivierung und der stimmigen Dramaturgie als zentrale Elemente einer gelungenen Exkursion herausgearbeitet.

---

[1] Die folgende Darstellung beruht auf den Unterlagen der dreitägigen Fortbildung „Teilnehmerzentrierte Exkursionsleitung", die von Geographie für Alle e. V. vielfach in Kooperation mit dem Zentrum für Wissenschaftliche Weiterbildung der Universität Mainz seit Ende der 1990er Jahre mindestens einmal pro Jahr angeboten wird. Der Autor hat diese Fortbildung in Zusammenarbeit mit Prof. Dr. Robert Pütz (inzwischen Institut für Humangeographie der Universität Frankfurt) konzipiert und mehrfach geleitet. In die Konzeption der Fortbildung sind eine Vielzahl von Anregungen eingeflossen, hervorheben möchte ich insbesondere die exkursionsdidaktische Fortbildung von Frau Dr. Thinesse-Demel (München).

Wie in vielen anderen Städten werden auch in Xstadt in den Sommermonaten täglich kurze Stadtrundgänge für Touristen und Einheimische angeboten. Treffpunkt ist 14 Uhr vor dem Dom.

Fünf vor zwei haben sich einige Menschen auf dem Platz eingefunden: ein junges Pärchen mit dem Fahrrad auf der Durchreise, zwei Damen mittleren Alters, die wohl ihre Ehegatten auf eine Tagung nach Xstadt begleiten, zwei Familien mit Kindern, eine ältere, sichtlich wohlsituierte Dame mit Hut, eine junge Studentin, neu in Xstadt, und ein wohlbeleibter Herr mittleren Alters mit Fotoapparat.

Der Führer ist noch nicht da, man wartet. Die Dame mit Hut betrachtet etwas misstrauisch das junge, engumschlungene Paar, der wohlbeleibte Herr versucht, den Dom auf ein Foto zu bannen, die beiden Eltern bemühen sich, die Kinder bei Laune zu halten, und die junge Studentin hört etwas schüchtern den beiden Damen zu, die sich über den gestrigen Empfang im Luxushotel von Xstadt unterhalten.

14 Uhr, der Führer kommt: „Guten Tag, ich bekomme von Ihnen jeweils € 10,-. Wie alt sind die Kinder? Ah ja, 13 und 14. Bis unter 12 Jahre wären sie frei gewesen." Der Führer sammelt das Geld ein. „Folgen Sie mir bitte in den Dom."

Die Gruppe betritt den dunklen und kühlen Kirchenraum. „Unser Dom wurde 1110 nach Christus von dem Bischof Friederich errichtet. Das Hauptschiff ist 98m lang und 30m breit. Friederich war aus Bayern nach Xstadt gekommen. Er holte Künstler aus St. Piccella nach Xstadt, die seinen Kirchenbau mit der typischen Ornamentik der Romanik versahen, außen an einigen Kapitellen können Sie noch heute diesen Architekturstil in seiner schönsten Form bewundern", die beiden Eltern versuchen vergebens ihre Kinder zur Ruhe zu ermahnen, der wohlbeleibte Herr blitzt in den dunklen Weiten des Doms und wird dafür mit einem kritischen Blick der beiden Damen bedacht, „die Grabsteine zeigen übrigens die Bischöfe von Oberg, von Kirschenstein und von Mindelheim", die ältere Dame schaut interessiert, „Sie sehen, von Mindelheim wird nicht mehr liegend dargestellt sondern stehend, durchaus typisch für seine Epoche. Wenn Sie mir jetzt wieder nach draußen folgen wollen."

Die Gruppe folgt dem Leiter durch die Altstadtgassen, „hier sehen Sie unser Rathaus, errichtet 1624, mit der prächtigsten Renaissancefassade nördlich der Alpen", die Dame mit Hut nickt zustimmend, die übrigen schweigen beeindruckt, „die Steinmetzarbeiten stammen von Peter Althofer. Übrigens erzählt man sich, dass Althofer sich unsterblich in Xstadt verliebt hatte und er deshalb möglichst lange an unserem Rathaus arbeiten wollte."

Wenige Schritte weiter hält der Leiter vor einem älteren Haus wieder an, „in der Fassade dieser ehemaligen Burse hinter Ihnen sehen sie zwei Kanonenkugeln, die von der Beschießung unserer Stadt nach der Französischen Revolution stammen", die Gruppe wendet sich um, der wohlbeleibte Herr zückt den Fotoapparat und die Eltern nehmen ihre Kinder auf die Schultern, damit diese auch einen Blick erhaschen, „aber jetzt haben wir uns erst mal eine Sitzpause verdient", die Gruppe folgt dem Leiter in eine prächtige Barockkirche und füllt die beiden ersten Reihen der Kirchenbänke. Der Leiter wendet sich direkt an die Gruppe: „Wissen Sie, wann die große Revolution in Frankreich ausbrach?" - Schweigen. Direkt hakt er nach: „Ich brauche nicht das genaue Jahre, aber vielleicht das Jahrhundert". „Im 19. Jahrhundert ..." brummt der wohlbeleibte Herr. Die beiden Damen schmunzeln süffisant und schütteln den Kopf. „Nein, das war schon im 18. Jahrhundert: 1789. Und 6 Jahre später wollte das französische Revolutionsheer Xstadt erobern. Noch heute wird übrigens jedes Jahr im Mai die erfolgreiche Verteidigung unserer Stadt durch Feldmarschall Bummermann mit einem großen Fest gefeiert."

Beim Hinausgehen weist der Leiter auf das Tor der Kirche hin: „Hier übrigens noch einer unserer Schätze: Das barocke Kirchentor wurde von Peter Tischmann geschnitzt. Auch von ihm erzählt man sich, dass er seine große Liebe in Xstadt fand und sie in dieser kleinen Putte verewigt hat."

Mit einem Blick auf den Engel strömt die Gruppe wieder aus der Kirche. „Folgen Sie mir zurück zum Domplatz", raschen Schrittes eilt der Leiter voraus, die Gruppe folgt, „wenn Sie noch Fragen haben, stehe ich Ihnen gerne zur Verfügung, ansonsten wünsche ich ihnen einen angenehmen Nachmittag in unserer schönen Stadt."

Textblock 1: Traditioneller Stadtrundgang „1000 Jahre Xstadt"[2]

---

[2] Nach einer Idee von Dr. Thinesse-Demel (München).

*Formen und Funktionen von Fragen
als Instrument der Teilnehmerzentrierung*

Fragen bieten die Chance, in Exkursionen von einem Monolog zum Dialog zu kommen, damit die Teilnehmerinnen und Teilnehmer aktiv in die Exkursion einzubeziehen und die Exkursion in diesem Sinne auf die Teilnehmerinnen und Teilnehmer zu zentrieren. Aber nicht alle Fragen „funktionieren" in diesem Sinne. So besteht beispielsweise die Gefahr, dass die Teilnehmerinnen und Teilnehmer sich in eine als unangenehm wahrgenommene Situation des Abfragens versetzt fühlen.

Die exkursionsdidaktische Ausbildung bei „Geographie für Alle" zielt daher darauf ab, die Potenziale bestimmter Fragetypen zu verdeutlichen. Dazu wird zunächst die Wirkung verschiedener Fragen auf die Exkursionsteilnehmerinnen und -teilnehmer diskutiert (s. Textblock 2). Ziel ist es, dass die zukünftigen Exkursionsleiterinnen und -leiter erkennen, dass reine Wissensfragen und Ja/Nein-Fragen nicht zum Dialog führen, weil die Kommunikation nach der „richtigen" oder „falschen" Antwort abbricht.

---

1. War es Napoleon, der die heutige Ludwigstraße bauen ließ?
2. Wer hat Mainz im Jahre 15 v. Chr. begründet?
3. Aus welcher Epoche könnten diese Gebäude stammen?
4. Wenn die Ladenöffnungszeiten vollkommen freigegeben würden. Brächte das den Einzelhändlern Vorteile oder Nachteile?
5. Viele Mainzer halten dieses Gebäude architektonisch für völlig misslungen. Geht es Ihnen genauso?
6. Hier stellt sich die Frage, warum die deutschen Großstädte im 19. Jh. so enorm wuchsen.
7. Es gibt Überlegungen, an dieser Stelle ein großes Einkaufszentrum zu errichten. Was halten Sie davon?
8. Stellen Sie sich vor, Sie wären Stadtplaner in Mainz. Wie würden Sie diesen Platz gestalten?
9. Woran kann man festmachen, dass hier früher wohlhabende Bevölkerungsgruppen gewohnt haben?

Textblock 2: Was lösen folgenden Fragen bei den Teilnehmerinnen und Teilnehmern aus?

Anschließend wird eine Typisierung unterschiedlicher Fragetypen vorgestellt sowie deren Potenziale und Risiken und damit deren Verwendungsmöglichkeit für teilnehmerzentrierte Exkursionen diskutiert (s. Textblock 3).

Fragetyp	Fragebeispiele	Fragewirkung, Fragetechnik
1. Ja/Nein-Fragen	Fragen die nur „ja" oder „nein" als Antwort zulassen	• Vermeiden, da sie nie weiter führen!
2. Reine Wissensfragen	W-Fragen: Wann? Wo? Wer? Wessen? ▪ Wer brachte den Weinanbau nach Deutschland? ▪ Auf welcher Höhe liegt Wiesbaden?	• Unbedingt vermeiden, da sie nie weiter führen! • Es gibt nur „richtig" oder „falsch" • Können Teilnehmer brüskieren („für dumm verkaufen") • In Schul-/Kinderführungen manchmal sinnvoll
3. Hinführende Wissensragen	Fragen der Selbstinformation: Warum? Wie? ... ▪ Aus welcher Epoche könnte dieses Gebäude stammen? ▪ Warum ist dieses Unternehmen ins Umland von Mainz gezogen?	• Bei falschem Einsatz Folgen wie bei reinen Wissensfragen, daher gewählt stellen und vorsichtig mit Antworten umgehen (es sollte keine „falsche" Antwort geben) • Können TN in früher Phase zum Mitreden auffordern • Bevorzugt in Bereichen stellen, mit denen sich TN schon beschäftigt haben (auf Führung oder alltagsweltlich)
4. Entscheidungs-, Alternativfragen	Fragen, die Stellungnahmen verlangen ▪ Werden mit dem Bau von Fußgängerzonen eigentlich eher die Belange von Fußgängern oder eher die Belange von Autofahrern berücksichtigt?	• Es gibt - bei richtigem Einsatz - keine „falschen" oder „richtigen" Antworten • Regen zum Nachdenken und Mitdenken an • Spannen mindestens 2 Stränge auf, die weiterverfolgt werden können/müssen • Bevorzugt in Bereichen stellen, mit denen Teilnehmer sich schon beschäftigt haben (auf Führung oder alltagsweltlich)
5. Herausfordernde Fragen	Fragen, die eine positive oder negative Reaktion provozieren ▪ Viele Mainzer sehen hier Mängel in der Wegeplanung. ▪ Sehen Sie das auch so?	• Können Gruppe „aufwecken", stimulieren • Immer (durch Nachfragen) eine genaue Begründung fordern • Grundwerte oder politische Ideologien um- und vorsichtig diskutieren (kein Bloßstellen, keine Verletzung persönlicher Werte) • Fragen weitergeben „Sehen die anderen das genauso?"
6. Rhetorische Fragen	Fragen „ohne Antwort", die Vortrag auflockern/gliedern ▪ Wer möchte daran zweifeln, dass ...? ▪ Hier stellt sich die Frage, ob ...?	• Bei längeren frontalen Informationsphasen einsetzen • Regen Teilnehmer zum Mitdenken an • Nonverbale Reaktion der Teilnehmer kann Auskunft über Erfolg oder Misserfolg des „Vortrags" geben
7. Streitfragen	Fragen, die unterschiedliche Meinungen herausfordern ▪ Wie beurteilen Sie die architektonische Qualität dieses Neubaus?	• Stärkstes Mittel der teilnehmerorientierten Führung, Exkursionsleiter wird zum Moderator • Diskussionen sachlich führen, evtl. versachlichen • Verdeutlichen die Vielschichtigkeit bestimmter Probleme • Vorher gut überlegen, ob Streitpunkte vorliegen

8. Divergente Fragen	Fragen, die neue Blickwinkel eröffnen ▪ Angenommen ... Was wäre dann anders? Stellen Sie sich vor ... ?	• Geben die meisten Anregungen zur Diskussion/Führung • Exkursionsleiter wird Moderator • Verdeutlichen die Vielschichtigkeit bestimmter Probleme • Erfordern Geschick, da mit allen Antworten gearbeitet werden muss
9. Analytische Fragen	Fragen, die zum Beobachten auffordern ▪ Woran kann man festmachen, dass hier früher wohlhabende Bevölkerungsgruppen gewohnt haben? Bitte achten Sie ... Wir werden dies beim nächsten Standort diskutieren.	• Die Teilnehmer lernen, zu sehen und zu beobachten • Bringen häufig „Aha-Effekt" • Beobachtungsaufträge unbedingt einlösen und mehrere Teilnehmer einbeziehen

Textblock 3: Fragetypen und deren Potenziale für teilnehmerzentrierte Exkursionen

Ziel dieses Trainings ist es, dass die zukünftigen Exkursionsleiterinnen und -leiter die Chancen erkennen, die Fragen bieten: Zum einen werden die Exkursionen auf diese Weise mit den Erfahrungen, Meinungen und Eindrücke der Teilnehmerinnen und Teilnehmer bereichert und gleichzeitig bekommt die Exkursionsleitung Rückmeldungen aus der Gruppe. Die Konzeption von Fragen sowie die Kniffe und „Fallstricke" beim Einsatz von Fragen auf Exkursionen (s. Textblock 4) werden im Rahmen des Trainings kleinerer Exkursionsblöcke geübt (s. u.).

- Fragen verfolgen immer ein bestimmtes Ziel
- Fragen sollen weiterführen.
- Nicht mehrere Dinge auf einmal fragen.
- Deutlich und präzise fragen.
- Mindestens drei Sekunden auf Antwort warten.
- Keine Ja/Nein-Fragen stellen.
- Wissensfragen vermeiden.
- Keine Antworten in die Frage legen.
- Blickkontakt mit Gesprächspartner halten und ausreden lassen.
- Vorsicht bei der Interpretation der Antworten („Ich weiß, was Sie meinen").
- Einzelgespräche vermeiden.
- Alle Beiträge/Antworten berücksichtigen.
- (Meinungs-)Fragen der TeilnehmerInnen laut wiederholen und evtl. an die Gruppe weitergeben.
- Bei auffordernden Fragen/Beobachtungsaufträgen: Antworten abrufen.
- Nicht alle Fragen sind für alle Zielgruppen geeignet.

Textblock 4: Kniffe und „Fallstricke" der Verwendung von Fragen auf Exkursionen

Formen und Funktionen von visuellen und anderen Impulsen als Instrument der Teilnehmerzentrierung

Visualisierungen können auf Exkursionen verwendet werden, um die Aufmerksamkeit der Teilnehmerinnen und Teilnehmer zu fokussieren und Wesentliches zu verdeutlichen, um Orientierungshilfen zu geben, um Gesagtes zu erweitern und zu ergänzen und nicht zuletzt um zu Stellungnahmen und Reaktionen zu ermuntern (s. Textblock 5).

Impuls	Handhabung
	- auf ausreichende Größe achten - event. durch Zeichnen dynamisieren
Fotovergleich	Perspektive des Fotos sollte mit der Blickrichtung der Gruppe übereinstimmen; Aufnahmejahr anschreiben; ggf. auf Standpunkt der Gruppe hinweisen
Blockbilder	Standort eintragen und Blickrichtung zeigen
Karikaturen	Quelle angeben
Diagramme	sprechende Farben; klare und einfache Darstellung
Zeitperioden	je Epoche unterschiedliche Farben verwenden
„Spurenlesen"	Einbezug alltagsweltlicher Gegenstände wie Straßenschilder, Denkmäler, Wappen
Zeitungsausschnitte; Flugblätter	auf DIN A 3 vergrößern; mit Quellenangabe und Erscheinungsdatum zeigen; Kernaussagen vorlesen; ggf. verschiedene Positionen anhand verschiedener Artikel/Flugblätter darstellen
Amtliche Texte	(z. B. Gesetze) Kernaussagen auf Textdiagramm, DIN A 3; Quellenangabe
Mit Kreide auf Asphalt zeichnen	leuchtende, selbstsprechende Farben; möglichst dunkler Asphalt als Untergrund
Historische Originale/ Modelle im Museum	lohnt sich der Zeitaufwand in Relation zum Nutzen für das Thema des Rundgangs? Kann die ganze Gruppe das Objekt sehen?

Textblock 5: Tipps und Kniffe für Visualisierungen auf Exkursionen

Neben den „klassischen" Visualisierungen bieten sich eine Vielzahl weitere Impulse an, die in höherem Maße auf körperlich-sinnliche Erfahrungen zielen und damit weitere Dimensionen der Teilnehmeraktivierung eröffnen (Textblock 6).

Impuls	Handhabung
Belletristik vorlesen/ Lieder vorsingen	ruhige Orte, nach Möglichkeit mit Sitzmöglichkeit aufsuchen; Quelle angeben
Musik vorspielen	z. B. Liedgut über bestimmte Stadtteile, über lokale historische Ereignisse, über Lokalpersönlichkeiten, ruhige Orte – nicht andere Leute stören
Probieren	z. B. Weinprobe, Trauben, Früchte, Pflanzen aller Art: auf Verträglichkeit achten, Vorsicht bei Kindern
Tasten	z. B. Baumstämme, Baumaterialien, Barfußpfade: ggf. Reinigungsmöglichkeiten beachten
Proben (Wasser/ Boden) analysieren	nur möglich, wenn es schnell, zuverlässig und unkompliziert geht sowie anschaulich präsentiert wird (für die ganze Gruppe Ergebnis sichtbar)
Eigenaktivität fordern (Sammeln, Zählen)	präzise, eindeutige „Arbeitsanweisungen" geben; Zeitaufwand nicht unterschätzen; wie werden die Ergebnisse verwendet?
Modellieren	für alle Teilnehmer sichtbar

Textblock 6: Tipps und Kniffe für „sinnliche" Impulse auf Exkursionen

Nachdem die unterschiedlichen Möglichkeiten der Impulsgebung an einigen Beispielen vorgestellt werden, entwickeln die zukünftigen Rundgangsleiterinnen und -leiter Ideen der Impulsgebung für verschiedene Exkursionssituationen (s. Textblock 7).

Aufgabe	Beispiele
1. Stellen Sie sich folgende Situation vor: Sie leiten einen Rundgang zum Thema Stadtentwicklung der Großstadt X. Mit welchen Impulsen können Sie das Wachstum der Stadt im 19. Jahrhundert verdeutlichen?	• historischer Photovergleich • Karten • Diagramme • „Spurenlesen" • etc.
2. Stellen Sie sich folgende Situation vor: Sie leiten eine Führung zum Thema Weinbau und möchten auf einer Anhöhe die vergleichsweise günstigen klimatischen Bedingungen in der Region darstellen. Mit welchen Impulsen können Sie dieses Thema anschaulich gestalten?	• Blockbild (Föhneffekt!) • Klimadiagramm • Klimakarten • etc.

Textblock 7: Aufgabenzettel – Möglichkeiten der Impulsgebung

Standortkonzeption und Dramaturgie der Gesamtführung

Das Ziel, etablierte Sichtweisen zu hinterfragen und die Vielfalt von Lebenswelten und Weltbildern vor Ort zu vermitteln, spiegelt sich auch in der dramaturgischen Konzeption einzelner Standorte und der Dramaturgie der Gesamtführung. So schlage ich eine Standortkonzeption in drei Abschnitten vor, welche auf eine „Öffnung" für verschiedene Perspektiven setzt und damit eine grundlegende Orientierung und Leitlinie für die Gestaltung unterschiedlicher Standorte bietet. Zu Beginn steht ein „Einstieg", der das

Thema des Standorts prägnant umreißt und in die jeweilige Problemstellung einführt. Anschließend wird der „Fächer geöffnet", indem gezielt unterschiedliche Perspektiven in die Diskussion geholt werden. Die Exkursionsleiterinnen und -leiter geben dabei notwendige Informationen und Impulse, bringen Perspektiven ein, die nicht aus der Gruppe heraus geäußert werden und moderieren die Diskussion. Zum Abschluss des Standortes obliegt es dann wiederum den Exkursionsleiterinnen und -leitern, den „Fächer zu schließen", d. h. die unterschiedlichen Perspektiven und Standpunkte noch einmal zu ordnen sowie den Standort in den roten Faden der Gesamtführung einzuordnen (s. Abbildung 1).

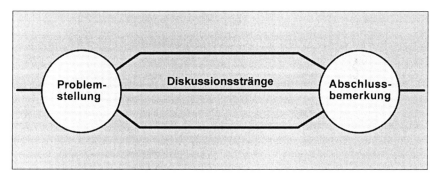

Abbildung 1: Standortkonzeption in drei Abschnitten (eig. Entwurf)

In der Einstiegssequenz geben die Exkursionsleiterinnen und -leiter also zunächst einen Problemaufriss (1) und formulieren eine Fragestellung (2), geben eine erste Antwortmöglichkeit (3) sowie eine zweite, kontroverse Antwortmöglichkeit (4). Nach einer Interpretation der Situation (5) stellen sie eine Frage an die Teilnehmerinnen und Teilnehmern (6) und gehen damit in die Diskussionsphase über (s. Textblock 8)

Fußgängerzone
1. Die im Krieg zerstörte X-straße wurde in den 50er/60er Jahren nach einem einheitlichen Konzept und bewusst modern wiederaufgebaut.
2. Im Zuge der Umwandlung in eine Fußgängerzone stellt sich die Frage, ob diese Bebauung unseren heutigen Vorstellungen entspricht.
3. Vielen erscheint sie zu grau, zu monoton und zu autogerecht. Sie fordern den Abriss der Gebäude und eine historische Rekonstruktion.
4. Andere fordern eine behutsame Umgestaltung, wobei die zeittypische Bebauung der 50er und 60er Jahre erhalten bleibt.
5. Hier stehen wir vor einer typischen Problematik der Stadtplanung.
6. An welchen (städtebaulichen) Leitbildern sollte sich Ihrer Meinung nach die Planung orientieren?

Büro-Neubau
1. Obwohl dieser Neubau der Y-AG ob seiner städtebaulichen Einbindung in die Umgebung schon während der Planungsphase heftig umstritten war, wurde er in Rekordzeit genehmigt.
2. Wie konnte es dazu kommen?
3. Auf der einen Seite bemängelten sogar offizielle Stellen des Stadtplanungsamtes die schlechte städtebaulich Einbindung des Neubaus.
4. Auf der anderen Seite entstanden hier 1000 neue Arbeitsplätze, die nicht nach X-Stadt gekommen wären, wenn man den architektonischen Wünschen der Y-AG nicht nachgekommen wäre.
5. Der Stadtrat stand hier also vor dem typischen Konflikt zwischen ökonomischen und städtebaulichen Erwägungen.
6. Wie hätten Sie sich entschieden, wenn sie verantwortliches Stadtratsmitglied gewesen wären?

Entwicklung Arbeiterviertel
1. Im Stadtteil A ist der Wandel von einer sozial schwachen zu einer einkommensstärkeren Bevölkerung zu beobachten.
2. Wie kommt es dazu?
3. A ist aufgrund ihrer industriellen Vergangenheit ein traditionelles Arbeiterwohnquartier.
4. In den letzten Jahren wurde es wegen seiner Nähe zur City und repräsentativen Bausubstanz attraktiv für einkommensstärkere Bevölkerungsgruppen, die die traditionelle Bevölkerung verdrängen.
5. Woran kann man diese Prozess hier ablesen?

Textblock 8: Beispiele für Einstiegssequenzen

Auf dieser Basis trainieren die zukünftigen Exkursionsleiterinnen und -leiter die Gestaltung von Einstiegssequenzen, die Moderation einer kurzen Diskussion sowie die Zusammenfassung des Standortes (s. Textblock 9).

1. Erarbeiten Sie zur Thematik „X" eine prägnante Einstiegssequenz mit sechs Sätzen
2. Moderieren Sie eine kurze Diskussion
3. Fassen Sie den Standort zusammen
4. Arbeiten Sie mit Fragen und setzen Sie bei 1, 2 oder 3 einen Impuls (keine Frage!) ein

Hilfsfragen:
1. Wie lautet die „Take-Home-Message"?
2. Welche Sachinformationen werden dafür benötigt?
3. Was ist mein „Aufhänger"? Welche Diskussionsstränge verfolge ich bzw. können auftauchen?
4. Wie fasse ich den Standort zusammen?
5. Welche Impulse kann ich wie einsetzen?
Der Standort soll insgesamt (inkl. Diskussion) nicht mehr als 10 Minuten in Anspruch nehmen!!!

Textblock 9: Training einer Standortkonzeption

Neben der Konzeption von Standorten werden auch die rein technischen Anforderungen an einen guten Standort besprochen und eine Art „Checkliste" diskutiert (s. Textblock 10 und Abbildung 2).

- Exemplarität: Ist der Standort als Beispiel und Einstieg für das Thema geeignet?
- Ist der Standort ausreichend ruhig? (auf temporäre Belästigungen wie Märkte, ÖPNV, Großveranstaltungen achten)
- Bietet der Standort ausreichend Platz? (die Gruppe muss ohne Behinderung anderer Passanten Platz finden!)
- Passt die Länge des Standorts? (maximale Dauer eines interaktiv gestalteten Standortes: 10 Minuten, maximale Dauer eines Infoblocks: 5 Minuten)
- Steht die Exkursionsleitung mit dem Rücken zum Objekt? Passt die Ausleuchtung? (Sonnenstand möglichst im Rücken der Gruppe)
- bei Hitze: Sind Ausweichmöglichkeit im Schatten vorhanden?
- bei Regen: Sind Ausweichmöglichkeit im Trockenen vorhanden?
- Wo sind öffentliche Toiletten?

Textblock 10: Checkliste „technische Anforderungen an einen Exkursionsstandort"

Die Führungen von „Geographie für Alle" werden grundsätzlich zu *einem* übergeordneten Thema ausgearbeitet. Ziel ist nicht das „Abhaken" bestimmter „Sehenswürdigkeiten", sondern die Auseinandersetzung mit verschiedenen Facetten und Aspekten eines Themas an verschiedenen Orten.

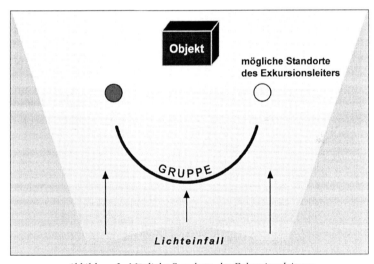

Abbildung 2: Mögliche Standorte der Exkursionsleitung

Aus dem grundlegenden Thema heraus werden dann die potenziellen Standorte für den Rundgang entwickelt, die einem „roten Faden", d. h. einer stimmigen Dramaturgie folgen. Die Anordnung der einzelnen Standorte kann dabei bspw. chronologisch erfolgen. Möglich ist aber auch eine Gegenüberstellung von Themenblöcken, die verglichen bzw. kontrastiert werden (s. Textblock 11).

zeitliche Fortführung in die Zukunft oder die Vergangenheit: „... die Ursprünge sehen wir am nächsten Standpunkt" oder „Die weitere Entwicklung sehen wir ..."	
zeitliche Kontrastierung: „Während im Barock, wie wir am letzten Standort gesehen haben (...), zeigt dieses Stadtviertel aus dem Industriezeitalter ..."	
räumlicher Vergleich oder Kontrastierung: „... genauso wie in der Kaiserstraße wurde auch hier die ..." oder „Im Gegensatz zum Scheunenviertel finden wir hier im Prenzlauer Berg keine ..."	
inhaltlicher Vergleich/Kontrastierung: „Wie wir am letzten Standort gesehen haben, heißt Flächensanierung (...). Dagegen setzt das Konzept der Objektsanierung ..." oder: „Ähnlich wie im Hauptbahnhof wird auch in dieser Einkaufspassage ..."	

Textblock 11: Verbindungen zwischen den Standorten schaffen

Die Vermittlung des exkursionsdidaktischen „Handwerkszeugs" in der Fortbildung von „Geographie für Alle" schließt mit einem Überblick über den Ablauf einer Gesamtführung ab (s. Textblock 12).

Vorbereitung	• Wurden bei Gruppenführungen Vorwissen, Interessenschwerpunkte, Alter, Größe, Herkunft, ggf. Behinderungen, ggf. Sprache abgefragt und die Inhalte und das didaktische Konzept angepasst? • Ist der Treffpunkt auch für Ortsfremde leicht zu finden und mit öffentlichen Verkehrsmitteln zu erreichen (eventuell auch Parkmöglichkeiten für PKW oder Reisebusse)? • Wurden Fragen/Impulse für die einzelnen Standorte vorbereitet? • Gibt es neue Störungen auf dem Weg der Führung (z. B. Baustelle, öffentliches Fest)? • Sind die Materialien (Ordner, ggf. Arbeitsmappen, ggf. Karteikarten, Zeigestab, Kreide, Namensschild usw.) auf Vollständigkeit kontrolliert? Wurden Wechselgeld und Tickets besorgt?
10 vor X	• 10 Minuten vor Beginn der Führung am Treffpunkt sein: als Leiter zu erkennen geben (Namensschild!) • Bei Gruppenführungen: persönliche Begrüßung und Absprache mit dem Leiter der Gruppe • Bei öffentlichen Führungen: persönliche Begrüßung und Einsammeln der Teilnehmerbeiträge
Begrüßung und Prolog	• Persönliche Vorstellung und Bekanntmachung der Ziele und Angebote des Vereins/der Organisation • Ankündigung von Thema der Führung, Dauer und Abschlussort (großen Bogen spannen) • Neugierig auf einige „Highlights" der Führung machen • Ggf. auf eventuelle Schwierigkeiten hinweisen (z. B. längere Anstiege/Treppen)
Standorte	• Spontaneität: Störungen haben Vorrang! • Nie die Teilnehmer enttäuschen („normalerweise würde ich Ihnen jetzt noch ... heute leider ...") • Pro Standort max. 10 Minuten • Mit den Teilnehmern laufen, an den Standorten warten bis alle da sind • Ggf. Öffnungszeiten oder andere Veranstaltungen beachten • Verbindungen zwischen den Standorten schaffen; nächsten Standort ankündigen • Möglichst kurze Wege zwischen den Standorten

Fazit	• Handout mit Zusammenfassung der wichtigsten Inhalte der Führung (z. B. durch Epochentafel) • Großen Bogen schließen
Dank/ Schluss	• Dank; Einladung zu weiteren Führungen; Programme verteilen, ggf. auf Fördermitgliedschaft und Gutscheine hinweisen • Ggf. Vorschlag, mit der Gruppe gemeinsam noch einen Kaffee oder Tee oder ... trinken zu gehen • Nächstgelegene Haltestelle des öffentlichen Verkehrs? Abfahrtszeiten? • Tipp für Café oder Restaurant
Nachbereitung	• Wenn möglich unmittelbar nach der Führung Standort für Standort durchgehen und überlegen, was gut gelaufen ist und was verbessert werden kann • Kommunikationssituation nachvollziehen und überlegen, was Fragen/Impulse ausgelöst haben (in richtige Richtung gegangen?) und wie Fragen/Impulse entsprechend verbessert werden können • Konzept für nächste Führung (möglichst rasch, wenn noch präsent) entsprechend überarbeiten

Textblock 12: Checkliste „Ablauf der Gesamtführung"

Abschluss: Training von „Miniführungen"

Der Abschluss des exkursionsdidaktischen Seminars (dritter Tag) ist dem praktischen Training gewidmet. In Kleingruppen bereiten die zukünftigen Exkursionsleiterinnen und -leiter „Miniführungen" mit zwei oder drei Standorten vor. Dabei spielt in diesem Fall die fachliche Information keine Rolle – hier soll auf der Basis einiger weniger zur Verfügung gestellter Informationen „simuliert werden". Im Mittelpunkt steht vielmehr, dass die Hinweise zum Einsatz von Fragen und anderen Impulsen, zur Standortkonzeption, zu den technischen Anforderungen an einen Standort und zur Verknüpfung verschiedener Standorte ausprobiert und trainiert werden. Die Erfahrung der letzten Jahre hat gezeigt, dass das kurze Seminar dabei als eine wertvolle „Werkzeugkiste" für die späteres Exkursionspraxis wahrgenommen wird und den neuen Exkursionsleiterinnen und Exkursionsleitern dabei hilft, mit Fragen und weiteren Impulsen teilnehmerzentriert zu führen.

Training und Durchführung teilnehmerzentrierter Exkursionen in der Hochschullehre der Geographie

In der Konzeption und Durchführung von Exkursionen in der Hochschullehre der Geographie bietet die aktive Beteiligung der Studierenden zahlreiche Chancen. Die Studierenden lernen auf diese Weise, eigenständig verschiedene konzeptionell-theoretische Ansätze mit konkreten Problemen, Konflikten und Phänomenen „vor Ort" in Beziehung zu setzen. Indem sie aktiv an der exkursionsdidaktischen und organisatorischen Konzeption sowie der Durchführung von Exkursion beteiligt werden, trainieren sie didaktische und organisatorische sowie weitere soziale Kompetenzen.

Allerdings bietet der Universitätsalltag kaum die Chance, teilnehmerzentrierte Exkursionskonzepte so ausführlich zu trainieren wie in der oben dargestellten dreitägigen Fortbildung von „Geographie für Alle e.V.". Wie können vor dem Hintergrund der Zeitzwänge universitärer Lehre also teilnehmerzentrierte Exkursionskonzepte mit den Studierenden trainiert und von diesen umgesetzt werden? Der folgende Vorschlag beruht auf einem Veranstaltungsaufbau von Exkursionen, wie er vom Autor und einigen weiteren Dozenten seit mehreren Jahren praktiziert wurde und wird – sowohl für kleinere mehrtägige Exkursionen in Deutschland als auch für „große Exkursionen" ins Ausland.

Das Konzept baut darauf auf, dass jeweils eine Gruppe von Studierenden zu Expertinnen und Experten für ein bestimmtes Themenfeld werden und vor Ort für die Vermittlung „ihres Themas" verantwortlich sind. Ausgangspunkt ist daher zunächst die inhaltliche Auseinandersetzung mit einem Thema bzw. einer Fragestellung. Dazu erarbeiten die Studierenden zunächst ein kurzes Exposé, in dem sie ihre spezifische Fragestellung darstellen sowie die geplante Gliederung und die wichtigste zugrunde gelegte Literatur. Nach Rücksprache mit der Dozentin bzw. dem Dozenten schreiben sie dann auf dieser Basis eine kurze Seminararbeit, die bei „großen Exkursionen" im Rahmen einer mediengestützten Präsentation den Kommilitonen vorgestellt wird.

Auf der Basis dieser inhaltlichen Vorbereitung baut dann die organisatorische und exkursionsdidaktische Vorbereitung auf. Die Studierenden arbeiten in kleinen Teams von zwei bis vier Personen zusammen, die für die Vermittlung eines bestimmten übergeordneten Themas auf der Exkursion verantwortlich sind und die Standortarbeit in einem bestimmten Zeitfenster organisieren und leiten (je nach Länge der Gesamtexkursion zwischen zwei Stunden und einem ganzen Tag). In einer einstündigen Vorbesprechung werden den Studierenden einige exkursionsdidaktische Grundlagen skizziert, wobei auf die wichtigsten Inhalte der exkursionsdidaktischen Ausbildung bei „Geographie für Alle e.V." zurückgegriffen wird (s. o.). Anschließend arbeiten die Studierenden ein didaktisches Exkursionskonzept aus, in dem sie zunächst losgelöst von konkreten Standorten darlegen, *wie* sie ihre Inhalte vermitteln möchten und *wie* ein dafür geeigneter Standort grundsätzlich aussehen müsste (s. Textblöcke 12 und 13).

1. Legen Sie die Inhalte fest, die Sie in Ihrem Exkursionsblock vermitteln möchten (Spalte 1 der Standortkonzeption).
   - Was sind die Kernaussagen Ihres Referates, die die Teilnehmer der Exkursion unbedingt erfahren sollten?
   - Gliedern Sie diese Kerninhalte in thematische Blöcke, die aufeinander aufbauen (roter Faden!) und später möglichst einzelnen Standorten entsprechen.
2. Formulieren Sie schriftlich, wie diese Standorte *idealerweise* aussehen, damit Sie Ihre Kerninhalte anschaulich vermitteln können (Spalte 2 der Standortkonzeption). Falls möglich: Machen Sie konkrete Vorschläge für Standorte.
3. Entwerfen Sie ein detailliertes „Drehbuch Standortgestaltung". Formulieren Sie präzise aus:
   - Wie steigen Sie prägnant in das Thema ein? (z. B. Infoblock, provokante Frage/Aussage, Beobachtungsauftrag)
   - Wie regen Sie die Teilnehmer an, sich *aktiv* mit Ihrem Thema zu beschäftigen? (z. B. Diskussion initiieren und moderieren, Impulse zur Eigenaktivität der Teilnehmer setzen)
   - Wie schließen Sie den Standort? (z. B. Diskussionsstränge zusammenfügen, Einzelbeobachtungen/-aktivitäten der Teilnehmer verknüpfen) Haben die Teilnehmer eine „*take-home-message*" erhalten?
4. Welche Materialien benötigen Sie für die Standortgestaltung (z. B. Fotos, Karten, Kreide, Filzstifte und Plakate zum Beschreiben, Frage-/Kartierungsbögen)?

Textblock 13: Aufgabe für die Erarbeitung eines exkursionsdidaktischen Konzepts

Diese Konzeption fassen die Studierenden zu einem konkreten „Drehbuch Standortgestaltung" zusammen (s. Textblock 13), in dem sie ihre Konzeption schriftlich ausarbeiten. Ziel ist, dass sich die Studierenden aktiv mit unterschiedlichen Möglichkeiten der teilnehmerzentrierten und aktivierenden Vermittlung am Beispiel ihres Themas auseinander setzen und auf diese Weise ihren Exkursionsblock in sinnvoller Weise aus unterschiedlichen Impulsen aufbauen (Medieneinsatz, Fragen und Diskussionen, Arbeitsaufträge, Expertengespräche, Informationsblocks etc.).

	KONZEPTION DES EXKURSIONSBLOCKS „NAME DES EXKURSIONSBLOCKS": Vorname Nachname, Vorname Nachname			
	Ziel/Inhalt	Anforderungen an Standort (ggf. konkreter Vorschlag)	Konzeption des Standortes (detailliertes „Drehbuch": Impulse, Diskussionen, Expertengespräche, Arbeitsaufträge etc.)	Materialien (Karten, Fotos, Grafiken...)
1.				
2.				
3. etc.				

Textblock 14: Exkursionsdidaktisches Drehbuch

Die exkursionsdidaktischen Drehbücher werden dann i.d.R. in mehreren „Runden" mit den Dozenten besprochen und überarbeitet. Gleichzeitig beginnt dann in enger Absprache mit den Dozenten die konkrete Organisation des Exkursionsblocks: Auswahl konkreter Standorte, Zeitplanung, Verkehrsmittelwahl, ggf. Beschaffung bzw. Erstellung von Medien, ggf. Kontakt mit Expertinnen bzw. Experten usw.

Auf der Exkursion selbst übernehmen die Studierenden dann verantwortlich die Leitung ihres Exkursionsblocks. Die Funktion der Dozentin bzw. des Dozenten fokussiert sich auf die moderierende und – soweit im Einzelfall notwendig – korrigierende Unterstützung der studentischen Exkursionsleitung.

Fazit: teilnehmerzentrierte Exkursionskonzepte trainieren und anwenden

Die Erfahrungen mit dem Training teilnehmerzentrierter Exkursionskonzepte im Rahmen der Fortbildungen des Vereins „Geographie für Alle" und im Rahmen von Exkursionen in der universitären Lehre der Geographie zeigen, dass die teilnehmerzentrierten Exkursionskonzepte vielfach nach wie vor einen Bruch mit gewohnten Praktiken darstellen. Gerade deswegen sollten diese Konzepte praxisorientiert vermittelt und trainiert werden. Dann zeigen sich die Potenziale dieser Konzepte: Die zukünftigen Exkursionsleiterinnen und -leiter verbessern im Sinne eines lehrenden Lernens ihre theoretisch-konzeptionellen sowie fachlich-inhaltlichen Kenntnisse und trainieren gleichzeitig ihre organisatorischen sowie sozialen Kompetenzen.

Literatur

Forum Neue Städtetouren (2007): Qualitätsstandards. In: http://www.stattreisen.org/qualitaetsstandards.html (10.01.2009).

Glasze, G. und R. Pütz (1996): Perspektiven geographischer Bildungs- und Öffentlichkeitsarbeit auf regionaler Ebene. Der Verein „Geographie für Alle" in Mainz. In: Berichte zur deutschen Landeskunde 70 (2): 545-574.

DIE WILDEN SCHLUCHTEN DER MAINZER ZITADELLE

EINE STADTÖKOLOGISCHE ERKUNDUNG IN DER ABENDDÄMMERUNG

Jochen Frey

„Schon wieder eine Exkursion…"

„Variabilität" – beispielsweise die spontane Anpassung an Wetter und Personal – ist bei vielen Exkursionsangeboten die Ausnahme, obwohl gerade „Notlösungen" ein unschätzbares Potenzial bieten. Wenig genutzt werden auch die Potenziale von Exkursionen zu ungewöhnlichen Zeiten oder Wetterlagen (Nachtexkursionen, Erkundungen im Nebel), die Aktivierung, Einbeziehung und Weiterentwicklung von Teilnehmerimpulsen (wie wir es z. B. vom Improvisationstheater her kennen) oder einfach die Bezugnahme auf aktuelle Sachverhalte.

Die Erkundung der wilden Schluchten der Mainzer Zitadelle in der Abenddämmerung nach Abschluss der Mainzer Tagung war in dieser Hinsicht ein Experiment, das eine Durchdringung von

– konzeptionellen Elementen (Anregungen für Multiplikatoren),

– partizipativen Elementen (Erfahrungen aller Mitwirkenden) und

– situativen Elementen (Achtsamkeit der Organisierenden) bieten sollte.

Im Sinne der konstruktivistischen Didaktik von Reich (2006) sollten dabei „möglichst reichhaltige, multimodale, interessante und kommunikationsorientierte Umgebungen" geschaffen werden, „welche die subjektiven Erfahrungsbereiche ansprechen und gleichzeitig neue ‚Rätsel' beinhalten, die pragmatisch, interaktiv und kreativ zur Selbstorientierung einladen" (Reich, 2007).

Der Einstieg:
Genius Loci, Atmosphäre, Befindlichkeiten und Erwartungen

Mit der individuellen Erfahrbarkeit des **Genius Loci eines Exkursionsstartpunktes** kann die Fokussierung der Mitwirkenden auf das nachfolgende Experiment erfolgen.

In Mainz bot sich hierfür die Möglichkeit eines ca. fünfminütigen Ganges zu Fuß von der Altstadt zum Jakobsberg, dem Standort der heutigen Zitadelle. Der Gang erfolgte mit der gesamten Gruppe schweigend, so dass ihn jeder Teilnehmer individuell verfolgen konnte. Die Imposanz des Kommandantenbaus der Zitadelle, die durch die abendliche Illumination verstärkt wurde, zog zahlreiche Exkursionsteilnehmer in ihren Bann, so dass sie zunächst etwas Mühe hatten, sich an dem Ziel „Zitadellengraben" zu orientieren.

Abbildung 1: In den wilden Schluchten der Mainzer Zitadelle – Rundgang zum Tagesabschluss der exkursionsdidaktischen Tagung in Mainz (Photo: Glasze)

Rein in die wilden Schluchten
der Mainzer Zitadelle... – und dann?

Eine unter den genannten Faktoren einfache, obgleich wirkungsvolle Initiation der Exkursion stellt einen Anfangsimpuls dar, der zur Kompilation und Kommunikation individueller Erfahrungen und Empfindungen der Mitwirkenden führt.

So wurden die Teilnehmenden, ausschließlich Erstbesucher des Zitadellengrabens, am Eingang des Geländes gebeten, ihre persönlichen Wahrnehmungen und Emotionen beim Anblick dort vorzufindenden Natur auf sich wirken zu lassen und diese nach einigen Minuten der Gruppe mitzuteilen. Es erfolgte also eine unmittelbare Konfrontation mit bis dato unbekannter „wilder Natur" als performativ-ästhetischer Ausgangspunkt für den weiteren Verlauf der Exkursion.

Aus den sich ergebenden Beobachtungen, Konnotationen und Assoziationen entstand eine thematische Vielfalt, die für den weiteren Verlauf unterschiedlichste Perspektiven bot. Im Gespräch ergaben sich folgende Themengruppen:

Positiv besetzte Natur-Assoziationen:
– „Dornröschen"-Schloss
– Wald in der Stadt
– Faszination der ungestörten Naturentwicklung mitten in der Stadt
– geschützte Natur (Schild „Geschützter Landschaftsbestandteil")
– Stille

Empfindungen des Bedauerns, der Beklemmung und Angst (beeinflusst durch das winterliche Erscheinungsbild der Natur, die fast vollständige Abwesenheit von vitalem Grün):
– Atmosphäre des Verfalls, der Verwahrlosung („abgestorbene Natur", „marode Mauer")
– Assoziationen mit Krieg und Zerstörung
– Burggraben als Angstraum (z. B. Enge, Unübersichtlichkeit, Furcht von (Sexual-)Verbrechern, Furcht vor Leichenfunden)
– Unterbrechung der Stille durch Lärm von außen (Verkehrslärm)

Die Auflistungen zeigen die Vielfalt an thematischen Möglichkeiten, die Exkursion nun weiterzuführen bzw. „weiterlaufen zu lassen". Dabei lassen sich u. a. synthetische, antithetische, spezifizierende, generalisierende, naturwissenschaftliche oder sozialwissenschaftliche Hinblicke ausmachen, die im weiteren Exkursionsverlauf aufgegriffen und vertieft werden könnten.

Drei mögliche Impulse auf der Exkursion durch den Zitadellengraben

Impulse innerhalb einer konstruktivistischen Exkursion können dazu dienen, das Selbstverständnis, mit dem die Teilnehmenden mitwirken, oder die Wahrnehmung, mit der sie antreten, in Frage zu stellen.

Die Tiefe des Grabens

Bei der Begehung des Mainzer Zitadellengrabens könnten die Teilnehmenden beispielsweise körperlich spürbar mit der Tiefe des Grabens konfrontiert werden. Die heutige Grabensohle wird zunächst von jedem, der sich auf ihr fortbewegt, als unterstes Niveau des Grabens wahrgenommen, zumal sich auf ihr auch die „wilde" Vegetationsentwicklung vollzieht.

Nach einem archäologisch-baugeschichtlichen Impuls („Das heutige Niveau der Grabensohle liegt 4 m über der ursprünglichen Sohle"; vgl. Dumont, 2001-2007) muss die Existenz der „Grabensohle" als die einer Aufschüttung mit Bauschutt, Erdabtrag, Erdaushub u. dgl. umgedeutet werden. Auch der Eindruck der Höhe der Festungsmauern muss revidiert werden (eigentlich lag der Graben vier Meter tiefer – d.h. die Mauern waren deutlich höher), was während der Exkursion z. B. durch eine gemeinsame Körperübung (Kauern oder Liegen am Boden, ca. -1,7 m), wenigstens teilweise nachvollziehbar gemacht werden kann (es fehlen freilich noch +2,3 m).

Der Festungsschluchtwald

Ein ebenso interessanter Impuls ist die Konfrontation der Teilnehmenden mit der im Zitadellengraben bestandsbildenden Baumart Spitzahorn (Acer platanoides L.). Der Spitzahorn ist primär eine u. a. an zentraleuropäischen Mittelgebirgshängen vorkommende, so genannte Schluchtwald-Art, die sich durch Robustheit gegenüber witterungsbedingten Einflüssen auszeichnet (vgl. Oberdorfer, 2001).

In Mainz und anderen zentraleuropäischen Großstädten kommt sie jedoch ebenfalls vor, einerseits als angepflanzter Parkbaum, andererseits, spontan, d. h. „wild" – auf großflächigen, durch Hanglage oder verminderte Sonnenexposition gekennzeichneten städtischen Brachflächen. Hier ist sie also ein von selbst ausgewilderter Baum, der sich durch ökologische Einnischung ein neues Verbreitungsgebiet erschlossen hat (ein so genannter Apophyt). Im Zitadellengraben bildet er zusammen mit der Esche und der Robinie einen „Festungsschluchtwald" – er hat also die Gebirgsschluchten durch die Festungsschluchten ersetzt.

Schlingpflanzen in der Mainzer City

Sollten sich die Teilnehmer im Verlaufe der Exkursion im Waldreben- und Brombeerdickicht – sprich in dem Naturambiente des Zitadellengrabens „vergessen und verlieren", so kann ein einfacher raumbezogener Impuls diese sinnliche Konstruktion auflösen. „Wo sind wir denn eigentlich?" lautet die Frage und anhand des Stadtplans wird sich die Lage unseres Festungsschluchtwaldes lokalisieren lassen: fast mitten im heutigen Mainzer Stadtzentrum, knapp 500 Meter entfernt vom Mainzer Dom.

Je nach Naturbild bzw. Naturbezug der Teilnehmenden wird dieser Impuls zu verschiedenen Reaktionen und Positionierungen führen: von der Faszination, das „solches Grün im Zentrum einer Großstadt noch toleriert wird", über nüchterne Erkenntnis bis zum Unverständnis einer solchen städtebaulichen Situation.

LITERATUR

Dumont, S. (2001-2007): „Festung Mainz – Das „Bollwerk Deutschlands" 1620 – 1918". Internet: http://www.festung-mainz.de.

Oberdorfer, E. (2001): Pflanzensoziologische Exkursionsflora: Für Deutschland und angrenzende Gebiete. Stuttgart.

Reich, K. (2006): Konstruktivistische Didaktik. Weinheim u. a..

Reich, K. (2007) (Hrsg.): Interaktionistischer Konstruktivismus – Texte zur Einführung. Internet: http://www.uni-koeln.de/ew-fak/konstrukt/texte/texte_einf_1.html.

VERZEICHNIS DER AUTORINNEN UND AUTOREN

Maik Böing ist Fachleiter für Erdkunde und Erdkunde bilingual deutsch-französisch am Studienseminar für das Lehramt an Gymnasien und Gesamtschulen, Schulstr. 12, 52391 Vettweiß und Studiendirektor am Städtischen Gymnasium Kreuzgasse in Köln.

Mirka Dickel (Dr. rer. nat.) ist Professorin für Erziehungswissenschaft unter besonderer Berücksichtigung der Didaktik der Geographie an der Fakultät für Erziehungswissenschaft, Psychologie und Bewegungswissenschaft an der Universität Hamburg.

Jochen Frey, (Dr. rer. nat) ist Pädagogischer Leiter des FÖJ-Konsortium der Umweltverbände Rheinland-Pfalz in Mainz.

Marie-Luise Frey, (Dr. rer. nat.) ist Geschäftsführerin der Welterbe Grube Messel gGmbH.

Andrea Gerhardt (Dr. rer. pol.) ist Dozentin für Anthropogeographie und Geographiedidaktik an der Universität Kassel.

Georg Glasze (Dr. rer. nat.) ist Professor für Kulturgeographie an der Friedrich-Alexander-Universität Erlangen-Nürnberg.

Michael Hemmer (Dr. rer. nat.) ist Professor für Didaktik der Geographie am Institut für Geographie und ihre Didaktik an der Westfälischen Wilhelms-Universität Münster.

Kurt Messmer (Dr. phil.) ist Professor für Geschichtsdidaktik an der Pädagogischen Hochschule Zentralschweiz Luzern.

Ulrike Ohl ist Akademische Oberrätin für Geographie und ihre Didaktik am Institut für Gesellschaftswissenschaften an der Pädagogischen Hochschule Heidelberg.

Stefan Padberg (Dr. sc. ed. des.) ist Dozent für Geographie und ihre Didaktik an der Abteilung Mensch & Umwelt an der Pädagogischen Hochschule Zürich und diplomiert in Themenzentrierter Interaktion (TZI) durch das Ruth-Cohn-Institut International (RCI).

Tilman Rhode-Jüchtern (Dr. rer. nat.) ist Professor für Geographiedidaktik am Institut für Geographie an der Friedrich-Schiller-Universität Jena.

Manfred Rolfes (Dr. phil.) ist Professor für Regionalwissenschaften (Angewandte Humangeographie) am Institut für Geographie an der Universität Potsdam.

Ursula Sachs ist Fachleiterin für Erdkunde am Studienseminar für das Lehramt an Gymnasien und Gesamtschulen, Claudiusstr. 1, 50678 Köln und Studiendirektorin am Städtischen Gymnasium Rodenkirchen in Köln.

Martin Scharvogel (Dr. rer. pol.) ist Lehrer am Goethegymnasium in Kassel und Lehrbeauftragter für Geographiedidaktik an der Universität Hamburg.

Antje Schneider ist wissenschaftliche Mitarbeiterin am Lehrstuhl für Geographiedidaktik des Instituts für Geographie an der Friedrich-Schiller-Universität Jena.

Malte Steinbrink (Dr. phil.) ist wissenschaftlicher Mitarbeiter am Institut für Geographie des Fachbereichs Kultur- und Geowissenschaften der Universität Osnabrück.

Rainer Uphues (Dr. phil.) ist Professor für Didaktik der Geographie an der Philosophischen Fakultät der Friedrich-Alexander-Universität Erlangen-Nürnberg.

Bettina Wurche (Dipl.-Biol.) ist Mitarbeiterin der Welterbe Grube Messel gGmbH.